皮书系列为
"十二五""十三五"国家重点图书出版规划项目

街道蓝皮书

BLUE BOOK OF SUB-DISTRICT OFFICE

北京街道发展报告 No.2
广安门内篇

THE DEVELOPMENT OF BEIJING'S SUB-DISTRICT OFFICES No.2:
GUANG'ANMENNEI CHAPTER

主　编／连玉明
执行主编／朱颖慧　邢旭东　张俊立

社会科学文献出版社
SOCIAL SCIENCES ACADEMIC PRESS (CHINA)

图书在版编目(CIP)数据

北京街道发展报告. No.2. 广安门内篇/连玉明主编. --北京：社会科学文献出版社，2018.12
（街道蓝皮书）
ISBN 978-7-5201-3044-8

Ⅰ.①北… Ⅱ.①连… Ⅲ.①社区建设-研究报告-西城区 Ⅳ.①D669.3

中国版本图书馆CIP数据核字（2018）第155407号

街道蓝皮书
北京街道发展报告No.2 广安门内篇

主　　编／连玉明
执行主编／朱颖慧　邢旭东　张俊立

出 版 人／谢寿光
项目统筹／郑庆寰　邓泳红
责任编辑／王　展　郑庆寰

出　　版／社会科学文献出版社·皮书出版分社（010）59367127
　　　　　地址：北京市北三环中路甲29号院华龙大厦　邮编：100029
　　　　　网址：www.ssap.com.cn
发　　行／市场营销中心（010）59367081　59367083
印　　装／三河市龙林印务有限公司
规　　格／开本：787mm×1092mm　1/16
　　　　　印张：15.5　字数：231千字
版　　次／2018年12月第1版　2018年12月第1次印刷
书　　号／ISBN 978-7-5201-3044-8
定　　价／128.00元

皮书序列号／PSN B-2016-539-3/15

本书如有印装质量问题，请与读者服务中心（010-59367028）联系

▲ 版权所有 翻印必究

北京国际城市发展研究院社会建设研究重点项目
北京市社会发展研究中心西城区街道发展研究重点项目
北京国际城市文化交流基金会智库工程出版基金资助项目

街道蓝皮书编委会

编委会主任 卢映川　王少峰

编委会副主任 王　飞　郁　治

编　　　委（按姓氏笔画排序）

马光明　王　毅　王中峰　王书广　王乐斌
王其志　尹一新　史　锋　白　杨　毕军东
刘　倩　许晓红　许德彬　孙广俊　孙晓临
苏　昊　李　婕　李　薇　李丽京　李健希
吴立军　何焕平　陈　新　陈振海　周　沫
庞成立　宫　浩　贾冬梅　高　翔　高兴春
海　峰　桑珊飞　彭秀颖　彭启宝　谢　静
魏建明

《北京街道发展报告 No.2 广安门内篇》编写组

总 策 划 李 薇　连玉明　朱颖慧

主　　编 连玉明

执 行 主 编 朱颖慧　邢旭东　张俊立

副 主 编 翟萌萌

核心研究人员（按姓氏笔画排序）

　　王　琨　王苏阳　王彬彬　邢旭东　朱永明
　　朱盼盼　朱颖慧　刘　征　米雅钊　李　帅
　　连玉明　吴　佳　张　南　张　涛　张俊立
　　陈　慧　陈盈瑾　陈惠阳　郎慧慧　孟芳芳
　　赵　昆　姜思宇　贾冬梅　高桂芳　唐　平
　　康晓彤　黄晓洁　翟萌萌

主编简介

连玉明 著名城市专家，教授、工学博士，北京国际城市发展研究院院长，全国政协委员，北京市朝阳区政协副主席。兼任北京市人民政府专家咨询委员会委员，北京市社会科学界联合会副主席，北京市哲学社会科学京津冀协同发展研究基地首席专家，基于大数据的城市科学研究北京市重点实验室主任，北京市社会发展研究中心理事长，北京奥运功能区首席规划师，北京新机场临空经济区发展规划首席战略顾问。2013~2017年，在贵阳市挂职市长助理，兼任贵州大学贵阳创新驱动发展战略研究院院长、大数据战略重点实验室主任。

研究领域为城市学、决策学和社会学，近年来致力于大数据战略研究。著有《城市的觉醒》《首都战略定位》《重新认识世界城市》《块数据：大数据时代真正到来的标志》《块数据2.0：大数据时代的范式革命》《块数据3.0：秩序互联网与主权区块链》《块数据4.0：人工智能时代的激活数据学》《块数据5.0：数据社会学的理论和方法》等，主编《大数据蓝皮书：中国大数据发展报告》《社会管理蓝皮书：中国社会管理创新报告》《街道蓝皮书：北京街道发展报告》《贵阳蓝皮书：贵阳城市创新发展报告》《临空经济蓝皮书：中国临空经济发展报告》等。主持编制了北京市西城区、朝阳区、门头沟区和贵州省贵阳市"十三五"社会治理专项规划。

摘　要

构建超大城市有效治理体系是首都发展的要务。作为首都功能核心区，西城区带头以"四个意识"做好首都工作，坚持深入推进科学治理，全面提升发展品质的主线，不断加强"四个中心"功能建设，努力提高"四个服务"水平，城市治理能力和城市发展品质取得重要突破。街道作为基层治理的排头兵和主力军，发挥着不可替代的作用。西城区15个街道立足自身发展实际，统筹区域各类资源，构建区域化党建格局、加强城市精细化管理、提升公共服务水平、完善综合执法体系、精准指导社区建设，探索基层治理创新实践，积极为超大城市基层治理创新"过险滩""闯路子"，不断为基层治理增加新的内涵和提供可复制、易操作的鲜活经验，对于国内大城市基层治理创新具有极强的理念提升价值和路径借鉴意义。

《北京街道发展报告 No.2 广安门内篇》立足提高基层社会治理水平这一主线，紧紧围绕社会治理社会化、法治化、智能化、专业化等进行综合分析；总结了广内街道社区协商民主，多元化、多层次为老服务体系，以楼院微自治为基本单元的社区治理模式，康乐里社区"邻里节"，无物业小区环境治理，背街小巷环境整治提升，宣西北棚户区改造等典型经验。

在此基础上，本书认为，广内街道作为北京建制、建都的肇始之地，老龄人口和残疾人口多，老旧小区和破旧平房多，必须结合当前疏解整治促提升、背街小巷环境整治、街区整理、街道管理体制改革等重点任务，加强基层治理体系建设，提升城市治理水平和环境品质。同时，依靠和动员社会各界力量共同参与区域治理，形成共建共治共享的社会治理格局。

目 录

代前言　以"党建+"工作新模式引领社会治理新路径 …………… 001

Ⅰ　总报告

B.1 广安门内：努力探索新时代基层社会治理新路径 …………… 001

Ⅱ　数据报告

B.2 广安门内街道基于常住人口的地区公共服务调查报告 ………… 022

B.3 广安门内街道基于工作人口的地区公共服务调查报告 ………… 038

Ⅲ　理论报告

B.4 软动员：社会治理现代化背景下的社会动员转型 …………… 057

B.5 基层协商民主制度的建设研究 ……………………………… 073

B.6 首都功能核心区在城市更新中实现传统风貌与
现代功能融合的研究
　　——以广安门内街道为例 ……………………………………… 087

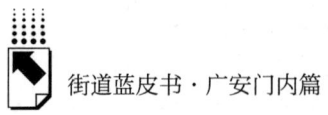

Ⅳ 调研报告

B.7 广安门内街道多元化多层次为老服务体系建设的调研报告 ……… 103
B.8 关于广安门内街道生活性服务业发展状况的调研与思考 ……… 114
B.9 关于广安门内街道残疾人就业情况的调研报告 ……… 127
B.10 关于加强社区工作经费管理和使用的调查与思考 ……… 141

Ⅴ 案例报告

B.11 构建以楼院为基本单元的社区治理模式
　　——以广安门内街道长西社区为例 ……… 152
B.12 以睦邻文化推进和谐社区建设
　　——以广安门内街道康乐里社区"邻里节"为例 ……… 164
B.13 探索无物业小区环境治理新模式
　　——以广安门内街道宣西社区为例 ……… 176
B.14 关于广安门内街道背街小巷环境整治提升的案例分析 ……… 185
B.15 广安门内街道宣西北棚户区改造的经验与启示 ……… 197

Abstract ……… 210
Contents ……… 212

代前言
以"党建+"工作新模式引领
社会治理新路径[*]

彭秀颖[**]

一 "党建+"是发挥基层党建统筹引领
作用的重要抓手

党的领导是中国特色社会主义制度最本质的特征。2017年10月,"党政军民学,东西南北中,党是领导一切的"首次被写入党章。因此,必须把加强基层党的建设、夯实党的执政根基作为贯穿社会治理和基层建设的一条红线,通过不断加强党的基层建设引领社会治理创新。当前,"党建+"模式是有效发挥基层党建引领作用的有效形式,其强调党建工作和党的各项事业、各项工作的有机结合与相互促进。一方面,发挥基层党组织的战斗堡垒作用和党员的先锋模范作用,影响并带动周围群众积极参与社会治理,打造共建共治共享的社会治理格局。另一方面,各项工作的出色完成以及社会治理水平的不断提高,将促进基层党建工作进一步上台阶、上水平。

确保"党建+"加得准确、加得到位、加得有成效,必须把握党的基层建设规律,顺应新时代的发展要求,彻底厘清"加什么""怎么加""如何加"这三个基本问题。

首先,"加什么"要有科学安排。推进"党建+"工作必须结合地区的

---

[*] 根据街道蓝皮书课题组2016年10月访谈整理。
[**] 彭秀颖,中共北京市西城区委广安门内街道工作委员会书记(2016年8月至今)。

实际情况，准确把握党建与各项事业的结合点，进行精准发力，避免把"党建+"当成大箩筐，眉毛胡子一把抓，生硬地把所有工作都贴上"党建+"的标签。要注重"+问题"，把解决问题作为"党建+"的目标；注重"+优势"，把地区的优势工作、优势项目作为"党建+"的内容；注重"+传承"，把地区的特色或长期坚持的工作作为"党建+"的规范提升对象。

其次，"怎么加"要有合理规划。要加强顶层设计，充分发挥党组织和党员的作用，使党建工作和其他工作相互融合、相互促进、相得益彰，杜绝"两张皮"现象的产生。一方面，要发挥党组织总揽全局、协调各方的领导核心作用，为项目的开展和实施搭建平台、提供保障；另一方面，要发挥党员的榜样标杆作用，影响并激发群众共同参与项目的积极性和主动性。

最后，"如何加"要有可行路径。要强化集成的政策配套，构建联动的机制体系，提供充分的支撑保障，形成同频共振、互促共进、环环相扣的工作格局。要抓"实"，避免名不副实；要抓"长"，避免朝令夕改；要抓"全"，避免剃头挑子一头热。

二 以街居"三转"机制为基础探索"党建+"工作新模式

党的十九大报告提出，要转变政府职能，建设人民满意的服务型政府。街道作为城市区级党委、政府的派出机构，承载着城市"两级政府、三级管理"的重要职能。社会治理体系强调多元参与，要维护政府－市场－社会－公民良性互动的多元共治格局，使社会治理真正成为全社会参与的治理，需要转变城市社会治理末梢街道及下属社区的观念。广内街道积极适应基层社区变革需求，将过去单向度的自上而下的全能政府，向多向度的协商与合作的有限政府、服务型政府转变，着重开始探索"三转"，提升街道服务管理能力的现代化水平。

一是街道围着社区转，变上驱动为下驱动。街道树立以社区为中心的工作理念,更加注重人、财、物的下驱动,及时帮助社区解决困难。2013~2017年,街道共下派5名科级干部到社区担任社区党支部书记或副书记,在指导社区工作的同时着力在社区复杂工作环境中锻炼培养干部。2015~2017年,街道共发展党员38名,其中发展社区党员26名。发展党员侧重优秀社区工作者,满足社区对党务工作者的需求。从老旧小区改造、煤改电到宣西北风貌区腾退、疏解整治促提升工作,街道充分尊重居民意愿,努力通过自下而上的方式进行社会治理。

二是社区围着居民转,从要人管到自己管。社区要实现充分自治,必须依靠民智。广安门内街道(以下简称"广内街道")属于二环内的老街道,很多老旧小区没有物业,乱扔垃圾等环境问题严重。对于这种社会现象,国家法律没有正式条文,政府政策也没有明确规定,只能通过居民自治的方式予以逐步解决。一方面在社区倡导"社区是我家,建设靠大家"的共识,另一方面指导社区搭建"胡同议事会""党建议事园""汇智社区居民议事厅"等政民互动平台,凡是社区民需民意、困难问题、核心重点工作都通过社区搭平台、居民唱主角、街道来帮忙解决。

三是街居围着问题转,从"我要干"到"帮你干"。街道以目标问题为导向,以居民的需求为工作出发点,在研究具体问题中厘清思路,在破解问题中创新机制。在2018年疏解整治促提升、背街小巷环境整治提升等工作中,街道要求科室街巷长注意把握区域基本情况,摸清环境问题底数,在整治过程中坚持可持续发展,做到一边拆除清理、腾挪空间,一边规划设计、筑巢引凤。引导社区正视问题、主动研究,有计划地解决重难点问题,在全面改进城市品质的同时提升广大群众的获得感和满意度。

三 以党建"三+"为重点发挥基层党建的引领作用

街道在提升社会治理能力的探索中,以党的建设引领社会治理创新,通过"三+"充分发挥居民、社会组织、社区志愿者、辖区单位等社会力量参与社会公共事务的积极性和能动性,实现多元治理、共同治理。

一是"党建+核心和大局",服务社会发展。报国寺社区开办了每月一期的"百姓论坛",通过社区引领人宣讲居民关心的时事热点、国家大事,搭建居民自治、表达民意的平台。社区党员们、老干部们发挥党员的先锋模范作用,把国家大政方针与群众生活联系起来,提升了社区居民正确认识新情况、新问题的能力和解决问题的能力。"百姓论坛"活动探索了政治思想工作的新方法,增强了社区党组织的吸引力和凝聚力。核桃园社区在治理"开墙打洞"工作中,运用"协商治理一体化"模式,在街道党工委领导下,联合执法部门以及街道民政、住保、残联等民生保障部门,工作在治理第一线,针对居民提出的一些合理诉求和实际困难,及时予以解答,并结合实际情况给出政策性指导,使"开墙打洞"店铺总数占80%的核桃园东街在一个星期的时间内封堵违规开墙打洞点位56处,拆除36处违法建设,共涉及商户44家。"协商治理一体化"模式发挥了党组织在社区的领导核心作用,成功引导居民自我管理、自我教育、自我服务、自我监督。

二是"党建+民需和民意",满足地区需求。广内街道人口老龄化形势严峻,辖区内共有60岁以上老人2.2万人,占地区人口总数的26.3%,占全区老龄人口的1/5。新形势下,老龄问题与老龄事业发展已成为人们高度关注的一个社会问题。针对地区人口密度稠密、老龄化现象相当严重的现状,一方面,街道党工委联合辖区单位,将公交保修三场一幢空楼改造成街道为老服务中心,为地区老人提供用餐、娱乐、学习等多项优质服务,每年受益的老年人口超过2万人次。另一方面,街道每年都会结合老年人的迫切需求,推出十项为老服务项目,构建起基本的居家为老服务平台——"虚拟养老院",通过购买失能老人理发、助浴、助洁、修脚、紧急救援、送餐以及生活物品配送、精神关爱等服务,来帮助老人解决生活中的最基本需求。

三是"党建+问题和困难",回应群众诉求。为了破解老旧小区无物业管理给群众带来的困扰,街道发挥社区党组织服务群众经费的撬动作用,发动居民群众参与志愿服务实现自治,在西便门内社区79号院1100余户常住居民中建立了"楼门长自管会"和准物业自治管理机制,形成了环境卫生定期有人打扫、垃圾分类不落地、停车管理到位、社区秩序共同维护的局面。为解决老旧小区停车难问题，长椿街社区成立居民自治车友会，制定章程，研究实施细则，聘请停车管理公司，协助解决车友纠纷……建立了小区停车治理管理的长效机制。小区内已规划车位132个，办理长期停车证203个、临时停车证198个，满足了社区居民的停车需求，增强了居民的主人翁意识。功能性党组织已经成为党组织凝聚党心民心的发展方向。

四　以问题目标为导向发挥基层党建的统筹作用

2016年以来，广内街道采取以问题目标为导向的"党建＋"工作模式，充分利用358万元社区党组织服务群众经费，持续实施提升环境品质、为老服务等四大类23个党组织服务群众项目，提高了群众的获得感和满意度。

一是"党建＋文化建设"。建设"三合一"党群服务中心，把讲习所办成群众身边的党校，推选出以十九大代表西便门东里社区党支部书记潘瑞凤为代表的五位书记，开展有针对性的传帮带，着力选树一批核心价值观落地项目，把核心价值转化为党员、群众可以实践和体验的文化产品。例如，康乐里社区的"邻里节"、三庙社区的"幸福家庭"、报国寺社区的"百姓论坛"等。其中，报国寺社区"百姓论坛"在西城区"红墙意识"宣传活动中被央视新闻联播报道，更在十九大开幕前被十九大新闻中心选定为外媒基层党建采访点，先后接待了30余个境外媒体的采访，打开了体现道路自信和理论自信的对外窗口。街道开展了一批精品文化体育活动，发扬北京抖空竹非遗品牌效力，已成功举办八届"广内杯"空竹邀请赛和文化交流活动，开展"飞扬杯"合唱比赛、"康乐杯"乒乓球比赛、十九大剪纸展等文体活动，参与人数2000人次，培训各类文体队伍36支。

二是"党建＋社会治理"。以街道大部制改革试点为契机，提高社会治理创新水平。抓好大部制改革顶层设计，紧紧围绕街道履行职能时存在的体制机制障碍，通过人员优化、职能优化、流程优化，以强化职能、理顺流程为重点，构建"一中心、七大部"工作格局，提高服务群众水平和街区治理能力。成立大数据工作领导小组，建立大数据工作运行机制，确定三年工作计划，以此实现智能化满足群众需求。以社会共治为基础，68条背街小巷全部组建自治共建理事会和志愿者服务队，引入专业物业公司对全部街巷实施准物业化管理，形成了《广内街道社会治理优秀案例集》、共享单车八条文明公约、"单车联盟"志愿服务组织、长椿街邻街文明公约、达智桥步行街公约等多个社会治理创新的成果。居民自我管理、自我服务水平大大提升。

三是"党建+环境提升"。在疏解整治促提升行动中，选派处级领导任片长、优秀机关干部任街巷长，建立了68个临时党支部，发挥"小支部大治理"的基层党组织引领带动作用。2017年超额完成治理"开墙打洞"任务，完成率达171%；超额完成1万平方米拆违任务，完成率达112%；同步完成9条街巷143户不规范"七小"门店清零，地区已有24条胡同基本实现"十有十无"目标。与此同时，大力实施街区整理计划，完成了街区划分、街区诊断与设计、23个城市微更新项目库建立等工作；新增广阳谷城市森林等绿地面积47000余平方米。达智桥作为西城区百条胡同"十有十无"节点性标志，先后接待了30余次各类媒体的宣传报道，成为西城区提升街巷品质的重要展示窗口。

四是"党建+民生服务"。以群众需求为导向，精准提升为民服务水平，推进"一窗式"公共服务改革，规范12341案件办理流程，提高事件的办理和回复效率。新增老墙根、西便门东里、康乐里老年驿站，利用疏解腾退空间建设长西社区、报国寺社区居民活动中心，升级老墙根市场，打造百姓生活服务中心。北京最美社区书店街道公共图书馆——甲骨文·悦读空间全年共开展各类阅读推广活动217场，受益人数达8500余人次。完善困难群体帮扶机制，以"大民政"为着眼点，整合各类救助政策，实现帮扶力度最大化。建立社区慈善帮扶站，形成快速帮扶处置居民临时性困难机制。深化"幸福广内"为老服务项目，为老人提供理发、送餐、生日祝福等服务。坚持就业优先，全年帮扶就业862人，带动创业255人，开展职业指导966人次。对困难群体实施临时救助、医疗救助、慈善救助等累计达

1818人次，救助金额达1425万余元。春节期间走访慰问18类人员近1400人，发放慰问金额155.8万元。

五 基层实现社会治理体系和治理能力现代化任重道远

社会治理是街道的核心职能和工作之一，这些年我们虽然有过一些尝试、积累了一些经验，但是随着形势的发展、任务的变化，实现社会治理体系和治理能力现代化还有很多工作要做。

一是要强化统筹发展的工作理念。街道党工委、街道办事处作为区委和区政府的派出机构，对地区发展建设负有不可推卸的责任。要想履行好社会治理的属地责任，必须强化统筹发展理念。街道的工作绝不只是传统的街道社区"大民政"，街道的工作范畴涵盖辖区的人、地、事、物，辖区能办的事要抓紧落实，办不了的要摸清情况，需要区委、区政府协调的积极请示报告、协调处理。总之，在探索社会治理新模式中，要密切联系、加强沟通、建立机制、主动服务、善于协调、敢于作为，要拿得起、放得下、摆得平，真正实现辖区社会治理工作"一盘棋"。

二是要夯实运转顺畅的社会治理制度建设。要想让社会治理各参与单位和广大人民群众实现步调一致、运转顺畅，就要有完善的制度作为支撑和保障。广内街道经过不断探索，促进了地区管委会统筹协调、统一管理、协同处置制度，街道共管共享工作制度，人大代表、政协委员、社会各界人士的联络议事制度，以及辖区单位、重点企业沟通协调的联席会制度等多种制度的实施及运行，推动了地区大党建的协调机制、全响应网格化社会管理服务机制、社会单位共驻共建机制、社区民主自治机制、老旧小区管理机制、信访矛盾排查和综治维稳工作机制等平台的建设。继续加强法治建设和德治建设，强化道德约束，规范社会行为，调节利益关系，协调社会关系，解决社会问题，充分发挥社会规范在协调社会关系、约束社会行为等方面的积极作用，引导公众用社会公德、职业道德、家庭美德、个人品德等道德规范修身律己，自觉履行法定义务、社会责任和家庭责任，自觉遵守和维护社会秩序。

三是要提高社会治理智能化和专业化水平。党的十九大报告提出要提高我们社会治理的智能化水平，就是针对我国当前信息的碎片化、条块化、人力和运行成本高、快速反应能力不足等问题给社会治理创新提出的新要求。广内街道在网络化和网络平台基础上，运用大数据、物联网等信息技术，使社会治理能够更加精准分析、精准服务、精准治理、精准监督、精准反馈，能更好地服务不同社会群体，更有效地管理好社会公共事务，在社会治理方式上实现革命性的变革。在提升社会治理专业化水平方面，广内街道不断加强专业化人才队伍建设，2017年分四批选拔任用科级领导和非领导干部23人，在社会救助、社区服务、就业援助、贫困帮扶等领域提供专业服务人员。通过开办科级干部论坛，成立名书记工作室，促进干部岗位交流，健全社会工作者激励机制等形式，培育了一大批街道骨干和社区党组织后备人才，充分发挥了他们在社会治理中的积极作用，提高了社会治理水平。

总 报 告

General Report

B.1
广安门内：努力探索新时代基层社会治理新路径

摘　要： 化解社会主要矛盾，实现人民安居乐业、社会安定有序、国家长治久安，离不开共建共治共享的社会治理。广内街道深入学习贯彻习近平新时代中国特色社会主义思想，顺应时代发展潮流，主动作为、创新实践，以奋发有为的精神状态扎实做好基层社会治理，社会治理的社会化、法治化、智能化、专业化水平不断提高。本报告认为广内街道在社会治理仍呈政府"一头热"的"独角戏"状态，社会力量参与社区建设的广度与深度有限；社区工作趋向行政化，社区自治意识有待提升；居民群众缺乏参与社区事务管理的主动意识；社会治理的政策法规、管理制度还不健全，基层干部和群众的法治观念有待加强。街道接下来要强化党建引领基层社会治理的机制，切实增强社区自治功能，坚持问题导向，解决突出

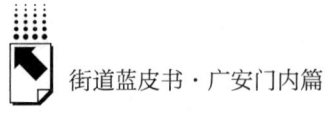

问题，加强志愿者服务组织建设，完善社会组织培育管理机制，健全多元主体共治的社会治理机制。

关键词： 社会治理　多元主体共治　社区工作　广内街道

一　新时代开启社会治理新征程

（一）进入新时代，社会治理工作面临许多新要求

中国共产党第十九次全国代表大会是中国特色社会主义现代化发展史上的一个重大里程碑，习近平总书记在十九大报告中强调，"经过长期努力，中国特色社会主义进入了新时代，这是我国发展新的历史方位"，而社会主要矛盾变化正是我国进入新时代的直接依据（见图1）。改革开放40年，我国经济社会发展取得重大成就，社会的主要矛盾在需求侧和供给侧都发生了新的变化，对此，十九大报告作出"我国社会主要矛盾已经转化为人民日益增长的美好生活需要和不平衡不充分的发展之间的矛盾"的重大政治论断。从需求侧看，过去人民对美好生活的向往集中反映为个体的生存发展需求，单一的物质需求、经济需求，而现在则扩大到对集体和社会发展的公共化需求、更高层次的精神需求以及对民主、法治、科技、文化、安全、生态等多样化的需求，基本需求已经从过去的免于匮乏转变为现在的获得尊严。从供给侧看，经过多年的努力和积累，我国已经成为全球第二大经济体，综合国力和人民群众的生活水平显著提升，但另一方面，我国人均国内生产总值仍处于中等收入阶段，城乡之间、地区之间的发展差距仍然较大，经济、民生、生态等领域还存在不少短板，发展不平衡不充分的问题凸显出来，制约着人民日益增长的美好生活需要。社会主要矛盾的变化是关系全局的历史性变化，推动化解社会主要矛盾是新时代一切工作的出发点、着力点和落脚点。

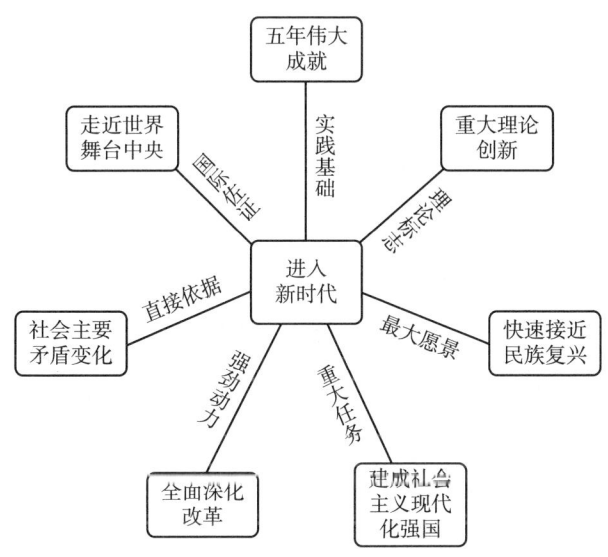

图 1　进入新时代的基本依据

资料来源：郝永平、黄相怀，《进入新时代的基本依据》，《学习时报》2017年11月15日，第A1版。

化解社会主要矛盾、实现人民安居乐业、社会安定有序、国家长治久安，离不开共建共治共享的社会治理。伴随中国特色社会主义进入新时代，我国的社会治理也站上了一个新的历史起点。党的十九大报告明确指出，要"加强社会治理制度建设，完善党委领导、政府负责、社会协同、公众参与、法治保障的社会治理体制，提高社会治理社会化、法治化、智能化、专业化水平。"这不仅为社会治理转型升级指明了道路、提出了要求，更勾勒了蓝图、构建了顶层设计，具有极为重要的指导意义。

（二）进入新阶段，首都城市治理承担许多新期待

作为国家的首都，北京的一举一动、一招一式都展现着国家形象，引领着国家发展。北京市市长陈吉宁指出，首都工作的特殊重要性主要体现在三个方面：第一是政治上的责任担当，第二是转型发展上的率先示范，第三是和谐宜居的典范。

2017年9月，以中共中央、国务院正式批复《北京城市总体规划（2016～2035年）》（以下简称《总规》）为标志，首都发展进入新时期。《总规》系统解答了"建设一个什么样的首都，怎样建设首都"的时代课题，明确提出，"站在新的历史起点上，就是要建设好伟大社会主义祖国的首都、迈向中华民族伟大复兴的大国首都、国际一流的和谐宜居之都"。因此，首都发展将更加体现国家战略、服从国家大局，成为中国特色社会主义进入新时代的一面旗帜，是全面建设社会主义现代化国家的重要标志，是贯彻落实习近平新时代中国特色社会主义思想的生动实践。

关于如何治理好首都，《总规》提出要"坚持系统治理、依法治理、源头治理、综合施策，从精治、共治、法治、创新体制机制入手，构建权责明晰、服务为先、管理优化、执法规范、安全有序的城市管理体制"，全面提高城市治理水平，促进城市高效有序运行，"到2050年全面形成具有首都特点、与国际一流的和谐宜居之都相适应的现代化超大城市治理体系"。

（三）进入新起点，西城区城市品质提升面临新形势

西城区作为首都核心区，是承载"四个中心""四个服务"功能的重要载体，是彰显国家形象的重要窗口，在国家治理体系和首都治理大局中有着特殊位置，肩负着重要责任和使命。西城区委书记卢映川在学习贯彻十九大精神的领导干部会议上指出，面对新形势新要求，西城区要紧密立足区域功能定位和职责使命，把贯彻落实十九大精神与深入贯彻习近平总书记两次视察北京重要讲话和对北京工作的一系列重要指示精神有机结合起来，牢牢把握"两转型、一提升、三更好"的工作重心和主线，以更大的担当和作为，努力实现更高质量更高水平的发展。卢映川书记要求，要以疏解、调控、整治、服务、文化、安全、党建七个方面为抓手，推动十九大精神在西城落地生根，形成生动实践。

一是要坚定不移抓疏解，为城市减负，让功能更优化。要始终把落实首都城市战略定位作为根本标尺，始终把服务保障首都职能履行作为第一要求，纵深推进非首都功能疏解，促使功能优化和布局优化，让服务保障能

力、人口资源环境、城市空间布局与区域功能定位更适应更协调更一致。

二是要坚定不移抓调控，严把准入关，让发展更协调。要坚定不移贯彻新发展理念，紧密围绕核心区特点，针对区域发展中的突出矛盾和问题，加强对阶段性特点和规律的把握，持续推进发展转型，不断提升发展品质。

三是要坚定不移抓整治，推进精细管理，让城市更精致。要坚持按照蔡奇书记提出的"精""细""化"三字要求，持续加强精治、共治、法治和体制机制创新，不断把城市精细化管理引向深入。

四是要坚定不移抓服务，强化配套衔接，让生活更便利。要不断调整理念，面向百姓服务需求，用心用情用力，注重把握好方法，切实把以人为本的基本要求落小落细、落到实处。

五是要坚定不移抓文化，加强保护传承，让名片更亮丽。要以对历史高度负责的态度，加强整体保护、促进老城复兴，坚决保护好历史文化名城"金名片"。要围绕社会主义核心价值观这个"文化之魂"，不断完善公共文化服务体系，进一步落实群众性精神文明创建活动。

六是坚定不移抓安全，深化立体防控，让保障更有力。要始终把确保政治中心绝对安全摆在各项工作的首位，坚持总体国家安全观，以最严格标准落实好各项管控措施，坚决为党中央站好岗、放好哨。

七是要坚定不移抓党建，全面从严治党，让根基更牢固。要更加坚定自觉地落实新时代党的建设总要求，把政治建设作为首要任务，自觉维护党中央权威和集中统一领导。着力建设高素质专业化干部队伍，努力培养锻造一支与实现新时代奋斗目标相适应、与首都核心区职责定位相匹配的过硬队伍。

二 广内街道以"四化"为标准提高基层社会治理水平

（一）社会治理社会化

社会治理社会化是加强和创新社会治理的社会基础，多元社会主体合作共治是社会治理现代化的重要标志。社会治理社会化意味着与过去任何时候相比，社会治理都更加体现以人民为中心的思想，更加注重了解民意、发挥民智、依靠民力，更加能够满足人民群众更高层次的需求；意味着我国的社会治理是整个社会面临的共同任务，而不是某些人、某些部门的专属职责。在新的社会治理格局中，党委、政府既要发挥领导和主导作用，又要发挥组织、协调功能，鼓励和支持社会各方面参与社会治理，促进社会多元主体的相互联系，使政府、市场、社会领域的多元主体良性互动，形成有序、高效、积极向上的社会治理合力。

1. 推广社区参与型协商治理模式

广内街道积极贯彻落实中央、北京市和西城区关于加强社区协商文件的精神，以参与型协商为抓手，以西便门内、西便门东里和长椿街三个试点社区为载体，大力推进社区自治。试点社区分别就西便门内社区79号大院环境道路改造、西便门东里社区新建服务及活动用房项目和长椿街社区感化胡同3号院机动车管理，通过召开会议、发放问卷调查表、张榜公示等方式与社区居民、停车公司、物业公司、驻区单位、街道办事处等开展民主协商。建立社区议事厅，明确议事规则，规范议事流程。社区通过参与型协商，推动了相关工作的顺利进行，提升了社区居民的参与意识和参与能力，有效维护了广内街道的和谐稳定。在试点工作取得成功经验的基础上，广内街道利用社区议事厅、"百姓论坛"等平台，进一步推广社区参与型协商治理模式，推动社区制订居规民约，并通过《广内之声》社区报、"掌上广内"微信公众号、社区宣传栏等途径及时发布信息，并进行相关政策解读。

2. 结合地区特点培育社区社会组织

在社会组织孵化和培育过程中，街道重点关注能够真正参与社区建设、推动社区自治的自我管理类、民生类、文化品牌类的社会组织，有针对性地培育特色品牌队伍。长椿街车友会。老旧小区本身空间狭小，又靠近地铁站，导致小区内停车多且无序，给小区居民带来了很大困扰。社区在走访中征集到问题后，积极发动居民，牵头成立了长椿街车友会，指导并组织车友会进行社区车辆统计、重新规划车位、发放问卷征求意见等工作，多次召开协调会。除了积极推动小区停车自管，车友会成员也自发地组织了自行车清理、堆物堆料清理等活动，并且发挥各自特长积极参与社区公共服务。在街道综合性为老服务中心建设过程中发展出的志愿服务队。志愿服务队吸引了大量社会单位和社区的志愿者，为老年人提供了更为周到的老年餐吧、休闲娱乐和日间照料等服务。广内空竹协会。广内空竹协会是国家级非物质文化遗产的重要传承载体，其不仅在街道18个社区设立了空竹义务教授站点，以文化凝聚地区居民，而且通过空竹文化节和邀请赛，将空竹品牌推广到更多地区。

3. 积极引入市场力量参与社会治理

2017年，北京市启动首都核心区背街小巷"环境整治促提升"三年行动。广内街道以此为契机，综合解决环境治理问题。截至2017年年底，街道已有24条胡同基本实现"十有十无"目标。为了解决地区环境整治反弹的问题，强化环境整治的效果，提高环境秩序，维护管理水平，广内街道通过招标，引入了专业物业公司，并制订了《广安门内街巷物业管理方案》，对全部街巷实施专业化物业化管理，形成了群众参与和专业队伍相结合的背街小巷治理模式。

物业公司将社区街巷管理分为内外两部分。在街巷外部，给社区内有条件的车辆进出口安装道闸和高清摄像头，并安排专人值守，同时安装子母门并由特勤人员在夜间负责锁门，社区长住居民可凭门禁钥匙进出社区。物业公司也加大夜间巡查力度，排查安全隐患，并及时制止乱倒垃圾渣土等行为。在街巷内部，重点对流动人口、经营门店、共享单车、停车进行管理。此外，物业公司针对社区居民的实际需求，推出了交通疏导、秩序维护、环卫保洁、绿化养护、设施巡视、安全防范、特约服务、延伸服务等八项服务以及垃圾分类试点推广项目。

4. 形成《广安门内街道社会治理优秀案例集》等创新成果

多年来，广内街道党工委、办事处从加强党的建设出发，以群众需求为根本遵循，积极领导、正确引导社区党支部领导社区自治组织，整合社区各类资源，围绕民意民需，大胆探索，勇于创新，通过社区自治的方式解决了一些共性难题并取得了良好的效果，提高了党委、政府在人民群众心中的满意度。为了让社区的创新得到尊重，更为了提高广内街道整体社会治理水平，街道总结了社会治理方面的典型经验，形成《广安门内街道社会治理优秀案例集》（见表1），供社区交流。街道就是要通过案例学习，实现从"一居一特"到"一特多居"、实现广内街道社会治理水平的整体提升。此外，为进一步建立和完善社会单位履行社会责任的工作机制，助力社会责任体系建设，推动辖区社会单位共同参与提升城市品质、共建美丽西城的积极性，提高社会单位以履行社会责任的方式服务社会、服务街道、服务社区、服务居民的水平，街道结合区域实际，开展了广内街道社会公共责任体系的课题研究，形成了《广安门内街道社会公共责任创星行动方案》。

表1　广安门内街道社会治理优秀案例

序号	主体	案例
1	西便门内社区	79号院老旧小区改造民主协商
2	长西社区	楼院微自治居民协商
3	西便门东里社区	社区办公及活动用房改造协商
4	报国寺社区	"百姓论坛"
5	核桃园社区	公交文化主题为老服务中心
6	校场社区	居民动员
7	宣西社区	环境治理
8	三庙社区	"幸福家庭"特色活动
9	长椿街社区	感化胡同3号院停车自治管理
10	康乐里社区	"邻里节"
11	广内街道	社区代表大会
12	广内街道	老墙根百姓生活服务中心建设

资料来源：广内街道党工委、办事处，《广安门内街道社会治理优秀案例集》，2018年1月。

（二）社会治理法治化

法治是不断完善社会治理体系的基本方式，也是进行社会治理创新的基本底线。社会治理法治化就是指加强和创新社会治理要坚持"科学立法、严格执法、公正司法、全民守法"16字方针，既要严格依法进行，又要有完善的法律和制度作保障。"法律是治国之重器",只有把社会生活的基本方面全部纳入法治的范围,经济、政治、社会、文化、生态才能和谐稳定发展,社会全面进步才有切实的保证,社会治理工作才能有的放矢、有章可循。根据以往的经验,社会治理之所以出现许多难题,很重要的一个原因就是法律体系不够健全,法治观念不够深入人心。今后,社会治理工作要改变过去命令型、控制型的社会治理方式,以法治的精神引领社会治理,以法治的思维谋划社会治理,以法治的方式调节社会关系、解决社会矛盾、协调社会利益,从而推动各项社会事业的发展。

1. 增强法治意识

一方面,街道应大力开展普法宣传,以社区为阵地,定期开展各种宣传活动,以居民为对象,举办小型专题普法讲座。另一方面,街道应紧紧依靠法治思维开展社会治理,体现法治精神。无论是社区公约的制订过程,还是公约内容的执行,无论是资源共享共建,还是辖区单位提供相关服务,哪怕都出于公益,也要体现公平、公正的法治原则,体现权利、义务明晰的契约精神,符合国家的法律法规、政策。社区公约既要可执行操作,又要简便易行,让群众看见公约就知道自己的权利和义务是什么,避免大而全、假大空。

2. 开展联合执法,凝聚治理合力

2017年北京市在全市范围内组织开展"疏解整治促提升"专项行动,广内街道严格依法行政,加强政策法规宣传和教育引导,联合广内城管执法队、广内食药所、广内卫生监督站、广安门工商所、广内派出所、西城消防分队、防火办等部门成立综合行政执法中心,做到秉公执法、廉洁执法和文明执法,杜绝简单粗暴,防止因执法不当造成矛盾激化和不良社会影响。2017年,街道治理"开墙打洞"529户,拆除违法建设20075.21平方米,疏解普通地下室和地下民防空间租住人员,关停27家地下小旅馆。

(三)社会治理智能化

社会治理智能化是实现社会治理现代化的"牛鼻子",是社会治理社会化、法治化和专业化的保障和支撑。当前,我国在社会治理方面还存在信息碎片化、条块化，应急管理和快速反应能力不足，人力和运行成本高等问题。社会治理智能化就是要在网络化和网络平台的基础上，运用大数据、云计算、物联网、人工智能等技术，使社会治理能够更加精准地进行分析、服务、治理、监督、反馈，更加有效地服务好不同的社会群体，管理好社会的公共事务，实现社会治理方式革命性的变革。

1. 建设智慧社区

广内街道智慧社区建设始于2009年。为推动辖区的科学发展，街道以服务民生为基本出发点和落脚点，以创造更加美好的城市生活为根本目标，以信息化、物联网和大数据等技术手段为支撑，建成智慧中心、智慧政务、智慧商务、智慧民生四大模块14个子系统，构建了以"智能化、精细化、人文化、社会化"为精髓的全新的街道公共服务和管理运行模式。2011年，街道被评为"北京市社区信息化示范街道"。2012年，街道围绕区委、区政府提出的"社会服务、社会管理、行政服务、城市管理、应急处置"五位一体的全响应网格化社会服务管理机制要求，集中建设城市管理指挥系统、政务服务办公系统、虚拟养老支持系统以及配置一个集约化的爱心超市、一个社会组织发展服务中心，以政务服务、公共服务、公益服务、为民服务为基点，最大限度地延伸工作触角，实现以人为本的精细化管理，使社会服务管理工作贴近百姓、贴近群众，努力实现社会服务管理的"全覆盖、全感知、全时空、全参与、全联动"。2014年，街道获得"中国智慧社区创新奖"。

2. 建立政务服务和街区治理中心

2017年广内街道试点街道管理体制机制改革，建立了政务服务和街区治理中心，以此作为街道服务群众、治理街区的对外开放平台、指挥调度中心及地区大数据中心。该中心以智慧、高效、便民的新型工作模式，承担服务群众的开放平台、治理街区的指挥调度中枢以及地区块数据中心等职能。对外承担综合办理公共服务事项，承接社区服务站上传业务，推进"互联网+政务"服务；对内作为横向指挥、协调、督办的平台，调度街道内部资源，向公安、工商等驻辖区执法力量派发事件、组织综合执法；对上接收区级转来的各项工作，上传需要区里解决的问题；对下对接各个社区、网格，作为地区问题、民情日记、群众诉求的收集处理平台，打造围绕地区问题全面感知、快速传达、积极响应的中枢。

3. 打造虚拟养老院

广内街道共有60岁以上老人2.2万人，占地区人口总数的26.3%，占全区老年人总数的1/5，人口老龄化形势非常严峻。2012年，街道秉持"乐在广内，养不离家"的理念，创新性地开创了"虚拟养老有形服务"的社区养老服务模式——虚拟养老院。虚拟养老院是指以信息化手段为载体，以老年人需求为导向，整合辖区服务资源，通过阵地建设、项目支撑、队伍保障，为老年人提供精神慰藉、生活关怀、医疗照顾等精细化服务。虚拟养老院之所以取得成功，关键在于四个平台的建立和完善：抓虚拟养老院软件建设，搭建信息化服务平台（见图2）；抓虚拟养老院硬件建设，搭建实体支撑体系；抓虚拟养老院功能整合，搭建社会参与服务平台；抓虚拟养老院服务项目建设，实现养老服务多样化。

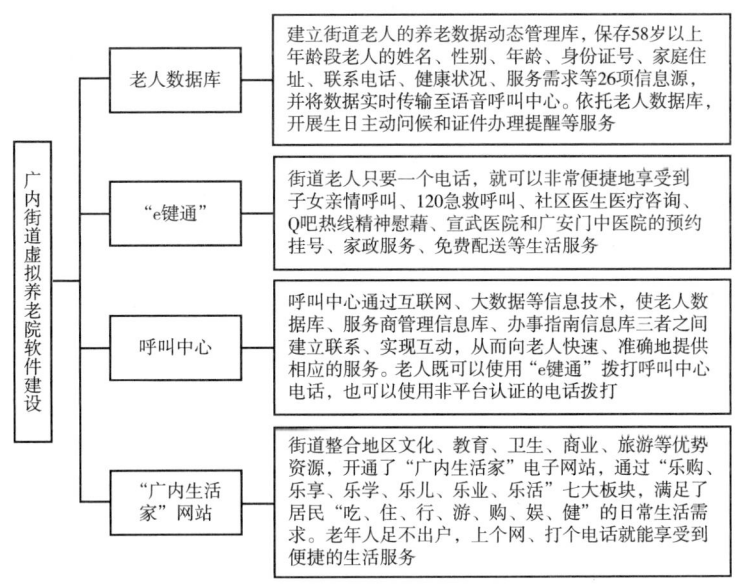

图2 广内街道虚拟养老院软件建设

资料来源：广内街道党工委、办事处，《广安门内街道全力打造虚拟养老院 实现养老服务工作四个创新突破》，2015年2月6日。

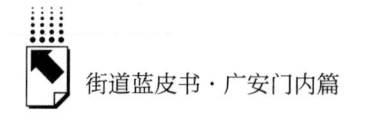

（四）社会治理专业化

社会治理的专业化程度是衡量一个国家或地区社会事业发展和社会治理水平的重要标志。社会治理专业化依靠专业的队伍、专业的理念、专业的方法和技术来进行社会治理，开展社会服务。因此，必须从人才、理念、技能三方面着手，全面提高社会治理的专业化水平。首先，要建设高素质的专业化人才队伍，尤其是要培养造就一支数量充足、结构合理、素质优良、作用突出的社会工作专业人才队伍，夯实社会治理的基础。其次，要坚持专业化的工作精神和态度，坚持以人民为中心的价值追求，深刻认识和把握社会主要矛盾，更加自觉主动地维护人民利益。最后，要提高综合运用专业化工作方法和技术的能力，熟练运用规范执法、政策引导、社会救助、社区服务、利益协调、矛盾调处、心理疏导、风险防控、事件应急、责任追究等机制，借助信息化手段，将法治与德治相结合，更加科学有效地实现社会治理目标。

1.试点街道管理体制机制改革

2017年7月，为进一步提升街道服务群众、治理街区的能力，夯实城市基层基础，西城区立足首都功能核心区定位，按照中央提出的新要求和北京市第十二次党代会确定的新目标，试点街道体制机制改革。广内街道作为试点街道，根据《西城区深化街道管理体制机制改革的实施方案》的要求，制订了具体的实施方案。广内街道以强化职能、理顺流程为重点，在街道构建"一中心、七大部"工作运行体制（见图3），提升服务水平和街区治理能力；以提升社区治理能力、夯实社区基础功能为重点，形成上下联动的运行体系；以转变职能、扩大参与为重点，完善街道运行机制。街道"一中心、七大部"的格局基本形成，逐渐构建了权责清晰、分工合理、人力资源优化、运转高效协调的街道工作新模式。

经过一段时间的探索，广内街道"大部制"改革取得了一定的成效，对完成重点工作起到了支撑作用。

一是决策执行更加高效。"大部制"淡化了科室边界，架构实现了扁平化，相近业务板块得到了整合，减少了管理层级。部长可以对区里下发的任

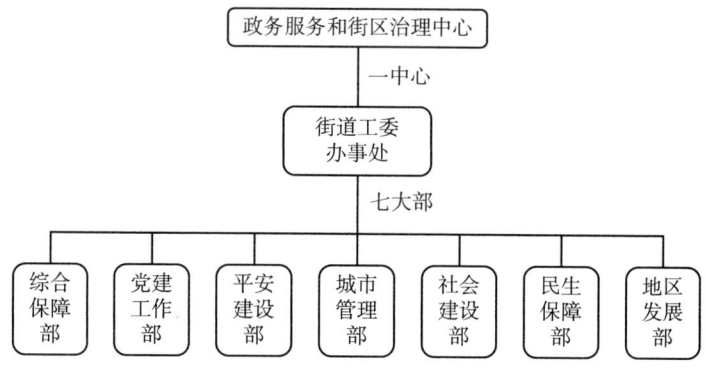

图3 街道"大部制"组织结构

资料来源：中共北京市西城区委、区政府：《西城区深化街道管理体制机制改革的实施方案》，2017年7月6日。

务进行有效统筹和安排，降低协调成本和时间成本，提高决策与执行效率。

二是内部运行更加顺畅。改革前，各科室往往疲于应对上级下达的工作任务和各类考核，相互之间的联系不够密切，并且业务流转时间长、成本高。改革后，科室、人员根据工作职责进行了整合，不仅有助于避免各部门条块分割、忙闲不均，也有助于提升和扩展工作格局，实现信息对称和共享，形成工作合力，把"巴掌"变成"拳头"。

三是服务百姓更加精准。将街道直接面向辖区百姓的服务事项统一到一个部门，对政策的把握更加精准，在给社区减负的同时也方便了百姓，提高了百姓的办事效率。

四是资源配置更加科学。"大部制"有效地体现了集中力量办大事的优越性。相近科室的合并，使得资源配置更加灵活和高效。与改革前相比，人员数量有所增加、可统筹的资源也更多，街道重大活动、中心任务的落实更加协调有力，组织活动的力度和效果更好。

五是干部工作热情得到激发。机制调整优化之后，任务细化到各组、个人，职责更加清晰、标准要求更高，使得干部工作更加自觉和主动。干部畏难情绪减少了，更加注重向统筹性、全面性发展，在干好本职工作的同时其能力也得到了提高。

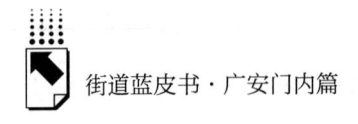

2. 加强社区工作者队伍建设

街道高度重视社区工作者队伍建设，提高社区工作者待遇，制订《后备人才队伍建设工作方案》，建立社区居委会（服务站）后备人才库，不断完善培养和激励机制，规范社区运行机制。对进入社区居委会（服务站）正副职后备人才库的社工进行培训，有针对性地培养社区骨干力量，切实提高街道社区工作者队伍专业化、职业化水平。拟定《广安门内街道社区工作者管理办法（试行）》，从录用、考核、纪律等方面对社区工作者进行规范化管理，提升社区规范化建设水平。

3. 完善社区规章制度

街道不断规范社区管理，完善社区规章制度。制定了《广安门内街道社区会议制度》和《领导干部、机关科室定点联系社区制度》；修订了《广安门内街道社区经费管理办法》，对社区经费使用提出了明确而具体的要求，使社区经费的使用更加规范透明，监督更加有效；制定了《广安门内街道关于落实〈西城区关于规范社区工作者工资待遇的实施细则〉的若干规定》，规范了社会工作者的工资。

三 广内街道在社会治理方面存在的困境和不足

街道是政府的派出机构，能支配的资源有限，在推进地区发展的过程中，受到诸多因素的掣肘。近年来，广内街道积极创新社会治理，统筹辖区资源，加强社区自治，围绕破解难题、改善民生、化解矛盾等做了一些尝试和探索。但是，在加强与驻区单位共建、提升社区自治水平、广泛发动居民志愿者参与社区建设、依法治街等方面，还存在一些困境和不足，需要在实际工作中深入思考，不断探索问题的破解之道。

（一）社会治理仍呈政府"一头热"的"独角戏"状态，社会力量参与社区建设的广度与深度有限

近年来，街道党工委、办事处紧密结合地区实际，加强统筹辖区发展，

先后搭建了地区大党建的协调机制、社会单位共驻共建机制，并广泛凝聚人大代表、政协委员、工商联、侨联、民族宗教人士等社会各方面的力量，为共驻共建奠定了良好的社会基础。辖区内共有社会单位2365家，积极参与重大民生项目的单位有5家，主要集中在为老服务方面；其他社会单位在参与社区志愿者服务、配合搞好社区环境卫生也发挥了一些作用。总体来说，社会单位参与社区建设的积极性不够高，有些单位对共驻共建还缺乏足够的认识，设施资源开放共享程度还不够。"一头热、一头冷"的现象还不同程度地存在，共同参与社区建设的大格局还没有真正形成，共驻共建共享的工作力度还有待进一步加大。

2017年，为激发驻区单位参与社会治理的责任意识，街道着手制订了《广安门内街道社会单位社会责任创星行动方案》，以期推动社会单位履行社会责任，提高社会单位对辖区的社会责任感和认同感，增强社区大党委与区域内社会单位的联系以及协同协作，在街道范围内形成社会单位履行社会责任的热潮，推动社会各类主体了解、认知和践行社会责任，成为构建西城区社会公共责任体系先行街道，带动整个西城履行社会责任的积极性。

（二）社区工作趋向行政化，社区自治意识有待提升

《中华人民共和国城市居民委员会组织法》明确规定了政府与社区居委会之间应当是指导与被指导关系，在现实社会中却变成了领导与被领导的关系，居委会成为事实上政府职能的延伸，这带来了一些负面影响。

其一，社会各界对社区建设的主体认识模糊。一方面，社区居委会的工作方式仍然以行政指挥为主导，把完成街道党工委、办事处、站队所交办的任务当作社区工作，形成了对政府的依赖性，造成社区居委会引导社区居民进行自我管理、自我教育、自我服务的具体实践出现空心化和边缘化现象。另一方面，政府部门也往往在潜意识中把社区居委会当成自己的"下属"单位，直接给社区安排行政工作，社区居委会忙于繁重的行政性事务，难以对社区居民实际需要进行深入调查研究。社区事务脱离了社区居民的真正需要，得不到社区居民的认同。

其二，社区居委会行政化导致居民群众认为社区管理是政府行为，将社区居委会看作政府组织，没有参与社会治理与服务的积极性与主动性。2015年北京市出台《关于深化北京市社会治理体制改革的意见》，2016年又印发了《关于深化街道、社区管理体制改革的意见》，均强调要增强社区服务功能，推进社区减负增效，提升社区治理能力。但在落实过程中，受街道任务压力、原有工作机制的惯性等多重因素的影响，政策落地还面临很多困难和障碍。

（三）居民群众缺乏参与社区事务管理的主动意识

居民群众是社区自治的主体，其广泛参与是实现社会治理目标的根本动力。但是，在社区发展和建设过程中，普遍存在着居民参与不足的问题。一是总体参与率不高。大多数人没有为公共服务的意识，只注重自身及家庭事务，认为参加社区活动没有意义甚至是浪费时间，并且缺乏持久参与社区建设的耐心。二是参与人群分布不平衡。老年人、青少年、下岗失业人员、困难家庭等弱势群体参与多，而中青年、在职在岗人员参与少，存在居民收入、文化程度越高，社区活动参与率越低的现象。三是居民参与社区活动的程度不深。居民习惯于被动参与街道、社区的自治活动，且多参与较低层次社区事务的运作，对社区公共事务的立项、组织和决策关心还不够。近两年，借助"疏解整治促提升"转型行动、背街小巷环境整治提升行动、"大排查大清理大整治"专项整治等活动，社区居民参与意识有了大幅提升，今后要在居民参与常态化、制度化方面多下功夫，打造新时代共建共治共享的社会治理格局。

（四）社会治理的政策法规、管理制度还不健全，基层干部和群众的法治观念有待加强

长期以来，权力监管的缺失，加上忽视自我的理想信念教育，使得一些基层干部无视法律规定，藐视法律权威，造成了一定的社会影响，也损害了党在群众心中的威信。部分领导干部和行政执法人员的法律意识、法治观念

与依法行政的要求还不适应。同样的，基层群众法治观念淡薄，不遵守政策法规和管理制度，有的甚至故意违反政策法规。

造成这种局面的原因很多，具体而言，主要有以下几个方面。首先，上级部门制定的政策法规和管理制度本身就不够系统全面，而街道、社区层面又无权制定相关的具体实施办法。其次，当前社会还存在一些社会利益分配不平衡、社会保障不到位、城市基础设施配置欠缺等深层次问题，降低了基层群众的满意度。最后，在经济利益驱动下，基层群众在对己有利的事情上要求政府依法行政，而当自己非法利益受损时就与法律要求背道而驰。应该加强基层干部的法治观念和依法行政的意识，加强对基层群众的普法教育，提升他们的法律素养、法治意识。

四 新形势下广内街道社会治理工作的方向和着力点

总体上看，广内街道的社会治理理念为基层管理创新提供了非常好的思路，符合今后社会发展的方向。当然，工作中也会遇到很多问题，难度非常大，需要长期扎实有效艰苦的努力，坚持不懈，久久为功。广内街道要深入贯彻学习党的十九大精神，认真贯彻落实习近平总书记创新社会治理的新理念新思想，结合当前社会治理工作面临的新形势、新特点、新要求，按照中央推进国家治理体系和治理能力现代化的重要精神，立足广内街情实际，将社会治理创新在实践中推向深入、抓出成效。

（一）强化党建引领基层社会治理的机制

街道党工委、办事处作为区委、区政府的派出机构，对地区发展建设负有不可推卸的责任。要搞好基层社会治理，必须始终坚持街道党工委在基层社会治理中的领导核心地位，发挥好党组织总揽全局、协调各方的作用，强化街道统筹发展的理念，自上而下调动各方面力量有序参与基层治理，形成基层治理的合力。广内街道要充分利用好街道管理体制机制改革的契机，围绕提升街道社区服务群众和街区治理能力的目标，明晰街道职责，完善治理体系，整合机构职能，加强资源配置，真正把服务和管理落实到基层，使基层有职有权有物，更好地为群众提供精准有效的服务和管理。广内街道要注重建设好街道政务服务和街区治理中心，要以先进理念、先进技术、先进模式推动中心平台建设和功能开发，加强互联网、大数据、人工智能等技术和理念的应用，在整合优化街道全响应网格化社会管理服务机制和政务服务系统原有功能的基础上，推进街道"一窗式"政府服务平台建设和大数据平台建设。按照人、事、物不同主体的要求，从服务、管理、动员三个维度，对街道应用系统、工作事项、数据信息进行梳理，让来自各方面的工作事项和问题以信息流、数据流的方式实现系统融通、数据汇聚。

（二）切实增强社区自治功能

要积极落实中共中央国务院《关于加强和完善城乡社区治理的意见》、北京市《关于深化北京市社会治理体制改革的意见》和《关于深化街道、社区管理体制改革的意见》，发挥党委、政府的主导作用，建立健全社区自治的体制机制和组织架构，强化社区自治功能。要积极转变政府职能，重新配置城市管理的公共权力，将本应属于社区的权力下放给居委会，确立居委会社区自治的主体地位，并赋予社区居委会内部事务决策权、财务自主权、工作人员选免权、日常工作管理权等。要建立社区居委会、社区物业和社区业主委员会之间的协调机制，使三者协调发展、良性互动、形成合力。通过有效的机制协调，使社区居民真正成为社区管理的主人，实现政府公共服务和居民自我服务有效衔接。

（三）坚持问题导向解决突出问题

社区公共事务是基层群众自治的基础，要把与社区居民切身利益密切相关的公共问题纳入基层治理的过程，把公共问题变成公共事务，增强社区居民参与同自身利益密切相关的基层治理的动力。长椿街社区车友会的成立、老墙根环境秩序的改善以及北线阁甲3号院通气通暖问题的解决，都是在社区居民强烈意愿的推动下逐步解决的，这充分说明坚持问题导向对于加强社会治理具有特别积极的推动作用。在今后的工作中，街道、社区党员领导干部要不断加强问题意识，更要把问题意识转化为问题导向，把化解矛盾、破解难题作为履职尽责的第一要务，想方设法把问题化解在萌芽状态，特别是面对疑难问题时要有百折不挠的勇气与毅力，坚定找到解决问题的方法。从2015年起，根据《西城区关于加强基层服务型党组织建设的实施意见》，街道按年度为每个社区拨付20万元党建经费，配合各社区原有的8万元公益金，用于支持基层党组织解决社区重点难点问题，缓解社区为民办实事经费不足的窘境，把居民反映强烈的问题列为重点工作解决，切实把矛盾化解在社区内部。

（四）加强志愿者服务组织建设

深入推进社会治理变革，需要最广泛的群众参与，以及高度主动自觉的参与精神。党的十八届三中全会提出要支持和发展志愿服务组织，对当前的志愿服务工作提出了要求，也为志愿服务工作的开展提供了坚实的政治保障。在社会治理工作中，街道要加大对志愿者组织的培育和扶持力度，推进志愿服务组织平台建设，发挥核桃园社区老年餐吧志愿者服务队伍的示范效应，重点推进关爱空巢老人、物业管理、医疗救助、未成年人教育等社区志愿服务组织的培育与孵化。要建立多层次、多形式的志愿者表彰奖励制度，对志愿者给予适当的奖励或补贴，积极推广"爱心储蓄银行"、志愿服务积分兑换、互助服务等有效形式，把提供志愿服务与优先享受志愿服务、优惠享受社区商业结合起来，从而使志愿者服务成为"付出、积累、回报"的爱心储蓄，激励志愿者持续参与志愿服务的热情，并吸引更多的人加入社区志愿者队伍。

（五）完善社会组织培育管理机制

切实加大支持与发展"公益园"社会组织孵化器的工作力度，积极培育发展社区社会组织，加强引导规范和监督管理，充分发挥其公益服务功能。首先，要通过广泛深入的调研工作，确立社区内居民迫切需要的服务领域，有目的地重点培养与之相关的、有一定基础的优秀社会组织，使其能够承接相应的社会服务项目，满足居民的需要。其次，加大对地区各类社会组织的培育力度，鼓励和支持社区社会组织的发展，通过资金支持、分包项目、购买服务等形式引导、扶持社区社会组织参与社区建设，将居委会从繁杂的行政事务性工作中解脱出来，实现自治的角色归位。最后，通过逐步构建社会组织支持与发展中心——功能型社会组织/社区社会组织协会——社区社会组织三级架构培育与发展管理体系，建立相应的能力建设机制、长效督导机制和动态管理机制，使地区社会组织能够共享各类发展资源，改善目前社区社会组织各自为政的局面，促进本地区公共事务的统筹管理。

（六）健全多元主体共治的社会治理机制

充分发挥街道党工委的领导核心作用，建立办事处、人大、政协、群团组织共同参与的社会动员平台，进一步完善群策群力、共建共治共享的工作制度，形成全民参与社会治理工作的合力。着力加强与驻区单位的联系，不断健全驻区单位、重点企业沟通协调的联席会制度，加强统筹协调，共同研究解决既事关居民群众又事关驻区单位的社区治理问题，如社区服务、停车管理、环境整治等。建立智库有效参与公共决策的机制，引入社科院等官方智库和北京城市研究院等民间智库的智力支持，聚焦辖区环境治理、推进社会参与、技术治理运用等工作，配合街道开展协同创新研究，为辖区发展、社会治理建言献策。

参考文献

习近平：《决胜全面建成小康社会 夺取新时代中国特色社会主义伟大胜利——在中国共产党第十九次全国代表大会上的报告》，2017年10月18日。

郝永平、黄相怀：《进入新时代的基本依据》，《学习时报》2017年11月15日，第A1版。

霍小光、邹伟等：《再启历史新局的时代担当——从社会主要矛盾转化看新时代中国改革发展》,《人民日报》2018年3月19日,第6版。

金泽刚:《着力推进社会治理实现新"四化"》,《南都评论》2017年10月30日。

王宵:《广安门内街道推行"背街小巷"物业管理》,《西城报》2017年9月11日。

广安门内街道党工委、办事处:《广安门内街道社会治理优秀案例集》,2018年1月。

广安门内街道党工委、办事处:《广安门内街道全力打造虚拟养老院 实现养老服务工作四个创新突破》,2015年2月6日。

中共北京市西城区委办公室:《西城区关于加强基层服务型党组织建设的实施意见》,2015年1月13日。

中共北京市委、北京市人民政府:《关于深化北京市社会治理体制改革的意见》,2015年8月12日。

中共北京市委、北京市人民政府办公厅:《关于深化街道、社区管理体制改革的意见》,2016年3月11日。

中共北京市西城区委、区政府:《西城区深化街道管理体制机制改革的实施方案》,2017年7月6日。

数据报告

Data Reports

B.2
广安门内街道基于常住人口的地区公共服务调查报告

摘　要： 公共服务是公民生存发展的需要，也是生活品质的基础保障，以居民对地区公共服务的获得感和满意度来评价生活质量状况具有重要意义。本报告对西城区广内街道18个社区的常住人口开展社区公共服务与居民生活质量问卷调查，从中了解街道组织开展公共服务的情况和居民的满意度，得出总体结论并针对存在的问题提出具体建议。

关键词： 广内街道　社区居民　公共服务　生活质量

为了了解目前广内街道居民对地区公共服务的获得感和满意度状况，课题组在2015年1月开展的街道基本公共服务需求问卷调查的基础上，结合居民的满意度调查，进行了此次问卷调查。本报告调查对象是广内街道18

个社区的常住人口，调查时间为2017年5月，共有360人参与此次调查，其中有效问卷199份，有效回收率为55.3%。

一 调查样本情况

（一）调查样本基本情况

调查对象中，男女比例约为0.6∶1；年龄在35岁以下的43人，36~55岁的96人，55岁以上的60人，其中65岁以上老年人为26人；从婚姻状况看以已婚为主，占91.0%；从政治面貌看，共产党员、群众分别为53人和135人，群众占67.8%；常住人口中，有88.9%是西城区户籍，非京籍占1.5%；在本市自有住房者164人，占82.4%；从受教育程度看，本科或大专占比最高，为68.8%；家庭组成结构方面，45.2%的受访者为三口之家，比例最高（见表1）。

表1 调查样本基本情况统计

单位：人

性别	男		76		女		123
婚姻状况	已婚		181		未婚		18
年龄	25岁以下	26~35岁	36~45岁	46~55岁	56~65岁	65岁以上	
	6	37	55	41	34	26	
政治面貌	党员		民主党派		团员		群众
	53		1		10		135
户籍	本区户籍		本市其他区户籍				非本市户籍
	177		19				3
住所	本区自有住房		本市其他区自有住房		本区非自有住房		本市其他区非自有住房
	142		22		18		17
学历	博士研究生		硕士研究生		本科或大专		高中或中专以下
	0		2		137		60
家庭人数	四人以上		四人		三人		二人	一人
	44		29		90		36	0

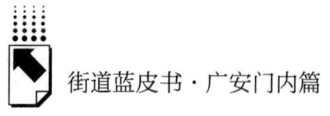

（二）样本家庭收入情况

从家庭收入情况看，调查显示，月收入在 1890～3399 元的受访者数量最多，占比为 38.1%；其次是 3400～8699 元的受访者，占比为 36.7%；而人均月收入水平超过 15000 元的有 13 人。取人均月收入的区间平均值，可以得出广内街道居民年均收入的估算值（见表 2）。如果比照西城区 15 个街道的简单平均值（此数据统一填写）的标准，可以发现，广内街道的平均值为（计算方法：各分组收入×人数的和除以总人数）元，处于（根据比较结果填写）水平，其中参与调查人员中，人均月收入低于 3400 元的人群值得关注，占到总数的 43.2%。这 86 人中，人均月收入在最低工资标准线 1890 元以下的有 10 人，其中符合低保家庭收入标准（家庭人均月收入低于 800 元）的仍有 2 人。

表2 广内街道样本收入情况

人均月收入(元)	800	800～1889	1890～3399	3400～8699	8700～14999	15000 及以上
居民年均收入(元)	9600	14940	31740	72600	142200	180000
人数	2	8	76	73	27	13

注：居民年均收入由人均月收入的区间平均值乘以 12 个月估算得出

二 公共服务供给及居民满意度状况

（一）公共教育资源评价：将近八成受访者认为幼儿园便利度低

广内街道教育资源配置方面，调查显示，有 27.6% 的受访者认为教育资源配置"总体均衡"，认为"局部均衡"的占 40.2%，表示"基本失衡"与"说不清楚"的受访者均为 16.1%（见图 1）。由此可见，被访者总体对广内街道的教育资源状况并不乐观。

此次问卷特别就学前教育资源进行调查，在问及"您及周边的孩子上幼

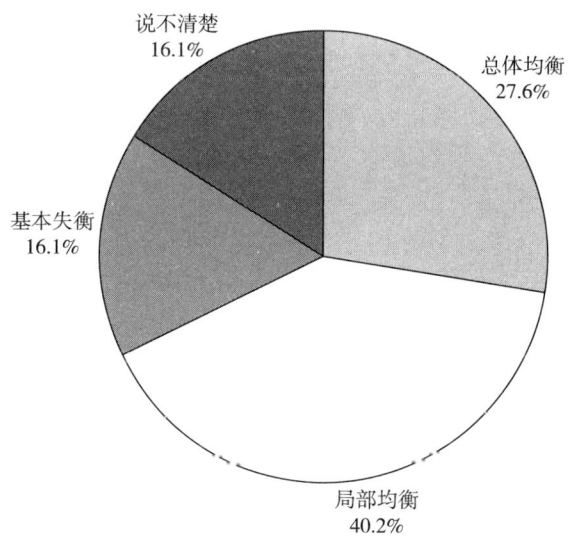

图 1　广内街道教育资源配置情况

儿园方便不方便?"这个问题时,只有 21.1% 的受访者表示"很方便",但有 16.1% 的受访者表示"很难",表示"不方便"的受访者占 30.2%,认为"不是很方便"的达到 32.7%(见图 2),由此可见,将近 80.0% 的受访者对辖区幼儿园的布局和供给表示不满意。可见,学前教育问题不容忽视。

(二)公共文化服务评价:对公共文化设施和场馆的服务满意度不足五成

调查问卷以"您知道您家附近的图书馆、文化馆、博物馆、美术馆等公共文化服务设施分布情况吗"这一问题来了解被访者对街区公共文化资源的知晓度。结果显示,20.1% 的受访者表示"了解",9.5% 的受访者表示"不了解",七成的受访者表示"部分了解"。在对这些文化设施提供服务的满意度调查中,表示"满意""很满意"只有 36.1%,不足一半。表示服务"一般"的占 53.3%,还有 10.6% 的人表示"不满意""很不满意"(见图 3)。

具体从服务项目参与度看,调查显示,参与"免费的电影放映"的受访者人数占 51.8%,所占比重最高。参与"书画展览、摄影展等""戏剧、

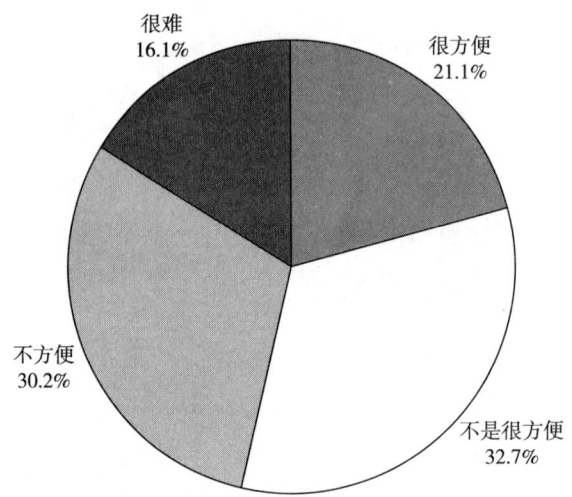

图 2　广内街道幼儿园便利度

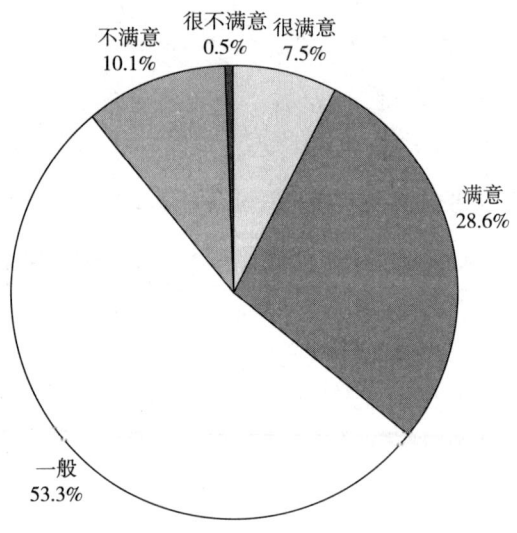

图 3　广内街道公共文化服务情况满意度

音乐会等文艺演出"的比重相当,分别为46.2%和45.7%。另外,16.6%受访者表示"以上都没去过或参与过"(见图4)。

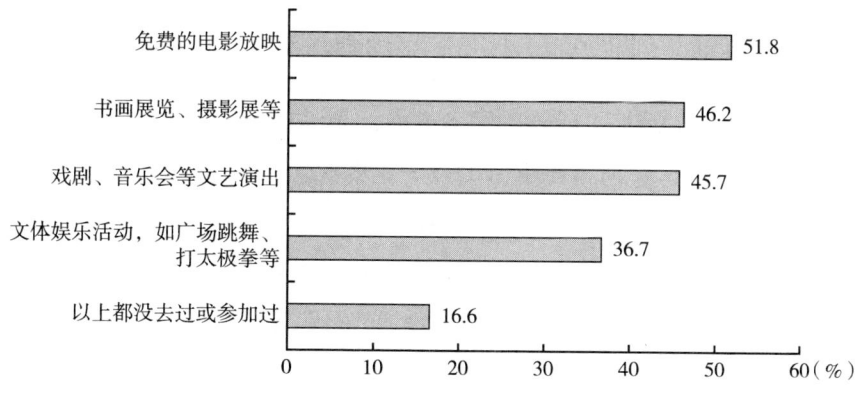

图4 广内街道公共文化活动参与情况

（三）社区服务评价：七成居民对群众文化服务的满意度最高

在社区文化教育体育服务方面，受访者对"社区群众文化服务"的满意度最高，达到76.9%。此外，对"社区科普服务""社区居民阅览服务"满意度相对较高，但只有39.2%和32.7%。此外，受访者对社区体育服务的整体满意度普遍不高（见图5）。

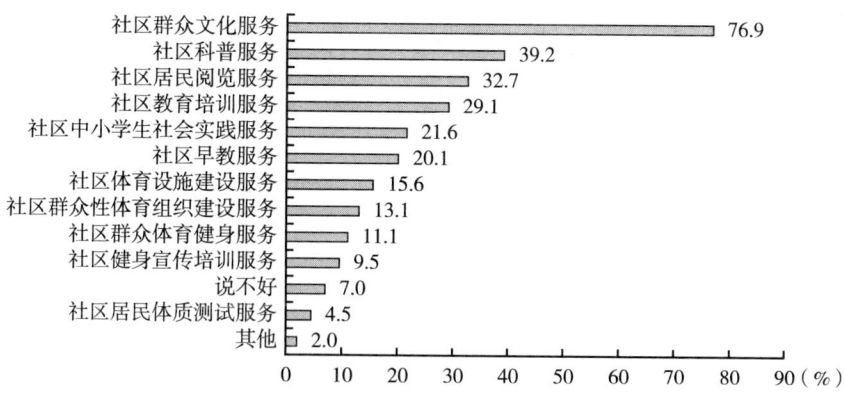

图5 广内街道社区服务项目满意情况

（四）就业（创业）服务评价：平均参与率在30%左右

调查显示，在就业（创业）服务方面，参与度最高的是"社区职业介绍和岗位推荐服务"，所占比重为52.8%，其他均未超过半数。其中，分别有42.2%、38.7%的受访者选择了"社区就业困难人员再就业服务""社区劳动就业政策咨询服务"选项。此外，参与"'零就业家庭'就业帮扶服务"的受访者达到36.2%，其他四项"就业信息发布""自主创业指导咨询""社区专场招聘会""就业能力提升培训或讲座"的参与率分别为29.6%、25.1%、20.6%、17.6%。另外有18.1%的受访者表示"不清楚"（见图6），说明没有这方面的需求。由此可见，关于就业（创业）服务，街道社区工作做得较为扎实。

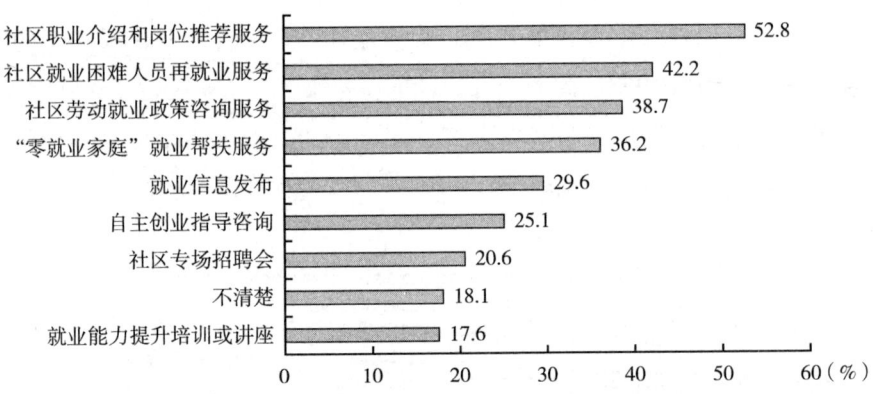

图6 广内街道就业指导和就业服务项目参与情况

（五）为老服务评价：超七成受访者表示"满意"

对于社区提供的为老服务项目，问卷中涉及的10大类服务均不同程度地受到欢迎，其中"医疗保健""生活照料""紧急救助"满意度排在前三位，分别达到64.8%、64.8%和50.8%；"参与社会活动"满意度最低，为32.7%（见图7）。

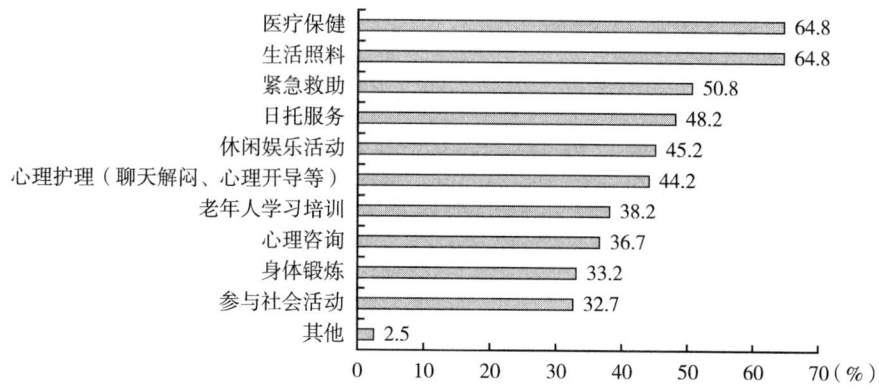

图 7 广内街道社区为老服务项目满意情况

广内街道非常重视为老服务工作，以社区为单位针对老龄人口开展了多项服务，在对现有为老服务项目的满意度方面，有50.3%受访者表示"满意""很满意"，有44.2%的人表示"一般"。但仍有5.5%的人表示"不满意""很不满意"（见图8）。

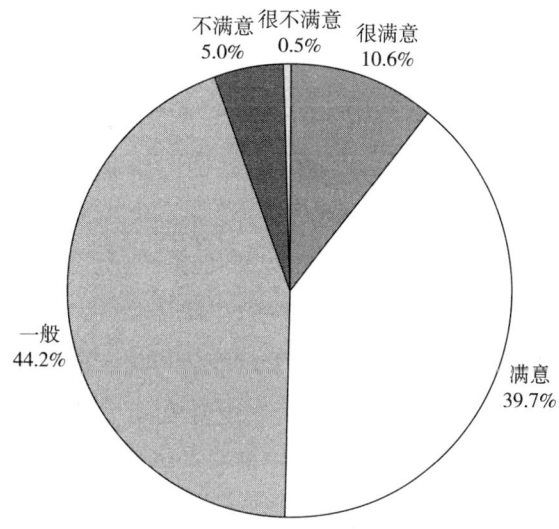

图 8 广内街道社区为老服务项目满意度

（六）残疾人专项服务评价：过半数受访者认为专用设施不够完善

问卷调查结果显示，有35.2%受访者表示所在社区的残疾人专项服务设施"比较完善""非常完善"，而认为"不够完善，有部分专用设施"的受访者也达到52.8%。还有12.1%的受访者表示"基本没有"（见图9）。

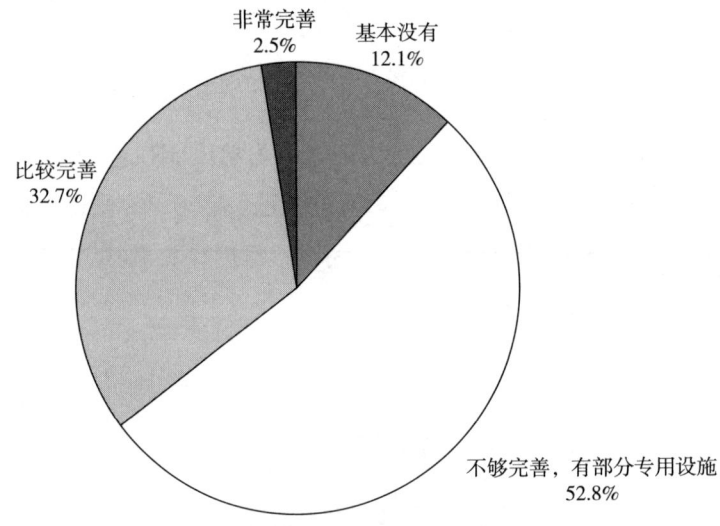

图9　社区残疾人专用设施完善度

从社区残疾人服务项目供给情况来看，"康复照料""法律援助""日常生活"排在前三位。61.3%受访者选择了包括知识讲座、康复咨询、免费健康体检、建立电子健康档案等在内的"康复照料"，45.7%受访者选择了"法律援助"。另有37.7%受访者选择了涉及卫生清洁、洗衣做饭、买菜买粮、家电维修、房屋修葺、看病就医、帮助外出、突发应急等日常生活服务。数据反映，受访者对"心理抚慰""文教服务""慈善捐赠"方面的服务供给评价偏低（见图10）。

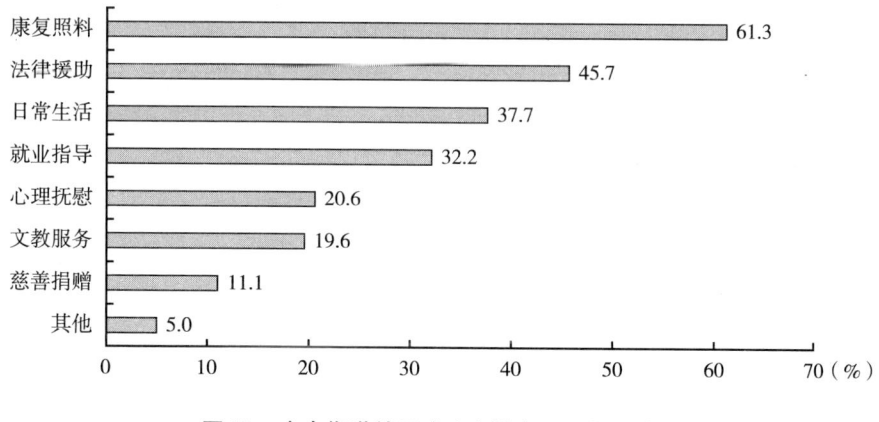

图10 广内街道社区残疾人服务项目供给情况

（七）便民服务评价：商场购物最为不便利

对社区15分钟范围内便民服务的便利度情况调查显示，18个选项，在最不便利评价中排在前四位的是"商场购物"（28.6%）"体育运动场所"（28.1%）"文化场馆"（28.1%）和"维修服务"（27.6%）（见图11）。在对社区现有便民服务的满意度调查中，有38.2%人表示"很满意""满意"，53.3%人表示"一般"（见图12）。

（八）社区安全服务评价：社区治安服务供给最好

在公共安全服务项目供给情况中，"社区治安服务"的供给情况最好。调查显示，12个选项中，排序最靠前的是"社区治安服务"，供给占比67.8%，此后超过四成的选项依次为"社区法律服务""社区消防安全服务""社区治安状况告知服务"，分别为49.2%、45.7%和43.2%（见图13）。总的来看，广内街道应重视社区安全问题，对各服务领域应加大供给力度。

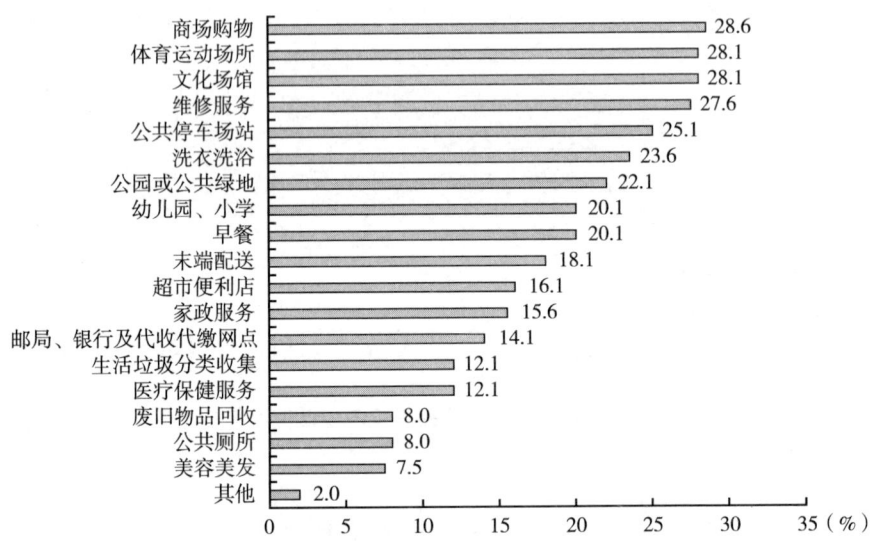

图 11　广内街道 15 分钟范围内便民服务最不便利情况

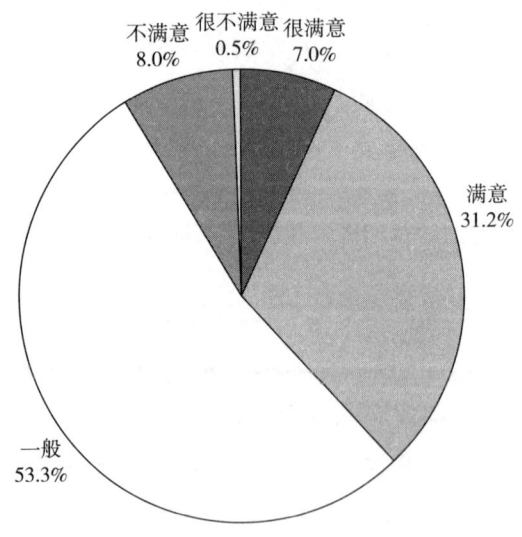

图 12　广内街道社区便民服务满意度

广安门内街道基于常住人口的地区公共服务调查报告

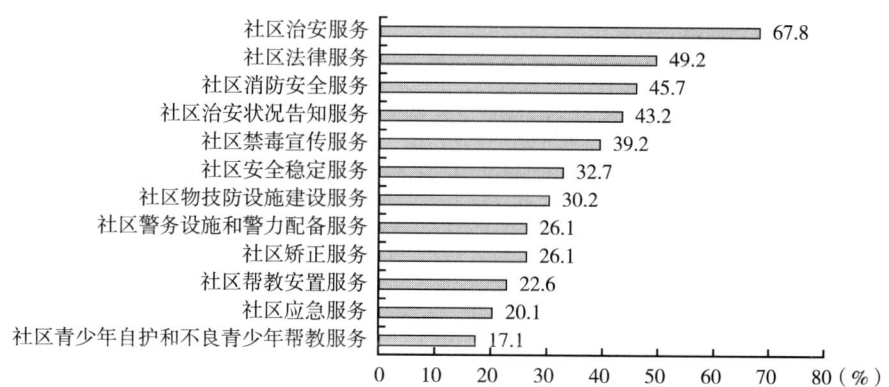

图13 广内街道社区安全服务项目供给状况

（九）地区信息基础设施评价：受访者普遍对加大智慧化、便利性基础设施投入表示支持

随着信息技术的迅猛发展和快速应用，受访者对智慧化、便利化的信息基础设施的需求日益上升。在问卷调查中，按照需求程度，居民的选项由高到低分别为"社区停车缴费智能化""社区便民服务在线办理""社区生活服务信息查看""加强智慧社区信息基础服务设施建设""社区政务信息查看"（见图14）。

三 基本数据结论

广内街道受访者有半数收入水平远低于全区平均水平，家庭支出结构中基本生活类消费居主导地位，文化体育类消费次之。此次调查围绕公共教育资源、公共文化服务、社区服务、就业（创业）服务、为老服务、残疾人专项服务、便民服务、社区安全服务和地区信息基础设施等九个方面进行评价，得出以下数据结论。

第一，在公共教育资源评价方面，受访者的评价差异性很大，对广内街

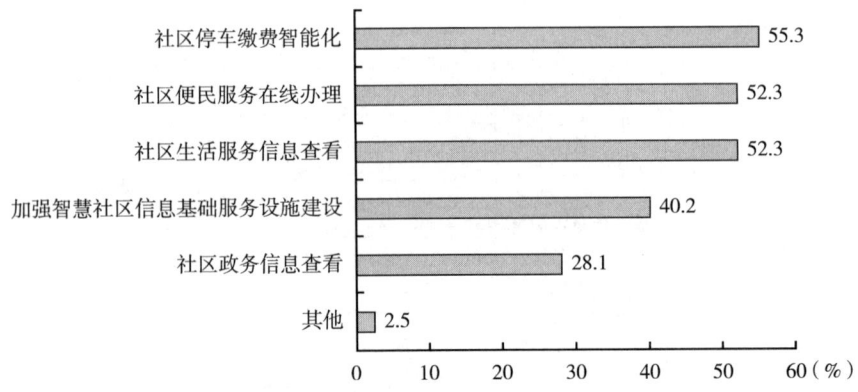

图14 广内街道社区信息基础设施服务需求情况

道的教育资源状况并不乐观。特别是对学前教育机构的供给并不满意,有接近八成受访者认为幼儿园便利度低。

第二,在公共文化服务评价方面,受访者对街区公共文化资源分布的知晓度超过九成,但对其提供的服务满意度总体上不足五成。在具体项目中,"免费的电影放映"项目的参与度最高,为51.8%。

第三,在社区服务评价方面,受访者对"社区群众文化服务"的满意度较高,达到76.9%。只有20.1%、15.6%和4.5%的受访者对"社区早教服务""社区体育设施建设服务"和"社区居民体质测试服务"表示满意。此外,居民对社区体育服务的整体满意度普遍不高。

第四,在就业(创业)服务评价方面,街道重视不够,只有"社区职业介绍和岗位推荐服务"的居民参与率超过半数,为52.8%。"就业信息发布""自主创业指导咨询""社区专场招聘会""就业能力提升培训或讲座"的参与率分别为29.6%、25.1%、20.6%、17.6%。另外有21.1%的受访者表示在就业服务中接受过"社区推荐"。

第五,在为老服务评价方面,"医疗保健""生活照料""紧急救助"等服务最受欢迎。对现有的为老服务项目,有超五成受访者表示"满意""很满意"。

第六,在残疾人专项服务评价方面,分别有32.7%、52.8%的受访者认为社区残疾人设施"比较完善"和"不够完善,有部分专用设施"。从社区残疾人服务项目情况来看,项目供给情况来看,"康复照料""法律援助""日常生活"最受欢迎,"康复照料"占比达到61.3%。

第七,在便民服务评价方面,超过七成的受访者认可"超市便利店"的分布情况,但认为最不便利的是"商场购物"(28.6%)、"体育运动场所"(28.1%)、"文化场馆"(28.1%)和"维修服务"(27.6%)。

第八,在社区安全服务评价方面,社区服务项目供给较为丰富,在12个选项中,"社区治安服务"的供给最好,为67.8%,另外,"社区法律服务""社区消防安全服务""社区治安状况告知服务"的供给也超过四成。

第九,在信息基础设施评价方面,人们对智慧化、便利化的信息基础设施的需求普遍较高。"社区便民服务在线办理"的选项达到52.3%。

综上所述,我们进一步梳理出公共服务调查中的13个重点选项,需要街道予以关注(见表3)。

表3 广内街道公共服务重点选项调查数据

序号	需重点关注的调查选项	调研占比(%)
1	便利度最差的公共教育服务选项"幼儿园"	78.9
2	参与度最高的公共文化选项"免费的电影放映"	51.8
3	满意度最高的社区服务选项"社区群众文化服务"	76.9
4	满意度最低的社区服务选项"社区居民体质测试服务"	4.5
5	参与度最高就业(创业)选项"社区职业介绍和岗位推荐服务"	52.8
6	满意度最高的为老服务选项"医疗保健""生活照料"	64.8
7	满意度最低的为老服务选项"参与社会活动"	32.7
8	满意度最高的残疾人服务选项"康复照料"	61.3
9	满意度最低的残疾人服务选项"慈善捐赠"	11.1
10	便利度最高的便民服务选项"美容美发"	74.4
11	便利度最差的便民服务选项"商场购物"	7.5
12	供给最好的公共安全服务选项"社区治安服务"	67.8
13	需求度最高的信息基础设施选项"社区停车缴费智能化"	55.3

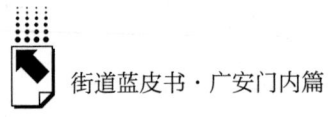
街道蓝皮书·广安门内篇

四 对策建议

习近平总书记提出:"人民群众对美好生活的向往,就是我们的奋斗目标。要把解决好人民群众最关心最直接最现实的利益问题作为施政重点,进一步提升基本公共服务均等化便利化水平"。目前广内街道公共服务存在供给不足和供给不均的双重问题,教育、医疗、文化、体育等公共服务规模有待扩大、水平有待提高。因此,广内街道要更加注重发展民生社会事业,提升公共服务水平,推进基本公共服务均等化,使人民群众过上更加美好的生活。

(一)健全公共服务管理体制

首先,转变政府职能。通过深化行政体制改革,进一步转变政府职能,把公共服务职能放在更加重要的位置,努力为人民群众提供优质、高效的公共服务。要进一步优化政府组织架构,加强公共服务部门建设。针对当前政府管理碎片化的问题,推进整体性治理,实现政府组织从横向分类到立体构建,搭建公共服务大平台。

其次,明确职责权限。要进一步明确政府及其各工作部门的职责权限所在,加强基本公共服务保障能力,率先基本建立现代财政制度,推进政府事权规范化、法治化。

最后,完善财政制度。对医疗、教育、社会保障、公共基础设施、生态、公共安全等领域,要加大财政投入,同时不断提高相应资金的使用效率,为基本公共服务提供一定的资金保障。

(二)创新公共服务运行机制

首先,建立开放的公共服务决策机制。了解居民的服务需求,以居民对公共服务的需求为切入点,制定具有弹性的公共服务决策,对于亟须解决的问题,政府要在财政上大力支持,并优先解决。加强民主协商,创新公共服务决策机制,实现事前民主协商、事中参与决策、事后及时反馈的参与机制，推动政府供给与居民需求相协调。

其次，形成多元的公共服务供给机制。坚持基本公共服务供给由政府主导的原则，根据公共服务的不同类型，注意发挥市场的推动作用，实现公共服务的市场化效应。在公共服务的投资方面，要适当降低门槛，建立相应的竞争机制，引入租赁、承包、招标等竞争方式，吸引社会组织等第三方机构参与，形成由政府、企业与第三方部门共同参与的公共服务供给格局，实现公共服务供给主体和方式多元化。

最后，形成明确的公共服务考核机制。一要建立各级政府的公共服务清单制度。各级政府都要列出公共服务项目清单，明确标清各项目的服务对象、标准、牵头单位、支出责任。二要根据不同的公共服务类型建立不同指标，形成科学的公共服务工作考评指标体系。三要完善公共服务的审计和监督机制。对公共服务的相关项目要建立配套的奖惩机制，及时奖励和问责，以保证项目主体将各项责任落到实处。另外，还要及时跟进项目，对项目进行检查和巡视，监督公共服务工作的落实情况，对为官不为、执行不到位甚至出现重大问题者严肃问责。

（三）公共服务与大数据深入结合

一方面，强化数据预测应用功能。利用大数据准确性、具体性的特点，帮助政府制定针对性更强的服务措施，使政策更加人性、便民、实效。深入开展综合化、网格化、信息化服务管理改革，通过分析综合性的数据，解决教育、文化、养老、便民等公共服务方面的突出问题，形成"大综合、大管理、大服务"的服务格局，不断提高辖区公共服务水平。

另一方面，依法推行政务信息公开。政府要保障居民知情、参与、选择、监督的权利，及时完善相关机制，推行政府政务信息公开制度，提高居民获取政府相关数据、信息的便利度，为居民的参与监督提供平台。另外，政府要为有查询、监督、参与需求的居民提供指导，充分发挥大数据平台的作用，提高公共服务工作的便利度。

B.3
广安门内街道基于工作人口的地区公共服务调查报告

摘　要： 工作人口是区域发展的重要参与者和推动者，为其提供便利、持续、优质的公共服务，对优化地区发展环境，提高街道服务区域发展能力具有重要意义。因此，课题组在2015年1月对辖区工作人口首次进行公共服务调查之后，再次就企业工作人口对广内街道的公共服务供给、参与和获得情况进行问卷调查。本报告从社区服务机构认知度、社区服务参与度、地区生活便利度、社区基本公共服务满意度、社区公共服务需求度五个方面进行分析，在对调查情况进行纵向比较的基础上，得出总体结论并针对存在的问题提出具体建议。

关键词： 公共服务　工作人口　广内街道

北京市西城区广内街道位于北京市中心西南方向、西城区中北部，北起宣武门西大街，南至广安门内大街，东起宣武门外大街，西至广安门北护城河，地理位置优越，是北京市自古以来建制与发祥地之一。广内街道历史悠久、文化厚重，社会文化、经济资源比较丰富，辖区内中央、市属单位以及各种商业楼宇相对集中。目前广安门内街道共有中央直属企业80家、市属企业153家、区属企业121家，其他企业1022家，其中包括国务院国有资产监督管理委员会、国家烟草专卖局、国家食品药品监督管理总局、中华全国供销合作总社等一批具有代表性的国家重要单位。本报告的调查对象是广内街道纳税情况较好企业的工作人员，包括中高层管理人员和普通员工，调查时间为2017年5月，有300名工作人员填写了本次问卷，其中有效问卷229份（见表1），有效率为76.3%。

表1 调查样本基本情况统计

单位：人

性别	男		114		女		115	
年龄	25岁以下	26~35岁		36~45岁	46~55岁		56~65岁	65岁以上
	19	82		85	39		3	1
户籍	本区户籍			本市其他区户籍			非本市户籍	
	82			115			32	
居住情况	本区，自有住房			54	本市其他区，自有住房			134
	本区，非自有住房			13	本市其他区，非自有住房			28
工作年限	三年以上			一年到三年			一年以下	
	174			50			5	
学历	博士研究生		硕士研究生		本科或大专		高中或中专以下	
	3		48		165		13	
家庭构成	四口以上		四口		三口		二口	一口
	11		39		120		44	15
收入情况	普通员工家庭人均月收入（元）							
	1890以下	1890~3399	3400~4999		5000100~9999	10000~19999		20000及以上
	0	10	35		48	17		2
	中高层管理人员月收入（元）							
	5000以下	5000~9999		10000~19999		20000~49999		50000及以上
	5	37		46		29		0

一 调查样本情况

调查对象中，中高层管理人员和普通员工的比例为1.04∶1；男女比例为0.99∶1；在本单位工作三年以上的占比为76.0%；本科或大专学历占绝大部分，为72.1%；硕士研究生及以上学历为22.3%。年龄在26~55岁的工作人口占比达到90.0%，是企业劳动力的中坚力量。从户籍分布来看，本市户籍人口达到了86.0%，其中本区户籍人口占35.8%，本市其他区户籍人口占50.2%。从住房情况来看,在西城区自有住房的占23.6%,在本市其他区拥有住房的占58.5%,非自有住房的占17.9%。从家庭结构来看,以三口之家居多,占52.4%。从员工收入来看,112名普通员工中,家庭人均月收入在5000元以下的占比为40.2%,超过10000元的占比为17.0%。117名中高层管理人员中,月收入在5000元的以下仅占4.3%,月收入在10000~20000元的占比为39.3%。

二 社区服务机构认知度

(一)街道办事处服务事项:有41.0%的受访者表示"不知道"

对于街道办事处对企业的服务事项的认知程度,表示"知道""知道一些"的受访者占比为59.0%,而表示"不知道"的有41.0%(见图1)。由此可见,广内街道对企业的服务力度还有待加大。

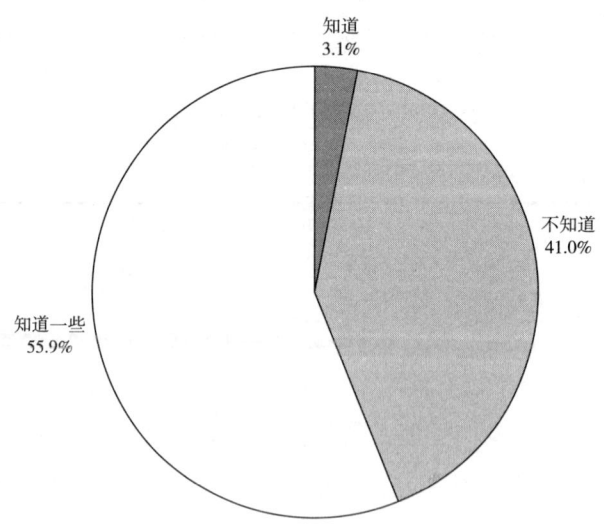

图1 广内街道服务企业事项认知度

（二）社区居委会：表示"知道社区办公地点"的受访者占比为43.2%

调查显示，受访者中仅有43.2%表示"知道办公地点"，表示"了解服务项目""参加过活动"的受访者占比为11.4%和8.7%，而仅有2.2%的受访者表示"知道领导姓名"，选择"以上都不知道"的受访者达到44.5%。与上次（指2015年1月的首次调查，下同）的调查数据相比，所有选项都呈现不好态势（见图2）。这表明，社区服务的方式与方法应该进行一些完善和改进，双方互动交流的程度亟须加强。

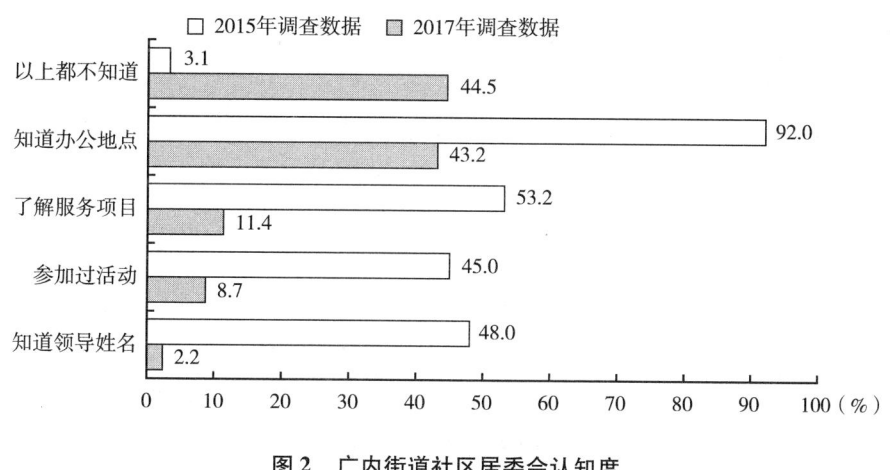

图2　广内街道社区居委会认知度

三　社区服务参与度

（一）社区服务项目：将近七成的受访者从未参与街道社区服务中心免费或低价的服务项目

此次问卷从10个方面调查了街道工作人口参与街道社区服务中心免费或低价服务项目的基本情况。结果显示，选择"都未参与"的人数在所有选项中占比最高，从上次的25.9%变为69.4%，上升幅度明显，表明企业工作人员参与社区服务项目的频度下降较为明显，同时其余9个选项也均有不同程度的下降（见图3）。此数据表明，街道为驻区企业工作人员提供服务的力度明显不足，服务供给仍具有较大的提升空间。

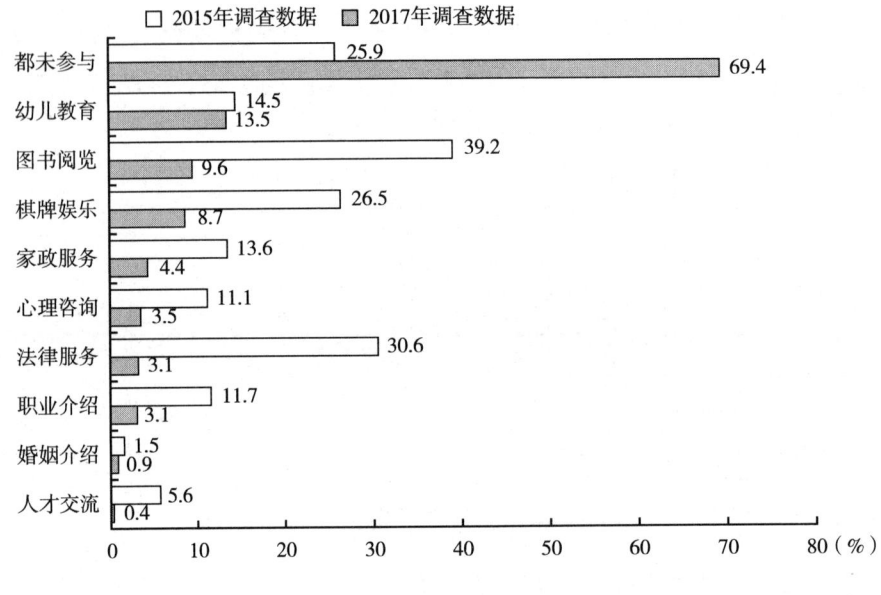

图3　广内街道社区服务项目参与度

（二）街道或社区文化活动：受访者参与文化活动的比例下降趋势较为明显

针对街道或社区组织的文化活动参与度的调查显示，"经常参加""偶尔参加"两个选项的占比较上次调查分别下降了26.6%、34.3%，而"从来没有"从上次的19.0%变为79.9%（见图4）。这三组数据充分说明，广内街道的文化活动参与度较以往有很明显的下降，活动开展的影响力正在急剧减弱，所以街道今后要创新工作机制，吸引驻区工作人口参与街道或社区组织的文化活动，进而密切与驻区单位或企业的沟通和联系，增强街道社会动员能力。

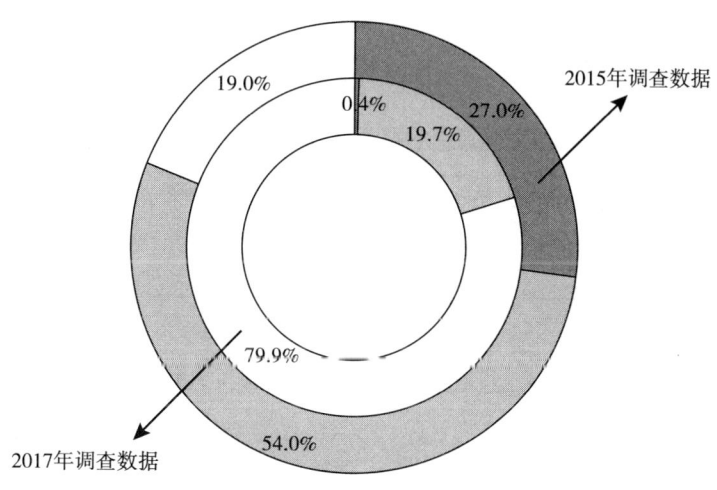

图 4　广内街道文化活动参与度

（三）社区公益事业："绿化"为最受欢迎的公益活动

此次问卷再次调查了企业工作人员对街道或社区组织的公益活动的参与意愿，结果显示，"绿化"是参与意愿最强的公益活动，占比较上次调查具有大幅度上升，从32.5%变为57.0%，占比已经接近六成，上升了24.5个百分点。"公益培训"也有小幅上升，而"治安""文艺演出""助老助残"三个选项的占比有不同程度下降（见图5）。但"文艺演出""助老助残"等选项参与意愿不高，或许与其对参与人员要求较高有关系。例如，"文艺演出"需要参与者有一定的特长，可能还要耗费一些时间去排练；"助老助残"不仅要求参与者有爱心、耐心，还需要参与者掌握一定的医疗保健常识。这些公益项目对于在职的工作人员来说的确存在困难。因此，街道和社区要根据驻区工作人员的基本特点，因势利导，有针对性地推出公益活动，以便于人们更愿意参与公益行动。

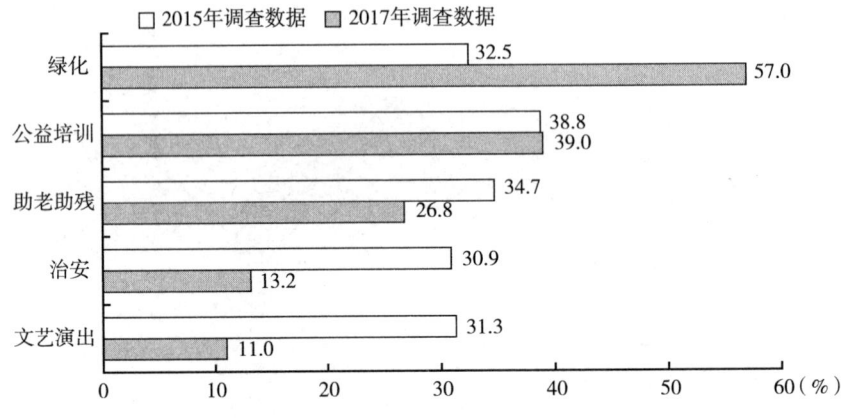

图5　广内街道社区公益事业参与意愿

四　地区生活便利度

（一）停车资源情况：停车问题虽有所缓解，但情况依然不乐观

对停车资源情况的调查显示，有74.7%的受访者认为"不太好，但不影响工作"，相比上次上升了9.3个百分点；而选择"很不好，严重影响工作"的占比从上次的19.6%变为17.5%；认为停车问题"很好，没有影响工作"的人由上次的15.0%下降至7.9%（见图6）。这组数据表明，广内街道的停车问题虽稍微有所缓解，但形势依然严峻。

（二）交通便利度：整体便利情况稍有改观，需要步行"15分钟以上"的仅为12.7%

通过对公交车或地铁下车后"最后一公里"步行时间的调查，广内街道的工作者对辖区内交通便利度整体较为满意，有18.8%的企业工作人员表示下车后只需步行5分钟以下就可到达单位，相较上次调查上升了2.5个百分点；需要步行5~10分钟的占比也有小幅上升，从40.6%变为42.4%；

广安门内街道基于工作人口的地区公共服务调查报告

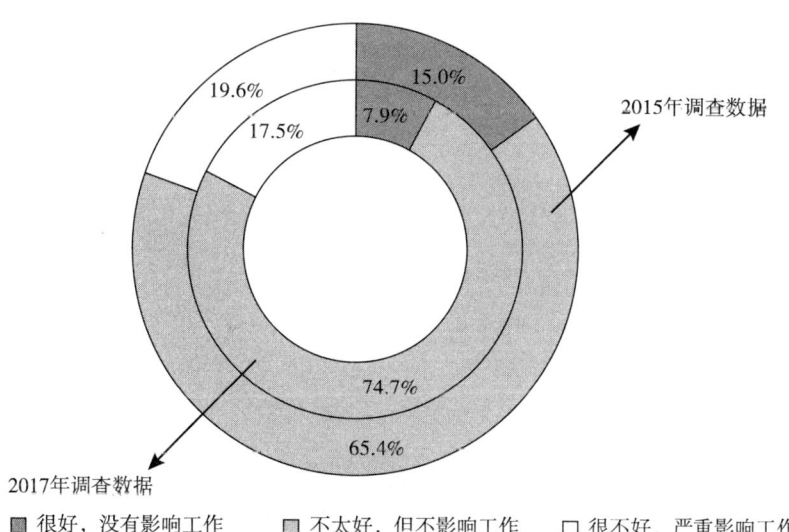

图 6　广内街道停车条件满意度

需要10~15分钟的占比稍有下降;而需要15分钟以上的占比也从上次的14.7%变为12.7%(见图7)。

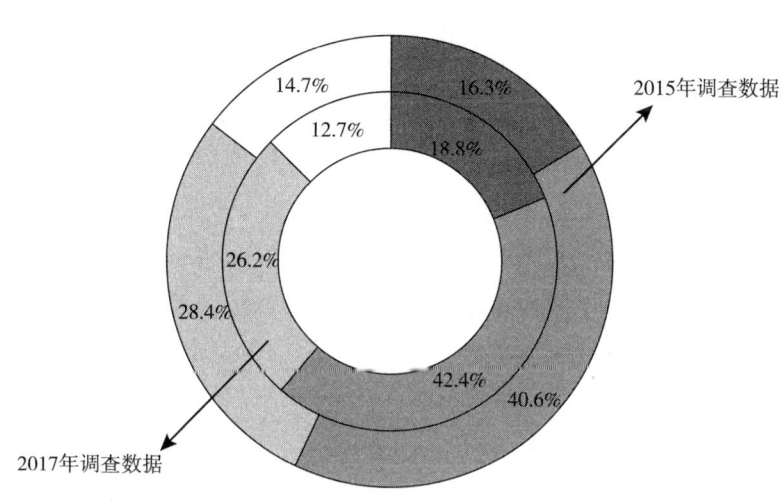

图 7　广内街道"最后一公里"交通便利度

（三）早餐便利度：早餐供应情况呈下降趋势

本次早餐便利度同样涉及四个方面的选项，调查结果显示，"稍有不便，多走几步能找到"占比最高，达到51.5%，但相比上次调查下降了1.9个百分点；"有流动摊点，卫生难以保障"也从上次的40.4%下降为22.7%；"很不方便"的占比较上次上升了8.6个百分点；而选择"基本没有"的受访者占比从3.4%上升为14.4%（见图8），这与广内街道近两年的疏解整治活动有一定的关系。

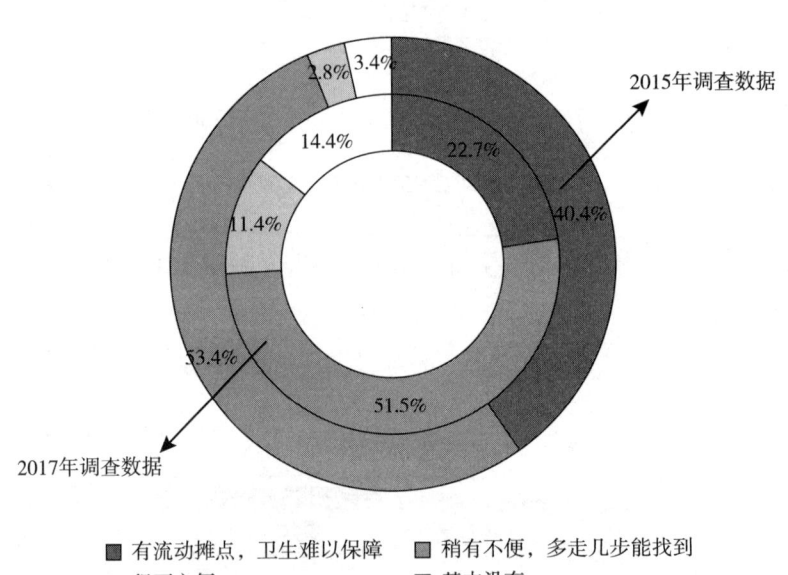

图8　广内街道早餐供应便利度

五　社区基本公共服务满意度

（一）社会保障服务："医疗保险"满意度上升幅度较大

根据两次调查结果，广内街道社会保障服务的满意度整体呈下降态势，"医疗保险""住房保障"的满意度相较上次有所提高，其中"医疗保险"

的满意度比上次提高了 28.8 个百分点，而其他大部分选项都有不同程度的下降。"养老服务""就业服务"下降较为明显，但"都不满意"的占比却从上次调查的 17.5% 降为 8.6%（见图 9）。

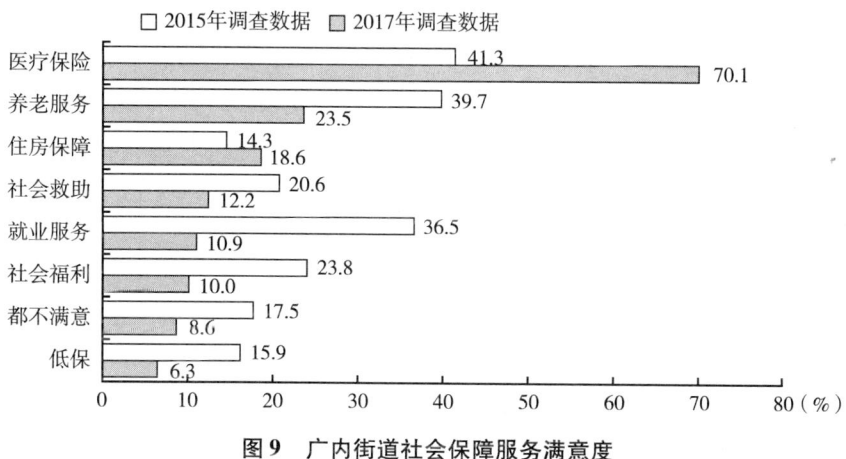

图 9　广内街道社会保障服务满意度

（二）医疗卫生服务："就医方便"上升趋势明显

调查结果显示，其中"就医方便"较上次调查上升幅度明显，上升了 20.2 个百分点；而"价格合理""设施先进"较上次有所下降，而"都不满意"的占比从上次调查的 19.0% 变为 11.6%（见图 10）。

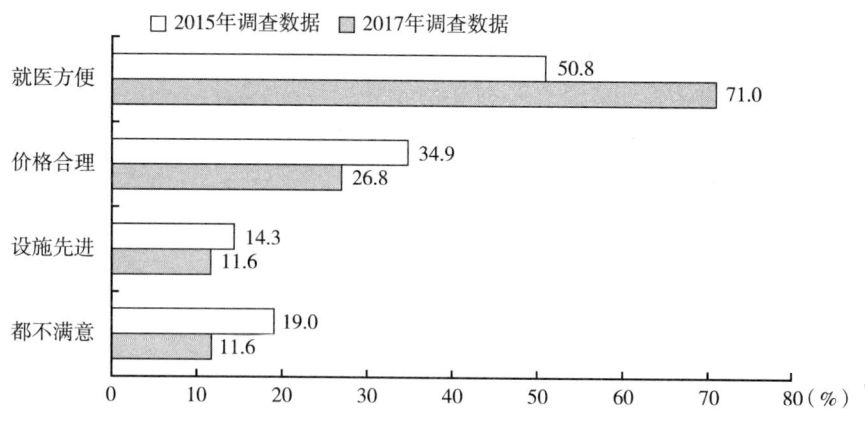

图 10　广内街道医疗卫生服务满意度

（三）公共安全：有超过七成的受访者对"社会治安"满意

在有关广内街道公共安全方面的调查中，"社会治安"相比上次调查上升了6.1个百分点，而"流动人口管理""突发事件处理"相较上次调查占比有所下降，分别下降了3.8个百分点和7.3个百分点，选择"以上都不满意"的占比从16.1%变为11.8%（见图11）。由此可见，虽然广内街道在社会治安管理方面个别选项有所下降，但受访者对整体情况还是较为认同的。

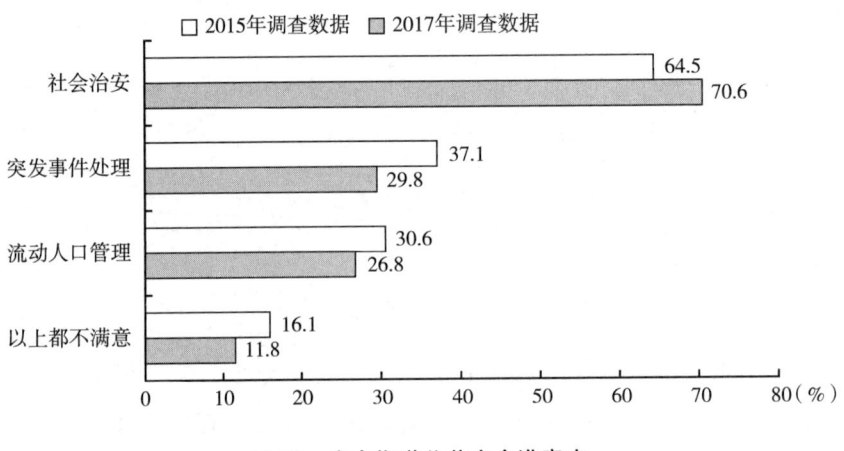

图11 广内街道公共安全满意度

（四）市容环境：街道在市容环境方面仍有较大提升空间

从调查结果显示来看，工作人口对街道的市容环境满意度总体较低，仅有"生活垃圾投放清运"的满意度超过五成（55.3%），"低矮面源污染"的满意度接近四成（38.1%），而"厨余垃圾分类收集与利用""雾霾应急举措""扬尘污染治理"的满意度分别为9.7%、17.3%和22.1%（见图12）。由此可见，广内街道在市容环境提升和保持方面还有较大的进步空间。

广安门内街道基于工作人口的地区公共服务调查报告

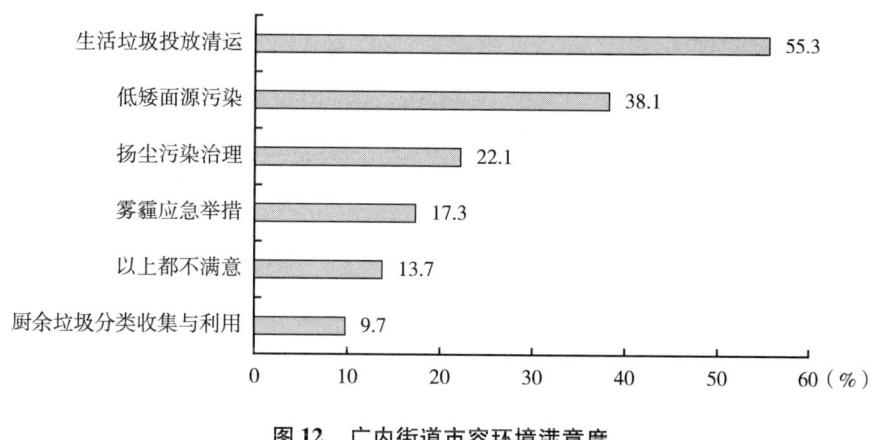

图 12 广内街道市容环境满意度

（五）城市管理：街道在城市管理问题的解决方面取得了相应成效

从两次调查的情况看，城市管理问题中"绿化不够"以及"违章停车"占比有所提升，其中"绿化不够"上升趋势比较明显，从 32.8% 变为 54.2%；"违章停车"基本持平，仅提高了 1 个百分点，而其余选项的占比均呈现下降趋势（见图 13）。由此可见，近期广内街道在疏解整治工作以及背街小巷治理的行动中取得了良好成效。

（六）公用事业服务：公用事业情况满意度差异化呈现

两次调查结果显示，公共事业服务八个选项的满意度相较上次调查有升有降，其中"城市规划布局""信息化水平""市容市貌""供气"的满意度有所上升，分别提升了 24.5 个、12.2 个、5.9 个和 8.5 个百分点，而"邮政""通信""供水""供电"四个选项的满意度有所下降，分别下降了 9.9 个、3.7 个、5.4 个和 8.7 个百分点（见图 14）。

（七）消防安全：防火设施和安全状况的满意度较上次略有波动

通过两次调查显示，有 51.5% 的受访者表示"防火设施很好，会安全

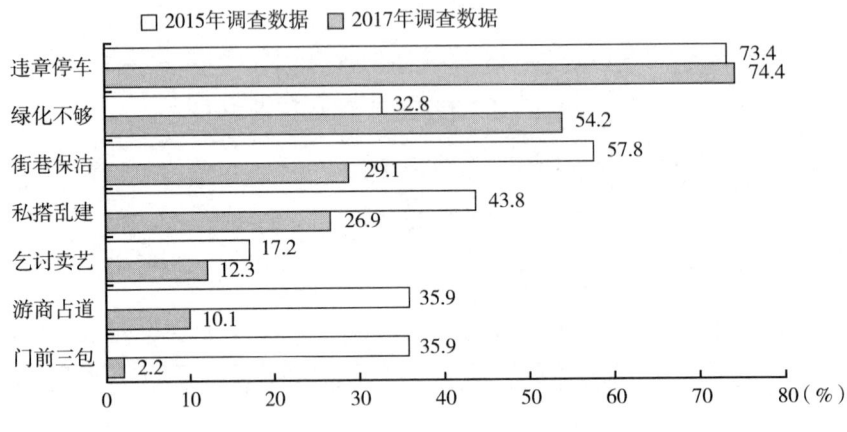

图13 广内街道城市管理问题情况

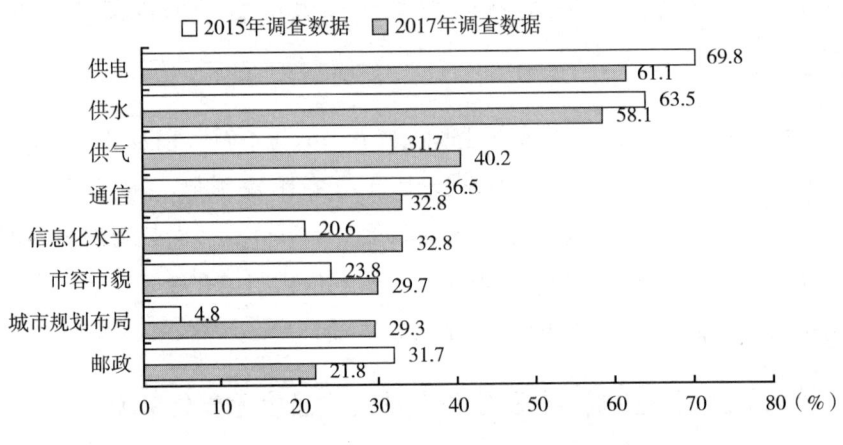

图14 广内街道市政公用事业服务满意度

逃生",这一数据较上次调查下降了11.7个百分点;43.2%的受访者表示"防火设施一般,火势不太大的情况下可以逃生",较上次调查上升了10.1个百分点;表示"防火设施不好,逃生机会不多"的受访者从上次的3.7%增长为5.2%(见图15)。由此可见,虽然有些数据较上次调查略有波动,但受访者对广内街道整体防火安全情况基本满意。

广安门内街道基于工作人口的地区公共服务调查报告

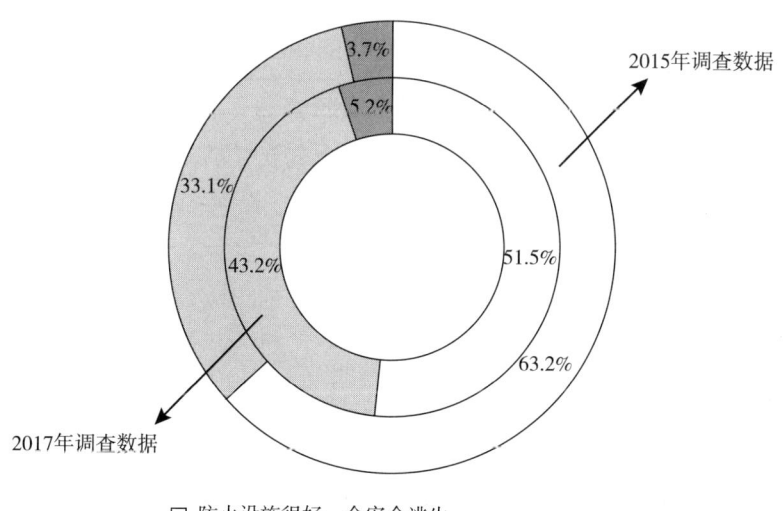

图15 广内街道消防设施和安全满意度

六 社区公共服务需求度

(一)硬件设施需求:对体育健身点的需求下降明显

公共服务设施是丰富社区文化必不可少的硬件设施。针对广内街道社区最缺乏的公共服务设施的两次调查显示,"公共广告栏""文化活动室""图书室""宣传栏"的需求意愿明显,占比上升幅度较大,分别提升了10.9个、11.2个、18.6个和19.7个百分点,而"卫生所""体育健身场所"相比上次调查需求下降,其中"体育健身场所"下降明显,从上次的60.8%变为48.0%(见图16)。

(二)服务项目需求:"便民利民服务"需求度上升明显

两次调查结果显示,广内街道的受访者对街道服务项目的需求呈下降趋

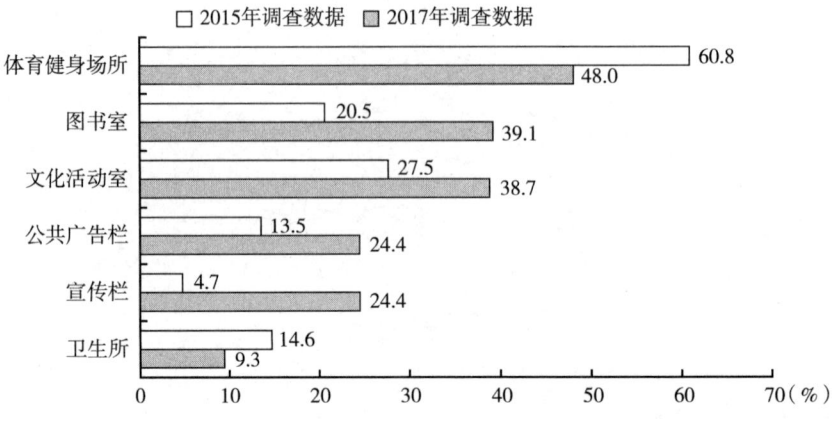

图16 广内街道硬件设施缺乏情况

势,除了"便民利民服务""公益培训""老年服务"的需求度有所提升外,其余选项的需求度均呈下降态势,其中"便民利民服务"的需求程度上升较大,从上次的32.0%变为45.9%,较为值得关注(见图17)。

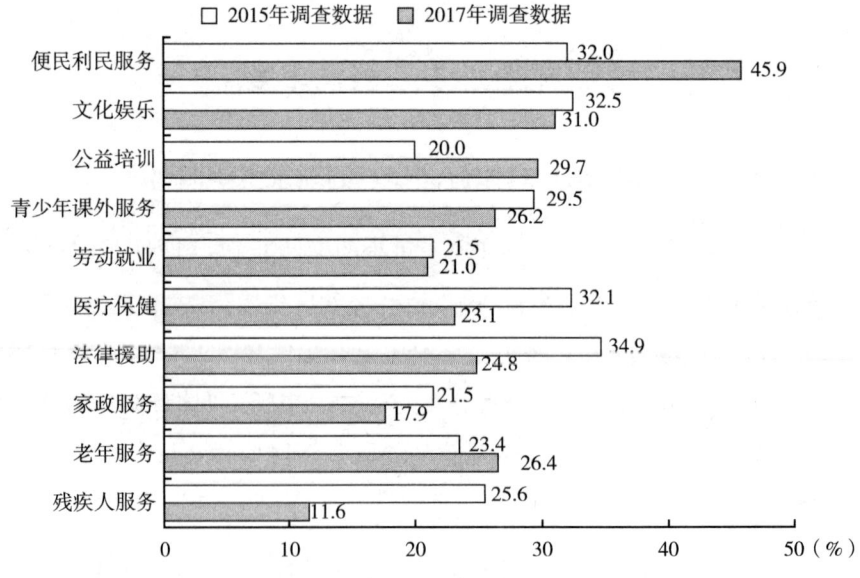

图17 广内街道服务项目需求情况

七 基本数据结论

基于对广内街道驻区单位工作人员的调查,以及与上次调查进行的比较,我们从社区服务机构认知度、社区服务参与度、地区生活便利度、社区基本公共服务满意度和社区公共服务需求度五个方面进行归纳,得出如下结论。

第一,社区服务机构认知度方面,有接近六成的受访者表示对街道办事处企业服务事项"知道"或"知道一些";超过五成(55.5%)的受访者表示对居委会或多或少了解些。

第二,社区服务参与度方面,社区服务项目参与度下降明显,此次调查有超过三成的受访者参与过街道社区服务中心免费或低价服务项目,相比去年参与人数明显减少。与此同时,参与过街道或社区组织的文化活动的受访者也在下降。此外,受访者对社区公益活动的参与意愿也并不强烈,人们除了对"绿化""公益培训"的兴趣较大外,对其余公益活动的参与意愿不高。

第三,地区生活便利度方面,停车问题虽稍有缓解,但依然是困扰广内街道工作人口的首要问题,但由于广内街道优越的地理位置,辖区内公共交通十分便利,公交车或地铁下车后需要步行"15分钟以上"到达单位的占比仅为12.7%。不过,可能由于街道疏解整治,早餐供应情况有所下降。

第四,社区基本公共服务满意度方面,根据两次调查结果,在社会保障服务项目中,"医疗保险"的满意度上升幅度明显,其中"低保"的满意度最低;医疗卫生服务中,"就医方便"相比上次调查满意度提高较多,其余选项有不同程度的下降;公共安全方面,有超过七成的受访者对广内街道"社会治安"感到满意;市容环境方面,"生活垃圾投放清运"的满意度超过五成(55.3%),"低矮面源污染"的满意度接近四成,"扬尘污染治理""雾霾应急举措""厨余垃圾分类收集与利用"三个选项的满意度均没达到三成;城市管理方面,街道近期开展了疏解整治工作以及背街小巷治理,在城市管理问题上取得了一定效果,"街巷保洁""私搭乱建""乞讨卖艺""游商占道""门前三包"等问题均呈下降趋势;公用事业服务方面,"城市

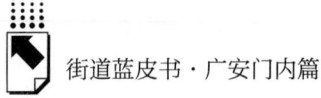

规划布局""信息化水平""市容市貌""供气"的满意度相较上次有所上升,其中"供电"是满意度最高的选项;消防安全方面,受访者对广内街道的防火安全状况总体满意。

第五,社区公共服务需求度方面,在硬件设施需求中,对"公共广告栏""文化活动室""图书室""宣传栏"的需求上升明显,而对"体育健身场所"的需求没有上次调查那么强烈,下降了12.8个百分点;在服务项目需求中,对"便民利民服务"的需求度上升幅度较大,较上次上升了13.9个百分点,"劳动就业""家政服务""残疾人服务"分列后三位。

通过对上述结果进行梳理可以看出,对工作人口来说,广内街道的公共服务亮点和难点同样突出。总体来看,广内街道的公共服务水平整体情况具有向好趋势,但还有很大的提升空间。

八 对策建议

广内街道作为北京建制的起始地之一,其辖区本身凝聚了悠久的历史文化底蕴,辖区内的文教与经济资源丰富。同时,作为北京的老街区,广内街道集中了较多的中央直属、市属、区属单位以及大量的商业楼宇,因此服务好辖区内的工作人口,对提高广内街道的公共服务水平,促进辖区公共服务的发展具有重要意义。根据对街道工作人口的两次公共服务调查,广内街道的公共服务供给满意度整体上稳中有降,其中交通便利、城市管理、公共安全、医疗卫生等方面相较上次调查都有所提升,但受访者对社区情况认知较低,对社区服务项目和文化活动参与意愿不强烈,同时对早餐、低保、养老、便民服务、市容环境等方面抱有一定期待。因此,本报告结合街道实际情况,提出以下四点建议。

(一)进一步利用多元化沟通平台,加强工作人口参与的广度和力度

街道应该充分利用现有的沟通渠道,特别是要在现有的机制下,把已经存在的沟通平台做大、做强，要让这些平台充当街道的"发声筒""扩音器"。例如，进一步增加社区议事厅、"百姓论坛"等平台的服务内容，不要仅仅停留在社区的范围内，而要把辖区单位也纳入进来。同时继续推广"参与型"协商治理模式，增强辖区单位参与区域治理的主动性和创造性，并且可以通过广内之声、"掌上广内"微信公众号、社区宣传栏等途径加强信息发布和政策解读，使各项政策措施可以更好地深入驻区单位。

（二）要持续开展文体惠民活动，扩大现有品牌影响力

街道应该在广内街道文体擂台赛等丰富多彩的群众文化活动的基础上，进一步发挥空竹协会、萱草苑纸艺社、书香广内等品牌的引领作用，激发辖区内工作人口的参与意愿，也可以通过向社会组织购买服务的方式积极组织开展一些工作人口较为熟悉的惠民类活动（例如象棋、太极拳、乒乓球等），使辖区单位的工作人口可以很好地融入进来。同时要及时关注驻区单位文化生活的情况和动态，与驻区单位及时沟通交流，在辖区单位内推动并营造良好的人文环境。

（三）积极推进生活服务业提升，着力保障和改善民生

街道应该积极发展生活性服务业，通过引入市场运营主体、扩大网点布局，形成产业化布局；建设集生活超市、规范早餐、社区O2O生活服务、养老日间照料、文体活动、亲子早教于一体的多功能、多业态街道百姓综合服务中心。切实做好"访民情、听民意、解民难"工作，落实低保、医疗救助、临时救助等各项社会救助政策，为地区贫困家庭排忧解难。此外，充分利用为老服务中心平台，提升为老服务水平；完善街道公共服务大厅软件系统建设，不断规范整合各类服务资源，提升政务服务能力和水平，还要提升便民服务水平。

（四）以疏解整治为契机，进一步优化辖区环境

街道应该把拆除违法建设与疏解提升、环境治理、绿化美化、业态升级

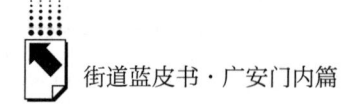

紧密结合起来,加大对僵尸车、地桩地锁、废弃非机动车的清理力度和对无主渣土、大件垃圾、堆物堆料的清运力度。拓展城市绿色空间,充分利用西便门内大街、三庙前街等边角地和闲置地,建设街边休闲公园和小微绿地。此外,组织建设一支集"渣土清运、环境应急、联合执法、防汛抢险、防灾减灾"等任务于一体,灵活、机动的环境应急处置队伍,及时快速处理各类城市环境问题,并且做好垃圾分类和资源回收工作,广泛动员社会力量参与环境建设和监督,落实创新"门前三包"责任制。

理论报告

Theory Reports

B.4

软动员:社会治理现代化背景下的社会动员转型

摘　要: 社会动员是党影响社会关系与推动政策的重要途径,也是现代社会重要的治理方式。社会动员在我国现代化发展的进程中发挥着不可忽视的驱动作用,但随着经济发展和社会转型,传统的动员方式已经不能完全满足国家治理现代化发展的需要。因此,必须优化社会动员方式,充分运用市场及现代传播手段,提高社会动员的灵活性、亲和性与有效性,推动社会动员转型。在国家治理现代化深入推进的形势下,以政策供给、经济激励和新兴媒体条件下的宣传引导为代表的软动员方式,正在成为一种行之有效、充满潜力的现代治理方式。本报告将列举广内街道校场社区在软动员方面的相关探索,深入挖掘其在推进过程中出现的问题并找出解决问题的相关路径。

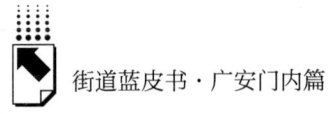

关键词： 软动员　社会治理现代化　广内街道　社会动员

一　社会动员转型的新模式——软动员

（一）软动员已成为一种适应时代需要且行之有效的社会动员方式

1. 社会动员是现代社会的重要治理方式

社会动员指的是党、政府、社会组织等实体机构通过行政、政策、宣传、引导等方式对社会成员进行影响，通过影响来改变社会成员的思想、态度等，推动社会成员达成共识，并引导和发动其参与社会活动，不断实现社会目标的活动过程。社会动员更突出表现为一种对社会的影响，其不但能够激发社会成员参与活动的热情和积极性，而且能提高政府的权威性，并促进社会凝聚力不断增强。改革开放以来，社会主义现代化建设成就显著，在社会不断变革的过程中，人民群众发挥了不可估量的作用，而社会动员在党和人民群众之间发挥着坚固的桥梁作用。充分有效利用好社会动员的影响力，可以促进国家治理现代化发展。

2. 软动员是立足群众需求、注重长远利益与当前利益一致性和可见性的社会动员模式

软动员是在改革开放条件下逐渐形成的，随着社会现代化而不断发展、进步，并逐渐走向成熟。软动员特点突出，其方式更加民主，手段更加多元，能够有效推进政府与居民、社会组织等互动结合，在新的治理环境下，其对社会治理具有非常强大的推动作用。常见的软动员方法包括经济激励、政策供给以及采用新兴媒体手段进行宣传引导等。软动员遵循民主与共治精神，适应国家治理现代化的需要，是促进国家与社会合作行之有效的方法。

3. 软动员相对于传统动员更容易获得社会的理解和接受

随着社会日益呈现出多元化、开放性的发展特点，人们对实现共同利益

的要求不断提高,如果政府还是单纯地在社会治理中处于完全主导地位,那么政府的政策主张与社会需求就会缺乏一定的契合度,因此在社会建设中政府完全主导的传统动员模式逐渐落后了。与传统的社会动员模式不同,软动员模式不是单纯的行政命令,因而更加容易获得群众理解和接受。二者之间的区别如下所述。

动员主体与客体的关系不同。在传统动员模式中,主客体更多的是一种对立的关系,主要表现为主体对客体的强制性与命令性关系。在软动员模式中,主客体之间有效地避免了这种命令性关系,动员主体具有"嵌入型自主"的特点。动员主体通过更加民主的方式与手段与动员客体建立联系,二者之间更多的是一种相互促进的合作关系。主客体在动员过程中协同共进、积极互动,最终实现共赢。

动员手段和方法不同。传统的社会动员往往通过行政命令、政策供给、理论灌输等形式,实现政策目标的过程凸显出强烈的政治性色彩。软动员则注重利用社区居民和社会组织、发挥市场和新媒体技术等优势,方式具有多样化特征,集中表现为宣传、引导、示范、竞争、激励等形式,体现了治理现代化背景下新型社会动员的重要特点。

动员环境和背景不同。传统动员与软动员的形成年代不同,传统动员产生于革命战争年代,软动员则是在改革开放后产生发展的,时代背景的不同决定了二者的不同。传统动员更加适用于实现急难险重的目标,需要具有权威性、时效性、约束力的动员手段来推动政策目标的实现;软动员面临的则是动员目标与利益的多元化环境,更需要注重动员客体的参与作用,需要宣传、引导、激励、示范等民主的方式来推动目标的实现。

(二)软动员具有治理与动员相结合的特点,更加亲民与生动

传统社会动员的方式主要包括行政命令、政策供给、经济激励、宣传引导四种,其手段多带有政治性、强制性、指令性等特点。随着时代发展和环境变化,社会动员的内容与形式也不断地衍生发展。软动员的方式和特点与传统动员多不相同,软动员更加注重对动员客体的心理聚合,动员力度更加

合理（见表1）。软动员将社会动员与社会治理相结合，逐渐呈现出重心下移、注重引导和服务、创新性以及亲和性的特点。

表1 传统动员、软动员的主要类型和特点

动员类型		动员客体	动员方式	主要特征
传统动员	行政命令	干部群众	通过行政指令直接推动动员，或以监督、巡查、考核等手段核查动员目标的发展情况	直接性、效率高，但不易被人理解或接受
	政策供给	群众	根据动员目标的具体情况，通过政府颁布相关政策来推动动员实施	可以消除政策藩篱、释放社会活力，为动员提供政治保障
	经济激励	群众	动员主体通过经济利益激励的方式来吸引动员客体参与动员活动的过程	具有极强的吸引力，提高公众参与的主动性和积极性
	宣传引导	群众	通过对动员进行相关宣传，引导公众提高认识并参与动员的过程	具有亲和性，为动员实施创造有利的环境和氛围
软动员	传媒动员	群众	通过大众传媒，包括广播、新闻、电视、录音、多媒体以及互联网等方式进行动员	迅速性、即发性、易变性、刺激性
	参与动员	群众	是一种公众参与，通过人们亲自参与本单位和社会的教育、社交、管理等活动来进行动员	广泛性、普遍性、现实性
	竞争动员	群众	主要通过有组织、有制度的评估、交流、奖惩、比较等具体方式进行动员	直接性、激励性、强烈性
	引导动员	群众	通过建立符合大众共同愿景的目标、规划来进行动员	亲和性、循序性
	示范动员	群众	通过树典型，对先进群体和精英人物的优秀事迹或者典型事例进行动员	直接性、具有说服力和吸引力

资料来源：王金涛、陈琪：《软动员：国家治理现代化视阈下的社会动员转型》，《政治发展与治理》2017年第1期；张忠友：《社会动员》，《政治学研究》，第33卷，2017年第5期，57~59页。

1. 重心下移

软动员将动员重心下移，立足社区居民的现实诉求，提高社会动员能力的水平。在社会治理的过程中，社区是最基本的细胞、单元，对社区居民来说，社区承载着居民的道德情感。软动员立足社区，依托社区进行动员，充分发挥社区的整合功能与居民自治的功能，为加强社会动员能力注入了动能。

2. 注重引导与服务

与传统的社会动员相比，软动员不再是单纯的政府主导，而是将政府主导与社会协同进行有机结合。在软动员的过程中，政府为居民、社会组织等第三方力量的动员参与搭建了桥梁，注重通过引导、服务来吸引居民、社会组织等的加入，以此来推动动员活动的开展。

3. 创新性

软动员的创新性表现在更加注重发挥居民自治、社会组织自主决策的作用，突出居民、社会组织在社会动员、社会治理中的主体地位。软动员一方面可以通过民主讨论、协商、辩诘的方式形成动员目标，避免个人意志专断，导致方向性动员错误；另一方面可以加强动员过程中各角色的定位和分工，大大提高动员效率。

4. 亲和性

软动员强调社会协同与居民参与，减少居民在参与过程中的压迫感，使动员主体在居民中产生一定的亲和力，从而加强动员客体接受性。比如在公共安全的教育方面，政府往往直接对居民进行理论灌输，不考虑居民的想法和疑问，缺乏与居民的沟通和互动。这样的方式往往形式大于内容，不能长久使用。在软动员模式下，社区、社会组织等积极开展公共安全教育，充分融入居民，了解居民的具体想法。这样做不仅淡化了单向灌输的政治色彩，还能做到有的放矢、深入人心，从而真正提高居民的安全意识，加深居民对公共安全知识的了解。

（三）软动员是实现社会治理现代化的重要途径

为积极应对新形势下我国经济社会发展面临的新问题新挑战，党的十九大继续提出要完善和发展中国特色社会主义制度，推进国家治理体系和治理能力现代化的全面深化改革总目标。国家治理体系现代化目标的实现需要现代化的治理能力作为支撑，实现国家治理能力现代化须对当前治理能力进行持续创新和全面提升。而作为一种重要的国家治理方式，社会动员的现代化将成为治理能力现代化的重要内在体现。

传统的社会动员方式虽然具有显著的效率优势，有助于集中力量办大事，但社会环境和时代要求已经发生变化，在全面深化改革的背景下，治理现代化强调的是政府、市场与社会的多元参与，传统动员方式已难以符合国家治理能力现代化的需要，亟须与时俱进，不断推进自身转型升级，以其自身的现代化来顺应时代的变迁。软动员的出现，解除了传统动员的尴尬，推动了社会动员形式和特点在治理实践中不断转型，成为社会治理现代化条件下一种行之有效、充满潜力的治理方式。

二　广内街道校场社区积极推动社会动员转型

校场社区地处北京市西城区广内街道办事处广内东片，面积约为0.16平方公里。校场社区属于老旧平房区，基础设施陈旧，环境问题明显。近几年，社区人口不断增加、养犬数量增多，使得社区卫生问题日益严重，居民对此反映日益强烈。

广内街道校场社区高度重视社会动员工作，不断加强和推动社会动员转型，努力探索政府与社会及居民良性互动的软动员模式，利用示范动员、参与动员、传媒动员等现代化动员方式开展社会动员工作，不断提高社会动员能力。校场社区居委会着力于切实服务居民、积极满足居民需要、积极解决社区问题，在动员过程中重视社区组织与居民的存在，动员社区组织与居民广泛参与。社区不仅为居民开展不同类型的社区文化活动，还为居民修建各种便民设施，居民也积极主动参与社区建设，这不但推动了社会动员能力的提升，而且促进了社区卫生环境的改善，加强了社区文化建设。

（一）社区党组织和党员带头示范，树立参与新榜样

社区党组织在社会动员中具有领导作用，党员更要发挥先锋榜样作

用。2017年11月1日，校场社区党委组织社区党员、入党积极分子为社区秋冬季的防火安全进行大扫除，此次有60名党员加入志愿服务行列。进入秋冬季，大风天气增多，社区居民院落中的瓜秧、枯枝树叶极易引发火灾，影响居民的出行安全。社区党员、积极分子在了解情况后，主动要求建立清扫工作志愿者团队，用行动为居民办实事，为社区消除安全隐患。在这次志愿服务中，大家用手拔、用锹铲、用竹竿打，充分发扬了不怕脏、不怕累的精神，不但清除了缠绕在电线上的瓜秧和院落死角中的枯枝树叶，还清扫了路面上的垃圾废物。经过大家的努力，共清理出易燃物8袋，社区的环境面貌得到了明显改善。此次志愿服务得到好评，社区党员纷纷表示："只要社区有事，我们随叫随到，一定会积极为社区的建设贡献力量。"

（二）社区居委会与居民双向沟通，强化居民协同感

校场社区居委会在开展社会动员时，重视与居民沟通，及时对居民需求作出回应，尽最大的努力满足居民需要。在开展居民服务时，将居民需要与社区情况有效结合，提供符合实际的社区服务，赢得了居民对社区的认可与支持。

校场社区的环境卫生问题是居民反映的重点问题。社区居委会积极回应居民需要，工作人员坚持带头清理社区垃圾、小广告等。针对老旧平房社区文化氛围差、社区文化活动匮乏的实际情况，社区居委会组织大量的文化活动，如健康讲座、传统节日服务活动等，不断丰富社区活动种类，为社区居民提供更多参与文化活动的机会。社区居委会将社区经费使用在建设便民设施上，例如为出行不便的居民安装扶手等。社区居委会从居民的角度出发，最大限度满足居民的各类需要，切实服务居民。

社区居委会的工作得到了居民的认可，许多居民也自发参与社区建设。社区居民不仅主动清洁，还主动维护社区环境，主动制止破坏社区环境的行为。社区居民对于居委会开展的各项工作也积极配合。校场社区通过动员居民参与，提升了居民的社区意识，增进了居民的社区归属感。

（三）构筑社区组织动员平台，提高动员参与效率

社区社会组织是社区居民进行社区参与的重要平台。居委会重视对社区组织的支持培育，希望通过社区社会组织吸纳更多的社区居民参与社区建设。借助一系列社区社会组织平台，为居民提供多种服务，增进居民之间的互动，为凝聚更多的居民力量、建设和谐居民关系奠定了坚实基础。校场社区积极培育社区环境志愿服务队，积极组织开展社区环境清洁活动，针对社区内部的堆物堆料问题，设立周末清洁日，每周定期清理社区垃圾；针对社区小广告问题，将社区环境志愿服务队分成小组，并选取组织内部骨干担任小组长，组织居民铲除小广告。

通过社区环境志愿服务队这个平台，社区建立了社区居民联络网，动员了更多社区居民参与社区环境的清洁。社区居民也积极通过环境志愿服务队参与社区的日常清洁活动，主要包括清理社区垃圾以及小广告、冬季清扫冰雪、夏季汛期清理低洼院落的积水等活动。

（四）营造社区文化氛围，更加注重宣传引导

校场社区非常注重社区文化氛围的营造，通过在社区内进行政策方针和民俗文化等方面的宣传、引导，营造了良好的社区文化氛围，提升了社区治理的居民参与度。

社区为居民主动成立的剪纸班提供经费支持，协助剪纸班不断扩大，并成立纸艺社。社区积极支持纸艺社开展各类活动，协助纸艺社招收新学员，促进纸艺社不断扩大。社区居委会利用纸艺社制作的纸艺作品，在社区内进行文化宣传，促进了社区文化氛围的营造。纸艺社结合时代主题，制作不同类型的剪纸作品。纸艺社制作的党风廉政建设主题的作品曾在中纪委网站中展出；制作的邻里和谐主题的作品在社区宣传栏展出，纸艺社作品的展览推动了社区文化的宣传。纸艺社的发展带动了其他社区社会文化组织的发展，推动了社区舞蹈队、合唱队、读书会等的成立，为社区居民提供了更多参与文化活动的机会和平台。

社区文化活动的增多，为居民提供了更多互相接触、互相了解的平台，为居民之间提供了互相帮助的渠道，拉近了居民之间的距离，促进了邻里关系的和谐。社区通过开展不同类型的服务，促进了居民社区意识的提升，提高了居民社区活动的参与度，增进了居民与社区的联结，进而推进社区建设与和谐发展。

三　广内街道校场社区推动社会软动员存在的问题

软动员的根本目的是为民，其主要成果体现在利民，其基本方法也要靠民。离开为民、利民与靠民，社会动员就成为无本之木、无源之水。广内街道校场社区在软动员的探索过程中取得了一定的成效，但也存在一定的问题，这些问题一定程度上阻碍了软动员能力的提升与社会治理现代化的发展。

（一）动员主体相对单一

校场社区社会动员主要还是由居委会领导，缺乏多元主体参与的说服机制。首先，软动员模式在动员过程中注重强调社区组织、居民等的作用，政府不是绝对主体。其次，社会动员难以得到物业公司、业委会等多方支持，存在居委会干部工作量巨大、物业管理不到位的现象，社会动员没能形成合力。在动员过程中，居委会往往做着本应该由物业公司做的事情，如社区环境问题、社区治安问题。最后，社区居民对社会组织或社区自治组织的知晓率不高，社会组织或自治组织吸纳居民参与社会动员的能力有待提高。

（二）动员过程缺乏制度化规范

软动员过程缺乏制度化规范主要体现在两方面。一方面，缺乏相应的宣传机制。校场社区目前存在软动员宣传流于形式的问题，大多数居民对社区治理和社区建设的认识并不深入，比如对社区治理意义的理解还停留在提升卫生环境水平和治安水平等外在形象方面，对于其更深层次的社区精神文化

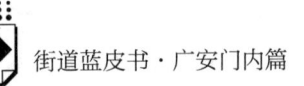

方面的建设还缺乏理解。加大宣传力度、创新宣传形式，从而潜移默化地提升居民的参与意识，使社区居民更好地履行公民责任，是街道社区在动员过程中要继续强化的地方。

另一方面，缺乏一定的保障机制。缺乏制度化的保障机制，街道社区的软动员就会缺乏积极性。只要能用行政力量解决或者是在小圈子内决策的事，他们一般都不愿意通过软动员与社会组织和居民一起解决，导致了社区建设参与主体不够广泛的问题。

（三）动员对现代信息技术的利用不够充分

大数据作为信息通信领域的最新技术，对街道进行社会动员具有极为重要的作用。街道社区在动员方式、手段方面的创新还不够，缺乏相应的提供社区讨论以及动员活动的网络参与平台，网络途径的动员建设还有待提高。因此，在动员中应该充分利用互联网传播快速且高效的特点，吸引更多群体特别是广大年轻群体的参与。运用大数据提高街道社会动员效率，实现精确动员、智慧动员，为社会治理提供可靠保障，是广内街道有待提高的方面。

四 社会动员转型的国外经验借鉴

社会动员在世界各国的社会治理中都是一种普遍使用的方式。放眼国际，一些现代化国家发动社会软动员的举措相对比较成熟（见图1），能有效避免传统动员的落后之处，具有一定的先进性，对我国的社会动员转型具有一定的借鉴意义。

（一）美国：注重加强社会动员的法治化

美国特别注重运用法治化的手段来规范社会动员。社会动员是一种非常态的治理手段，在动员的过程中，无论是动员主体的主导，还是动员客体的参与，都必须以遵循法律原则规范为基本前提，不能以部分领导成员的主观想法为主导。美国深刻地认识到这一点，因此采取了法治化的手段对社会动

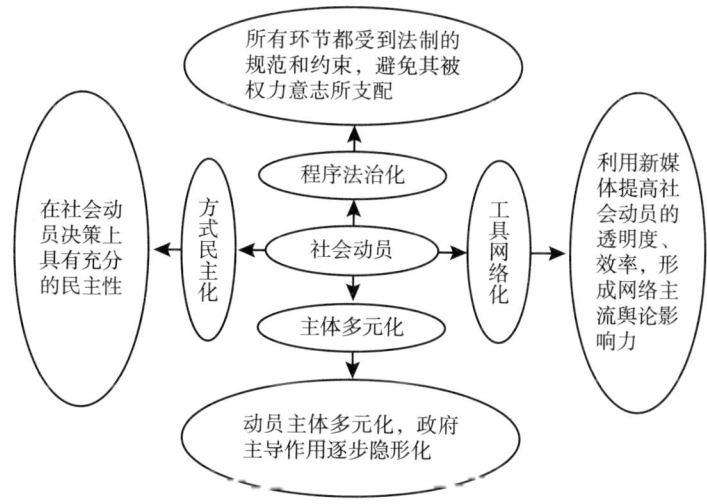

图 1　西方现代化国家社会软动员特点

资料来源：石奎：《治理现代化语境中的社会动员》，《国家治理》2015 年第 31 期。

员加以规范。在 9·11 事件发生后，美国对应急情况下的社会动员加大了法律规范。在国家层面上，《国家紧急框架》的制定为应急性社会动员和一般社会动员都提供了法律依据。美国优良的法治传统为发动实施社会动员提供了优良的法治环境，推动了社会动员向更加成熟发展。

（二）英国：善于运用新媒体工具

英国在社会动员的过程中非常善于运用新媒体平台。时任英国首相卡梅伦对信息化的发展形势特别有见解，他指出："信息的自由流通可以用来行善，也可以用来作恶。这样的工具用得恰当与否关键取决于使用者的能力和素质。"2011 年 8 月 6 日，伦敦发生暴力骚乱事件，群众情绪高涨，纷纷上街举行示威活动，英国政府通过互联网途径来进行社会动员，以平息事件。英国政府在事件一开始就在官方网站平台发布政府权威信息，严正表明政府的主要立场，带动公众舆论风向。比如，对"哈克尼女英雄"的骚乱者进行严厉批评，并将视频放到网络上，利用 Facebook 等网民使用较多的平台呼吁广大网民对警察制止骚乱者的行为进行讨论、支持。英国政府运用新媒体手

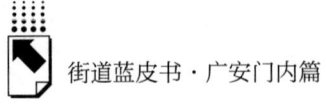

段对打砸抢的骚乱者进行了曝光,为民众发表自己的看法提供了平台,及时抚平公众情绪,遏止暴力骚乱事件进一步发酵,具有非常理想的动员效果。

(三)日本:注重民主与集中的融合

日本在社会动员方面的一些做法非常具有合理性与高效性,因此特别值得我国借鉴。日本一般通过民主决策来确定动员目标,然后进行动员实施。在动员实施的过程中,不仅重视政府的主导作用,还突出社会其他力量包括各种公益组织、社会公众以及媒体的作用,凝聚多方力量共同解决问题。在动员的过程中对民主和集中有较好的平衡。

日本在环境治理方面的社会动员成效显著,其中以名古屋市动员治理城市垃圾和污染方面的做法最为著名。名古屋市在进行垃圾治理的过程中,政府并没有自行决断具体的做法,而是不断听取社会各方的想法和意见,集思广益,并根据不同的意见反复研讨推敲,最后才形成最终决策。在动员决策的实施过程中,名古屋市注重发挥市长、政府、环境局、媒体、社会组织、居民等多元力量的作用。其中,市长亲临指挥,与广大市民同进退,以自身为榜样带领市民进行共同治理;政府加大宣传和政策支持力度;市环境局带领广大人民群众进行废物循环利用,为环境治理减负担;新闻媒体实时报道环境治理情况,对破坏环境的行为进行批评,对推动治理行为进行鼓励;自治会、妇女会、老人会、儿童会等各类社会组织传达政府管理部门有关垃圾分类收集等信息,协助管理部门召集举办居民说明会等;市民对垃圾进行分类归置,并支持废物循环利用,尽量减少垃圾的产生量。

(四)法国:加强多元力量参与

法国在社会动员方面比较注重制订动员计划、政策,通过顶层设计来协调、统一社会各方面的力量。在加强环保方面,法国构建了一个由国家、企业、非政府组织、地方政府以及民众多方参加的环境政策研究体系,并制订了切实可行的全国保护环境行动计划,动员全社会力量、汇聚社会资开展环保工作。这一体系主要由 6 个工作组组成,其中包括控制能源消耗和抵御气候变暖组、保护生物多样性及自然资源组、健康与环境组、改进生产方式及消费习惯等，其成员为来自上述各方的代表和专家。另外，在保护青少年上网方面，法国政府动员全社会监督，结合社会组织、学校、家庭等综合力量，多管齐下，联合保护未成年人安全上网。多元社会力量参与动员使社会动员工作的推进得到有力的保障，大大提高了动员效率。

五　增强动员软力量，积极推进社会动员转型

我国社会正处于变革与转型阶段，首都核心区管理和发展转型、提升城市品质正处于攻坚期，各种现代性问题以及后现代问题凸显并尚待解决。治理风险多样化、风险关系复杂化、风险主体多元化并存，这些都考验着区域治理能力。在当前的态势下，社会动员在社会治理中起着举足轻重的作用，因此广内街道要不断克服社会动员过程中存在的各种问题，积极推进街道社会动员转型。只有这样，才能跟上社会转型的步伐，加快社会治理现代化的发展进程。

（一）立足治理现代化背景，转变社会动员思维

在如今大力倡导治理现代化的形势下，社会动员也面临着一系列挑战。软动员的特点是多元参与、多元协同，只有不断推动动员主体转变其传统的动员思维，才能在新的形势下高效地推动社会治理创新，推动社会治理现代化发展。

传统的社会动员思维是政府主导，动员工作的基本理念是控制动员客体，通过动员管理动员客体。而这种理念和思维具备一定的强制性，使动员客体处于比较被动的局面，一定程度上会阻碍动员工作的进行。因此，动员主体，即政府部门要时刻立足当下的时代背景，及时转变动员工作理念，掌握软动员思维。要摒弃行政命令型的动员理念，充分调动社会组织、社区居民的参与积极性，推动社会动员创新，创新动员宣传方式，充分结合新媒体等信息化手段拓宽动员平台，建立一个社会成员主动参与、动员方式灵活运

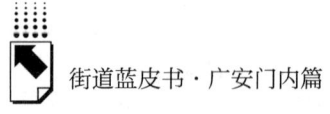

用的软动员模式，不断提高政府治理的权威性，增强社会凝聚力，实现社会治理现代化。

（二）建立社会软动员机制，推动制度化建设

制定社区情况公布制度。街道应密切与群众的联系，深入了解新形势下的群众工作，积极收集关于居民、社区、政府的具体情况（简称"三情"）并进行公布。首先，在社区专门设立"三情"收集点，组建"三情"志愿者队伍，以开通领导干部和部门电子信箱、设立"三情"意见征集箱等形式加强"三情"的收集。其次，通过各种会议、政府网站、微博、通信平台等途径即时发布公共政策、提前发布重大事项、及时发布热点问题、定期发布工作动态、第一时间发布突发事件，加强"三情"的发布。

建立相应的调解工作机制。要积极建立各类调解组织，充分利用好居民、群团组织、行业协会以及中介组织的优势作用，形成多元联动的调解工作模式，改变过去单兵作战、各自为政的调解格局，动员各领域力量共同调处矛盾纠纷，力争把社会矛盾化解在基层、化解在萌芽状态。

建立动员宣传工作机制。在全面深化改革的背景下，街道要进一步利用优势、扩大战果，积极组织进社区、进企业、进学校、进场所讲防抢、防盗、防诈骗、消防安全等动员宣传活动。可以通过发放宣传单、宣传手册、宣传画以及举办培训班等形式扩大动员宣传面，实现动员宣传全覆盖、零盲点，从而提升居民参与社区治理的能力，巩固政府与居民之间的关系。

（三）完善社会动员体系，延伸社会动员触角

街道要立足居民需求，围绕社会共建共治，依托社会动员主体，积极采取社会化以及项目化的运作方法，为各级党政部门等政府力量（社会动员主体），社区居民、社会组织等社会力量（社会动员客体）提供更加完备的服务，积极支持社会动员工作，进一步凝聚社会动员各方力量，打造一个社会化、行政化、常态化与应急性的完整的社会动员体系。

社会化动员。要依托区级、街道等有代表性的社会组织，积极培育社

组织，并动员其他相关的社会组织参与社会治理、社会建设。

行政化动员。要不断完善全响应网格化社会服务管理系统，并依托这个系统，积极动员公安、城管、市政、工商等行政管理部门以及水电汽暖等涉及居民生活的公共服务部门，把其职能、服务和工作力量真正下沉到社区网格，围绕社会保障、社会服务、社会治理和社会事业四个领域提供服务。

常态化动员。积极培育社会组织、培养社工人才，充分发挥第三方的社会力量，组织动员社工、社会组织、居民、企业等积极参与社区服务，使社会动员常态化发展。

应急性动员。建立应急性动员机制，在发生紧急情况时，可以及时启动应急性动员机制，引导社会力量参与应急服务。不断创新动员形式，积极融合线上线下两种动员手段，努力实现在应急情况下动员宣传全覆盖。

（四）遵循民主化原则，吸纳多元主体参与

加强动员过程民主参与，形成"上下结合"的动员模式，建立社会动员指导中心，专门负责社会动员的发动、实施工作。在社会动员工作中，搭建更加宽泛的社会动员平台，拓宽社会参与服务的渠道，鼓励多元社会力量参与社会治理，进一步推动社会建设。

社会组织培育。加大对社会组织的培育力度，建立服务社会组织工作机制。在不同的层级建立相应的社会组织服务基地：在区级层面，建立社会组织综合服务中心；在街道层面，建立社会组织综合服务基地；在社区层面，建立社区公益空间。这样，就形成了以区级服务中心为主导，多个基地和空间相互联动的社会组织发展格局，为社会组织人才培育、标准研发、项目管理、资源整合和信息交流等提供更多支持性服务，从而使社会组织更好参与社会建设，为社区居民提供更优质的服务。

志愿者队伍建设。在区级层面，成立社会志愿者公益储蓄中心；在街道层面，成立街道公益储蓄分中心；在社区层面，成立社区（商务楼宇）工作站。建立志愿者社交平台，将志愿服务线上线下平台有效融合。扩充志愿者队伍，对优秀志愿者进行表彰，并开展志愿服务博览会。

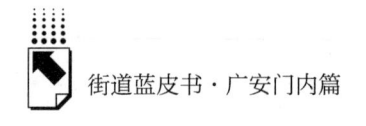

（五）依托网络化工具，助力社会动员转型

在信息化技术高速发展的时代，新媒体、大数据、云计算等技术也不断发展，对人们的生活影响前所未有。广大人民群众的交流方式慢慢集聚到虚拟网络里，信息的传播也多依托微博、微信、QQ 等新媒体载体，这种信息化、网络化的交流方式具有便捷化、快速化、高效化的特点，深受人民群众的推崇，对社会动员的发展也有不可替代的作用。互联网、大数据时代的社会动员工作，必须深刻认识到网络对社区居民的影响，并且要善于运用新媒体、大数据等技术手段。

加大对新媒体载体的重视，摸清新媒体时代网民数量不断增加、信息接收人群不断增加、新媒体影响力不断增强的新媒体发展规律与特点，开发社会动员新平台，创建社会动员新方式，整合并引导社会舆论走向，推动社会动员转型。一方面，要逐步构建以微博、微信、QQ 等现代传媒手段为依托的现代化社会动员平台体系，促进政府、居民、社会组织交流互动，实现资源共享，进而实现对更广泛社会多元参与力量的有效覆盖和有效联系。另一方面，在社会动员的宣传上要善于运用新的技术手段，进一步提高动员活动的知名度，扩大动员活动的影响。

参考文献

王金涛、陈琪：《软动员：国家治理现代化视阈下的社会动员转型》，《政治发展与治理》2017 年第 1 期。

石奎：《治理现代化语境中的社会动员》，《国家治理》2015 年第 31 期。

石奎、徐行：《传统动员模式：特征与挑战》，《人民论坛》2013 年第 31 期。

池建东：《社会治理现代化背景下城市社会动员研究——基于上海市 X 区的调查与思考》，《河南工业大学学报》2017 年第 13 卷第 3 期。

姜晓萍：《国家治理现代化进程中的社会治理体制创新》，《中国行政管理》2014 年第 2 期。

B.5
基层协商民主制度的建设研究

摘　要： 协商民主是我党重要的领导方式，是我国社会主义民主政治特有的优势。习近平总书记在政协成立65周年的报告中，明确指出"要按照协商于民、协商为民的要求，大力发展基层协商民主，重点在基层群众中开展协商"。近年来，广内街道坚持以问题为导向，立足地区实际情况，积极探索街道协商民主治理的新方法和新机制，并取得了相应的成效。本报告以理论研究为切入点，重点分析广内街道探索推进基层协商民主的治理之道，并结合国内有关基层协商民主方面的成功经验，对广内街道提高基层协商民主治理能力和水平做出思考。

关键词： 协商民主　广内街道　基层治理

一　协商民主制度与基层协商民主

（一）协商民主的历史沿革

随着改革开放进程的不断深入，进入21世纪以来，协商民主制度越来越受到我国各阶层以及各领域的广泛认同，发展协商民主日益成为广大人民群众的共识，协商民主制度成为我国政治体制变革中最富有活力的一部分。十九大报告提出"加强协商民主制度建设，形成完整的制度程序和参与实践，保证人民在日常政治生活中广泛持续深入参与的权利"。可以说，建设完善协商民主制度体系已经成为我国发展人民民主的重要目标。从我党的发展历程来看，我党在不同的历史时期，都有推行协商民主，并且所施行内容的侧重点也都有所不同。从历史上这些制度、规章、条例以及内容的发展脉络中可以看到我国协商民主的发展逻辑。

1. 抗战时期：推行实施"三三制"

在抗日战争时期，我党为了构建统一的民族抗日同盟，一举打败日本，提出了"团结一切可能团结的力量"，这个时候我党就充分认识到民主协商的重要性和必要性。毛泽东在这一时期多次明确提出"在一切有意愿和我们合作的民主党派和民主人士存在的地方，共产党员必须采取和他们一道商量问题和一道工作的态度"。所以为了动员各个层级人员参政议政的积极性，我党推行实施了"三三制"，即按照共产党员占1/3，左派分子占1/3，中间和其他分子占1/3进行整个政权人员的分配。毛泽东在不同场合曾多次强调，要充分保障党外人员的职权，不能利用表决来强行压制不同意见，而应该通过沟通达到意见统一。此种政权形式，在一定程度上已经具备了协商民主的基本要素。

2. 解放战争时期：创立人民政协制度

解放战争时期，在我党的组织领导下，我国各种性质的人民团体先后复立，为1949年9月召开第一届中国人民政治协商会议奠定了坚实的基础。这次大会上，我党同各民主党派及各界代表为筹建新中国的各项事宜进行了广泛而充分的协商，此次会议标志着我国政治协商制度正式建立。由于当初政协临时取代人大的性质，因此在1954年第一届全国人民代表大会召开后，党内外相当一部分人士认为政协的历史使命已经完成，没有继续存在的必要。对此，周恩来对政治协商制度是否应该长期存在进行了说明，指出人大制度和政治协商制度是可以并存的，并肯定了政治协商制度在国家建设中的作用。由此可见，协商民主制度在新中国成立之前和初期已在我国的政治实践中广泛运用。

3. 社会主义建设时期：协商民主制度不断加强和完善

新中国成立之后，由于历史原因，人民政治协商制度一度没有发挥应有的功能，进入社会主义建设阶段，人民政治协商制度恢复了活力，同时取得了较快的发展，各种制度结构更加合理，相关法律法规不断完善，在我国政治体系中的地位不断提高（见图1）。

1982年
1982年我国第十五次统战会议提出，各民主党派是新时期爱国统一战线的重要组成部分，并于1982年党的十二大上提出了中国共产党同民主党派"长期共存，互相监督，肝胆相照，荣辱与共"的十六字方针

1987年
1987年党的十三大进一步明确了中国共产党领导全国各民主党派的制度，提出了"中国共产党领导的多党合作和政治协商制度"的概念

1990年
1990年以来，中国共产党为了同各民主党派加强联系，从中央到地方召开了各种协商会、座谈会等

1992年和1993年
1992年在党的十四大上，中国共产党领导的多党合作和政治协商制度被正式写入党章，1993年我国第八届人大一次会议将这一合作制度写入《中华人民共和国宪法》

1997年
1997年党的十五大对党的基本纲领和基本经验进行了进一步总结，把中国共产党领导的多党合作和政治协商制度作为党的基本纲领和基本经验

2005年和2006年
2005年和2006年进一步详细规范了人民政协相关工作

2012年
党的十八大报告再次强调在政治协商过程中人民政协的重要作用，人民政协作为协商民主重要渠道的作用要进一步发挥，不断完善与健全我国的民主监督与民主协商制度，不断推进我国民主的监督、政治协商、参政议政制度建设

图1 我国社会主义建设时期协商民主制度建设完善重要时间节点

资料来源：王娟，《关于协商民主制度建设的研究》，《安徽工业大学学报》2014年5月，第3期。

（二）协商民主与基层协商民主的内涵

1. 协商民主的概念

在我国，协商民主即在我党的领导下，以广大人民群众的根本利益为出

发点，积极倡导广大人民群众有序参与政治活动，引导广大人民群众以沟通、调解、理解、合理的方式去表达自身的利益诉求，同时以公平、理性、公正、合法为原则为广大人民群众解决彼此之间的利益纠纷，以一种协商的姿态切实为广大人民群众服务，以达到把协商民主的精神融入我国民主和法治建设的目的，从而凝聚广大人民群众的力量共同构筑伟大的"中国梦"。

2. 协商民主的意义

协商民主在不同的阶段具有不同的表达方式，其所代表的意义也都具有不同的时代特征。党的十九大报告指出，我国已步入中国特色社会主义新时代，因此协商民主也被赋予了新的意义。

第一，协商民主在新时代更加有利于推进社会治理的现代化。随着改革开放的逐步深入，我国社会格局发生了深刻的变化，多元的利益格局逐渐形成，传统的社会治理模式已逐渐不能适应新时代的要求。协商民主的基本准则是为广大群众的不同利益诉求寻求解决的方式和方法，使不同的利益主体都能通过公平公正、合理合法的方式表达自身的需求，寻求共识、整合利益，使我国基层的自我治理能力明显增强，促使政府、社会、个人三方进行有效的互动，进而激发出我国的民主活力。因此，协商民主制度体系的完善对于进一步提升我国的社会治理能力具有重要意义。

第二，协商民主在新时代更加有利于人民群众进一步公平有序参与政治活动。在党的领导下，我国一向提倡并保障公民参政议政的权利，目前我国虽然有一些保证公民参与政治活动的渠道，但是面对社会利益分化的现状，目前的这些渠道还不够。所以，新时代协商民主的建设和发展，对于进一步拓宽公民政治参与的渠道，提供公民更多的表达平台具有积极作用。

第三，协商民主在新时代更加有利于我国建设和谐社会。要建成和谐社会，首先就要进一步理顺由于利益分化所导致的种种问题，而协商民主的本质就是通过沟通协调的方式，进行不同利益的整合。因此，协商民主制度可以有效地充当"缓冲器""减压阀"，从而促进形成理性和谐的氛围。

（三）协商民主建设中的基层协商民主

1. 基层协商民主的含义

党的十九大报告中明确提出要推动协商民主广泛、多层、制度化发展，统筹推进基层协商。在我国，基层协商一直都是协商民主体系的主要构成，是我国重要的民主政治形式，也是党在政治领域中对群众路线的表达。20世纪80年代初期，我国就已经开始对整个基层民主的体系进行相关的设计与改革，进一步落实基层协商民主制度，持续拓展基层协商民主的领域，基层协商已经成为基层民主体系的重要组成部分。在我国，基层协商民主拥有悠久的历史传承，其自身具有相当广泛的发展基础。基层协商民主在我国"熟人社会"的基础上发展起来，深受我国传统文化观念的影响，因此，我国基层的群众对基层协商民主有着一种天然的认同感，这也为我国基层协商民主的发展提供了有利条件。

基层协商民主制度需要不断改进和完善，目前逐渐形成了以协商、共识、沟通为基础要素，以诉求的表达、议题的确立、事件的协商讨论、意见的综合处理、决策的落实为完整程序的基层协商民主制度。其是基层普通人民群众表达自身利益诉求和个人偏好的重要手段，是我国基层最有效、最实际、最广泛的民主形式。它可以更好地让基层民众参与社会治理，可以缓解基层社会矛盾、维护基层发展，对实现我国社会公共事务的有效治理，推动我国社会与经济的持续稳定健康发展具有重要意义。

2. 基层协商民主的协商主体与开展领域

基层协商民主的协商主体具有十分多样的表现载体，主要有基层党政部门、社会组织、群众自发性组织，不同的历史时期，三者发挥的作用也各不相同。新中国成立之后，由于历史原因，我国形成了以单位体制为主的社会，社会治理的核心是各级党政组织。第二，改革开放时期。由于新的理念和模式的进入，思想进一步解放，以前相对集中的社会管理模式渐渐被取代，我国社会的自主性逐渐变强，各种社会组织慢慢兴盛起来，社会组织的地位日益提高，其在基层治理中所发挥的作用也日趋明显。第三，中国特色社会主义新时代。在当前的基层治理中，除了要继续发挥以往党政机关和社会组织的职能和作用外，还要吸收新的力量参与基层的社会治理，普通群众的作用就越发重要，群众自发性组织也就逐渐成为基层社会治理不可或缺的一部分。

基层协商的主要内容与百姓的切身利益息息相关，因此发展基层协商民主不仅有来自上层的推动，也具有来自民间的诉求。实现基层协商民主的关键在于现有的政治体制对公众的参与需求进行有效的回应。我国基层协商民主制度的创新百花齐放，各种协商领域不断拓展，我国基层社会治理的各个领域都可以有效地被协商民主覆盖，基层社会治理的每个环节都可以有协商民主的实施空间。

3. 基层协商民主的发展路径选择

基层协商民主事关基层群众的直接权益，不断健全和完善形式多样的基层协商民主制度是有效开展基层协商民主的重点，而基层协商民主的实践也需要有序、连贯的发展路径。

首先，基层协商民主的发展理念和制度建设方面。在新时期，政府应该逐步放权，更注重其他社会力量的参与。此外，还要注重完善基本程序与方法，增强制度的准确性和实际性。其次，开发基层协商民主资源方面。基层政协的属性和性质决定了其自身的政治参与功能，因此可以充分挖掘基层政协的潜力，为协商民主的实践提供正面的制度激励。最后，基层协商民主的开展方面。要注重基层党建的引领作用，要把基层协商民主和基层党建有机结合，使广大基层民众的诉求可以融入基层党委、政府的决策，为广大的基层群众提供良好的政治参与渠道。

二 目前我国基层协商民主制度的具体情况

（一）基层协商民主的意识、观念和文化氛围正在逐步形成

随着我国协商民主制度的逐步完善，基层协商民主也逐渐受到普通民众的认同。民主恳谈、社区议事、网络论坛、立法听证、政治协商等各种不同形式的渠道和平台，使普通基层群众拥有越来越多的机会参与基层的社会建

设与社会治理,直接丰富了普通基层群众直接参与政治生活的渠道。普通群众通过参加各种政治生活,逐渐意识到表达自身利益和权利的重要性,慢慢养成了公开表达自身诉求和倾听他人意见的习惯。基层协商民主制度进一步促进基层普通群众相互理解与尊重,化解了利益分歧,促进形成理性、文明、宽容的政治文化和社会氛围。

(二)基层协商民主制度化的实践特征逐步完善

基层协商民主的开展和建设广泛存在于基层的政治实践。我国基层协商民主的实践,既包括基层社区治理、基层公共事务、基层公益事业等具体事项,又包括自我管理、自我服务、自我教育、自我监督等自治体制,还包括以民主选举、民主决策、民主管理和民主监督为基础的基层民主政权体系。制度化是基层协商民主的发展目标,也是其最为基本的特征。

(三)协商民主制度是经济社会发展的必然需求

供给结构的转型、经济领域的扩容、产业的升级换代等给我国的经济社会带来了更深层次的变革,经济组织形式、社会经济成分、利益分配方式、就业方式等都产生了不同程度的变化,人民群众的利益诉求也越加向着多元化发展。发展不均衡会导致利益的不均衡,甚至会产生各种矛盾,有时还会造成突发性或者群体性事件。在我国基层社会实施协商民主制度是化解矛盾与冲突的有效途径。各协商主体在一律平等的前提下,相互尊重,就各自的利益进行多层次、全方位、经常性的协商,可以增进相互了解,从而达成广泛的共识,保证人民民主权利的实现,促进经济社会进一步发展。

三 广内街道以问题为导向、立足地区实际,探索基层协商民主治理之道

广内街道始终秉持"百姓事,百姓定!咱的家,咱来管!"的理念为街道辖区内的基层群众服务,严格贯彻落实"基层协商民主是党的群众路线在政

治领域重要体现"的指示精神，把基层协商民主作为深化街道基层政治体制改革的重要内容。街道党工委、办事处以问题为导向，立足地区实际，创新工作思路，为有效开展基层协商民主探索出了一系列有效举措，为在社会治理中发挥基层协商民主的作用提供了可借鉴的经验。

（一）集思广益，共建共享，充分发挥资源优势

广内街道为有效开展基层协商民主，充分挖掘自身潜力，积极发挥主观能动性，主动邀请辖区内的各级人大代表以及政协委员参加街道年度社区代表大会，听取街道在各阶段重点工作完成的相关情况，并与社区居民代表交流，倾听辖区内基层群众对政府工作的意见和看法，使各级代表和委员可以很好地融入街道的治理与建设，为街道的发展出谋划策。此外，充分发挥街道辖区内优势资源，坚持共建共享。以街道为老服务工作为例，由于历史遗留问题，广内街道为老工作欠账较多。因此，街道根据有关研判，决定充分调动社会资源，以共驻共建、共同参与为原则，统筹各方力量参与街道为老服务。例如，街道与联通公司合作建立了虚拟养老院；与北京二商集团合作建立了爱心超市、成立了为老服务配送队；与公交三厂共享资源，建成集用餐、休闲、日间照料以及党群活动、为老服务于一体的综合性载体，共同推动地区为老服务工作。

（二）以公开透明为原则，以社区议事厅为抓手，进一步推进基层协商民主建设

广内街道为解决基层疑难杂症，进一步推进基层协商民主，由街道牵头，分别在辖区内的18个社区建立议事厅，以公正、公开、透明的方式更好地推进社区协商民主建设，促进社区协商民主建设工作的规范化，为社区民主协商提供必要的场地环境。积极鼓励百姓的事由百姓共同商量着办理，找到百姓诉求的共通点，既让百姓拥有充分的话语权，又让"公议"充当"裁判"，减少没有意义的争辩，进一步提高办事效率。真正做到把自主权交给群众，让政策公开透明，从"要我做"变成"我要做"，让群众参与整个治理和解决的过程。

(三）制定《广安门内街道社区协商民主制度》，进一步激发社区活力

为进一步创新社区民主自治机制，探索用民主的方式实现社区治理，广内街道制定了《广安门内街道社区协商民主制度》（下面简称《制度》），内容涉及社区民主协商的目的原则、议事范围、议事程序、议事决议要求、决议执行和决议监督等方面，为社区进行民主协商提供了基本遵循依据，进一步激发了社区活力，从而使社区党委、居委会可以在制度规定的范围内发挥最大作用，让社区干部迸发出新的活力。《制度》同时对社区自治组织进行了相关规范，让社区自治组织在推进社区协商民主的过程中有据可依、有规可循，促使社区自治组织进一步发挥自身功能。

（四）坚持多元参与，培育社会组织

广内街道为更好地在街道辖区内推进协商民主，积极培育社会组织，进一步提升社会组织在推进协商民主工作中的作用，重点培育自我管理类的社会组织，有针对性地培育特色品牌队伍，使社会组织能够真正参与社区建设、推动社区自治。比如，针对社区居民提出的小区停车难、停放无序的问题，由街道指导社区，通过居民协商民主方式建立长椿街车友会。由居委会、车友会与小区业主共同研究小区停车管理的方案，通过问卷调查、意见征集、协商议事会、停车公司筛选，发布《感化胡同3号院停车场管理规定》和《停车场管理规定承诺书》。最终，小区业主通过协商的方式，确定由车友会自治与停车管理公司专业管理相结合的办法来解决停车管理问题，使小区停车管理平衡有序，车友会在积极推动小区停车自管过程中起到了重要作用。

四 广内街道开展基层民主协商所存在的问题

广内街道针对辖区内实际情况，采取相应的举措，开展协商民主取得了

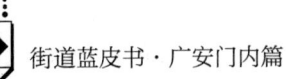

良好的成效。与此同时，街道在实际的推进过程中，通过不断的摸索和实践，发现了现今开展基层协商民主所要面临的一些问题。

（一）以街道为主开展基层协商民主，基层协商主体不对等

广内街道在具体实施协商民主的过程中发现，街道辖区内居民的身份背景、职业特性等不同，导致了各个阶层所代表的利益诉求也不尽相同，彼此对需求的表达存在较为明显的差异。不同的协商主体在具体协商的过程中，必然会受到身份、地位等社会因素的影响，进而影响协商过程的公平性。例如，基层协商代表在选举过程中受到的局限性较大，所选举出来的协商代表缺乏很好的代表性，使得只有代表少数代表可以表达诉求，忽略了更广大群众的意见和想法。这会导致协商民主在运行过程中很难完全公平公正地落实既有的程序规范，使得最后的协商结果并不是广大人民群众的共识，使协商民主有名无实。

（二）开展基层协商民主进程中，相应协商主体民主观念淡薄

广内街道在开展协商民主的进程中发现，街道内一些领导干部对基层协商民主缺乏正确的认识，缺少开展协商民主的专业知识和实践能力。认为基层协商民主只是一种形式，更有甚者认为基层协商民主只是一种安抚手段，对基层的社会治理根本起不到相应作用。与此同时，一些普通群众参与基层社会治理的热情不高，缺乏应有的兴趣，总是认为和自己的关系不紧要，协商意识严重不足，参与能力有限，对参与政治活动存在消极情绪。此外，我国长期存在的官本位制度和历史原因，导致基层百姓害怕表达意见，对政府产生畏惧心理，民主意识十分淡薄，基层协商民主实践活动在一定程度上停留在表面，流于形式。

（三）基层协商民主制度不健全、不完善

虽然协商民主制度的各种规章制度在不断发展和完善，但具体到基层协商民主，仍然缺少相应的制度，基层协商民主的制度化与法制化还不够目前

基层协商民主还没有实质上的制度体系，在具体协商的过程中各种不规范的问题层出不穷，协商内容与协商程序随意化，协商结果也存在明显的形式化问题，导致基层群众对协商民主不信任，逐渐对协商民主失去信心，这在一定程度上给基层协商民主带来了不良的影响。

五 国内基层协商民主制度建设的经验借鉴

国内其他地方在基层协商民主方面也探索出了一些较好的经验与做法，为了更好地对广内街道协商民主机制体制进行改进和完善，以下具体实例可供参考。

（一）杭州上城区："三管齐下"夯实基层协商民主

杭州市上城区是杭州市的中心城区，上城区立足辖区实际，结合新时代百姓对美好生活向往的新需求、新特点，创新基层协商载体和方式，形成"三管齐下"的局面：通过成立"湖滨晴雨"工作室，创新民主管理方式，拓宽参与渠道；通过创建民间智囊团，创新民主自治方式，吸纳民间智慧；通过成立居民议事会，创新民主决策方式，搭建议事平台，把代表不同利益阶层群体的诉求都有效地传达给政府的决策系统（见图2）。

（二）重庆万东镇：以"五权一体"推进基层协商民主制度的建设

重庆万东镇在市委、市政府的指导下，自2002年起就开始积极探索基层协商民主制度的建设，逐渐摸索出了以"五权一体"为举措的协商民主管理运行机制（见图3），并取得了较为良好的成效，在整个重庆的基层协商民主制度建设方面都具有重要的启示和示范意义。"五权一体"运行模式是指在村党支部统一协调管理下，将基层管理决策所涉及的"五权"分别由不同主体承担，并使"五权"相互衔接、彼此循环，形成一个整体的闭环。"五权一体"具体运行模式如下。

首先由党员、村代表、村民以及相应社会组织行使提案权。党员、村代

> **创新民主管理方式：成立"湖滨晴雨"工作室·拓宽参与渠道**
> "湖滨晴雨"工作室是杭州市乃至国内第一个街道（社区）层面的综合性民主民生互动平台，通过"一室六站两员四报"的工作方式，让党员干部、社区居民、辖区企业积极参与社会事务的管理和决策，以各方参与、多方协商的方式解决基层社会中的一系列事务。一室即"湖滨晴雨"工作室，六站是设在六个社区的"民情气象站"，两员即民情预报员和民情观察员，四报即"民情气象一天一报、民生焦点一周一报、民生时政一月一报、民生品质一年一报"。"湖滨晴雨"通过民情观察员宣传政策、听取民情、收集民意，为有关部门决策提供有益参考，在决策前端实现了民主

> **创新民主自治方式：创建民间智囊团·吸纳民间智慧**
> 杭州上城区南星街道水澄桥社区的民间智囊团，由社区阅历深、威信高、脑子活、愿奉献的居民骨干、小组长、党员等组成。民间智囊每月初定期召开会议，汇报交流收集的民情民意，对居民反映集中的问题展开讨论、提出建议，并将结果汇报给社区，由居委会及时商讨落实智囊团的好提议；社区也会就疑难问题、重大决策与智囊团成员沟通，以"头脑风暴"的方式解决民生问题。民间智囊团将散落的民声聚集起来，以制度化的方式与社区管理部门进行协商，是基层群众参与民主决策的有益尝试。成立至今，共举办了 200 多场次的协商活动，成功解决了 100 余件事件，通过成员收集上来的好提议，为居民办了很多实事

> **创新民主决策方式：居民议事协商会·搭建议事平台**
> 平台社区的自治组织性质决定了其通过社区居民共同协商解决问题的取向。在实践中，上城区的社区除了利用社区成员代表大会、社区共建理事会、社区居民委员会等法定的社区自治组织与居民协商有关事宜外，还因地制宜地发展出了其他形式，如紫花埠社区的居民议事协商会、海月桥社区的现场听政会，这些形式将社区的事务公开与居民的议事协商结合起来，让居民全方位全过程地参与社区事务决策，变"为民做主"为"让民做主"，大大提高了社区决策的民主程度，是社区民主意识和自治精神的体现

图 2　杭州上城区基层协商民主举措

资料来源：顾建军，《基层公共决策中的协商民主——基于杭州市上城区城乡社协商民主的案例研究》，《协商民主与公共政策》2015 年第 6 期，第 31、32 页。

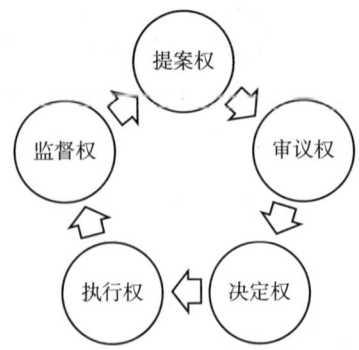

图 3　重庆万东镇"五权一体"运行模式

表、社会组织可以单独对某一具体事项进行提案,村民需要 20 名以上(含 20 名)联名提案。

其次村党支部对提案进行意见征集,并对提案进行审议。然后在审议的基础上,由村党支部召开全体村民会议,对提案内容进行集中商讨并表决,最终形成决策。随后由村民委员会行使执行权,最后由村社民主理财小组、村务(党务)公开监督小组行使监督权。

六　提升广内街道基层协商民主制度建设水平的探析

(一)推动协商主体多元化、协商内容层级化、协商形式多样化,进一步持续推进基层协商民主制度建设

基层协商民主的具体实践,最重要的就是使广大基层群众可以有效参与政府决策,更好地融入基层社会治理,可以从三个方面不断强化基层协商民主建设。

一是进一步推动广内街道民主协商主体多元化。街道要在现有协商主体的基础上,进一步扩大街道协商的参与主体,除了党员代表、政协委员、人大代表、社区代表等主体外,还要将相应的社会组织、辖区企业代表、事业单位代表等也纳入协商主体的范畴,扩大对基层群众意见、诉求、想法、建议的听取范围。

二是把广内街道的协商内容进一步层级化。街道可以根据不同性质的问题和情况采取不同的协商方式,把有关基层民主协商的内容进一步细化,把协商的内容分为表决类、通报类、恳谈类等不同层级。例如有关基层民生、社会建设等重大事项,可以通过协商主体表决的方式进行;有关社区百姓实际诉求的事情,可以通过召开专题恳谈会的方式进行;有关于领导分工、经费使用等情况,可以通过向群众通报的形式进行。

三是进一步使广内街道的协商形式多样化。广内街道要在现有平台的基础上,不断扩大和利用新的参与平台,一种便捷有效的方式是为辖区居民搭

建网络协商平台，包括现今十分普及的微信、QQ、微博等形式，进一步提升协商渠道的多样性。

（二）在新形势和新需求下，基层政府应该加快自身角色的转换

此在当今形势下政府必须加速转变以往的观念，广泛接纳群众意见以及接受百姓监督，避免"一言堂"的模式，进而保证群众在基层社会公共事务管理中的决定性地位，真正做到人民当家做主，保障群众的民主权利，承担起政府应承担的责任。

（三）进一步完善和加强基层协商民主建设的规范化、制度化、程序化

当前形势下，我国基层协商民主所面临的最严峻问题就是缺少系统性的制度，因此要使基层协商民主的建设更加规范化、更加制度化、更加程序化，使协商民主在基层社会治理中可以做到有法律作为依据、有制度作为保障，从而更加有效、合理地推进社会主义协商民主制度的发展。让相关法律、政策、条例作为基层协商民主建设的依据，进一步有效保障其公平性，避免以往协商形式、协商条件、协商过程不公开和不透明等情况，更好地避免协商程序和过程流于形式。此外，可以根据相关法律、政策，进一步划定群众的权利和义务，提高群众的权利意识与责任意识，进一步增加群众参事议事的主动性，保障群众参与社会治理的基本权利，起到对政府的监督和警示作用。

参考文献

王娟：《关于协商民主制度建设的研究》，《安徽工业大学学报》2014 年 5 月，第 3 期。

顾建军：《基层公共决策中的协商民主——基于杭州市上城区城乡社协商民主的案例研究》，《协商民主与公共政策》2015 年第 6 期。

柏剑波：《中国特色协商民主体系多层构建研究》，硕士学位论文，河北师范大学，2015。

B.6 首都功能核心区在城市更新中实现传统风貌与现代功能融合的研究

——以广安门内街道为例

摘　要： 作为首都核心区，西城区美轮美奂的历史城区风貌与浓厚的传统人文韵味使其具有独特的历史味道。广内街道计划在核心区率先启动街区整理计划，拟用二年时间，对街区进行系统的整理与复兴，将其打造成为首都功能核心区城市更新样本。本报告以广内街道为例，从其探索传统风貌与现代功能融合的实践入手，结合国内外相对成熟的做法，提炼可以为首都各地区实现传统风貌与现代功能融合的经验。

关键词： 城市更新　传统风貌与现代功能　广内街道

一　在城市更新中既要保存历史文化记忆，又要满足现代化生活需求

城市中的传统风貌遗存以及附着的历史文化积淀，是一个城市拥有的有形以及无形的宝藏，是社会历史义化进程中的瑰宝。这些传统风貌形成了一个城市特有的文化标签，不仅是对城市历史的肯定与敬仰，而且是对未来城市发展的无形牵引。在城市的更新过程中，对传统风貌的保护稍有疏忽便会使其遭到破坏，城市更新必须建立在城市历史文化和历史传统保护的基础之上。城市现代功能越来越多元，为人们的生活提供无限的便利和可能，而倘若城市传统风貌保护太过或不当则会影响现代化生活。因此，城市更新必须

有机发展，实现传统风貌与现代功能的融合，既要留住历史记忆，又要满足人们的现代化生活需求。

（一）城市更新是城市功能转换、提高民生质量的一项举措

1. 城市更新：城市建设的创新

古希腊哲学家亚里士多德说过："人们为了生活，聚集于城市；为了生活得更好，留居于城市。"人们对美好生活的追求使城市实现快速发展。城市的实现现代化发展，也带来了新增土地资源稀缺的问题，包括北京、上海、深圳等在内的部分大城市逐步进入存量资源开发阶段，城市更新开始成为国内城市现代化进程的新亮点，城市更新应运而生。

城市更新，是指一种对城市中已经不适应现代化城市社会生活的地区进行有必要的、有计划、有谋略的改建活动，是一种城市建设的创新。城市更新的创新点在于它通过开发、修复、整建等手段使土地等城市资源得到充分的合理利用，是对城市存量资源的二次开发。

虽然城市更新的提法比较晚，但回顾中国城市发展过程，体现城市更新的做法并不少见，比如因为战争、迁都而对城市进行修补或重建。新时期城市更新的性质决定了"更新"不是单纯的大拆大建，而是培育新的城市功能（见图1），在保持原有城市机理，甚至保持原有建筑外貌不变情况下，通过更新来推动实现社会公平。城市更新的根本作用在于提高土地和房屋空间的利用效率，解决如何在历史中创建、在保留中创新的问题，既保留住城市的传统文化与记忆，又为城市提供更多功能与活力。

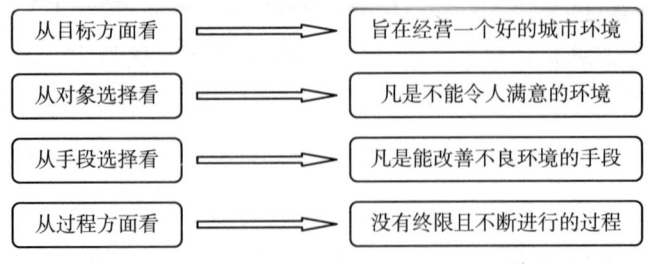

图1 城市更新的性质

首都功能核心区在城市更新中实现传统风貌与现代功能融合的研究

2. 城市更新的主要目标是解决阻碍城市发展的问题

城市更新的主要目标在于，针对城市退化现象而采取一定的干预措施，对城市进行改造、重建、修复和建设，对功能性衰败的城市空间进行合理再利用，解决影响甚至阻碍城市发展的各方面问题，培育新的城市功能。

城市更新的一个关键就是土地问题，对存量土地进行资源整合，挖掘出新的发展空间，实现发展模式由"粗放"到"集约"的转变，主要包括两方面的内容。一方面是对建筑物等实体硬件设施的改造，主要包括对一些旧的商业区、工业区、住宅区的建筑物进行拆除重建、空间重组、功能优化。另一方面，要不断保持和延续整个城市环境的风貌，包括生态、产业结构、业态等软环境，将城市风貌渗透到社会发展的各个领域。

3. 更新意味着开发重建、整治修复，以及保护维持

城市更新的特点在于可持续性、可再造性，更多地表现为对载体功能的转换、调整与创新。更新不只代表着开发重建、整治修复，还意味着保护维持。第一，开发重建，对城市中原有的严重衰退的设施进行全面的拆除，然后进行重建来满足城市的需要；第二，整治修复，对已经老化、破损但还能适应需求的设施，可以局部修复或拆除重建；第三，保护维持，对设施功能完好的地区，要采取一定的保护措施，延长其使用寿命。城市更新的各种方式特点各异，适用于不同更新对象（见表1），因此城市更新方式的选择也尤为重要。

表1 城市更新方式比较

方式类型	适用对象	优点	缺点
开发重建	建筑物、公共服务设施市政设施等有关城市生活环境要素的质量全面恶化的地区	是一种完全更新方式，完成后设施全新，利用时间久	时间较长，风险性强，只有在确定没有其他可行方式时才可以采用
整治修复	建筑物和其他设施尚可使用，但出现老化、破损等情况	过程时间短，可减轻安置居民的压力，投入的资金也较少	完成后设施不是全新的，如果技术不够，可能具有违和感
保护维持	历史建筑或环境状况保持良好的历史地区	社会结构变化最小、环境能耗最低，是一种预防性措施	保护过程具有永久性

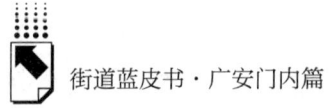

（二）城市传统风貌与现代功能融合是城市更新的核心内容

1. 城市传统风貌是延续历史的重要里程碑

城市传统风貌指的是一个城市独有的风格、传统的形态特征，是延续历史的里程碑。城市传统风貌不仅包括该城市的自然地理环境、分布格局、文物古迹、标志性建筑、寺庙古刹、商业区、街区、居住区、风景区等具有特色和个性的硬性风貌，而且包括该城市的历史艺术文化遗存，即诗歌书籍、绘画、戏剧、工艺特产、雕刻、风土民情等反映城市灵魂的文化风貌。这些传统风貌有的以个体的形式存在，有的成区、成片、成群地存在，这些在历史长河中积淀下来的传统风貌成功地记录了城市历史生活的场景和片段，体现了城市的风格特色，以最真实、最具体的形态印证着城市历史的足迹。

保护城市的名胜古迹、历史文物、城市特色建筑和原有的历史风貌是城市更新中的重要核心内容，是城市更新最基本的思路。在对城市进行更新时，对传统风貌的保护必须遵循一定的原则。

本真性。本着"整旧如故，以存其真"的理念，使最原本、最真实的历史风貌得以保留，即使修复也尽量使用原材料、原工艺、原风格，从而还原历史本真。

整体性。城市传统风貌各个部分与其环境是一个整体，只有整体才能体现历史原貌，因此，除了要保护遗存本身，还必须保护其周边的整体环境，只有这样才能体现出历史原有的味道。

可读性。可读性指能使人们在遗存的痕迹中发现它的原始存在，读出历史。如果仅仅依靠现代人自己的想法，去大拆大建，那这个建筑就失去了本真的味道，不符合可读性原则。

可持续性。历史风貌保护应该是一个具有可持续性的工作。保护一个城市的传统风貌，要持之以恒、踏踏实实，为后代留下丰富的文化与历史精华，不能只做表面文章，从而在历史遗存与现代化的碰撞下滋养出新的特色、新的文化，打造具有历史文化内涵的城市。

2. 城市现代化的发展促进了现代城市功能的不断嬗变

城市现代化是指运用现代化技术不断提高城市发展水平的过程，具体表现为工业、生态、服务、社区、公共设施等各项城市服务的建设，最终促进政治、经济、社会、生态和谐持续发展。城市功能指的是在一定区域范围内的政治、经济、文化、社会活动所具有的能力和所起的作用。城市是由多个功能区有机组成的，城市功能就是所有功能区功能的集合体。功能区是城市功能的载体，是实现城市功能的空间集聚形式，是现代城市运行的方式。

经济增长模式逐渐转型、城市经济总量不断扩大、社会制度不断变革等都在不停地改变着城市居民的生产生活方式，许多城市内部出现了工业区、行政区、商业区、居住区、娱乐区等前所未有的功能区空间布局。功能区的出现和发展，促进了现代城市功能的不断变化和城市结构的优化，现代城市的功能定位已不再局限于经济、政治、文化中心，更多的以增进现代化城市居民福祉为最终目的。

3. 保留历史传统与现代化发展融合并不矛盾

历史传统积淀出的文化风貌，是对一个城市记忆最完整、最真实的保存，是城市居民归属感依托的重要载体。但是，随着城市现代化的发展，逐渐出现大规模的开发建设行为，这些大拆大建的行为对积淀着深厚底蕴的历史传统风貌的破坏也是空前的。对传统风貌是保护还是改造，不仅关系到现代城市功能的发挥与城市发展的前景，同时也牵动着居民的情感。历史与现实之间，则体现的是一场价值与利益的角逐。

城市现代化的发展与传统风貌，二者是否必须以牺牲一方来推动另一方的发展？二者的同时发展其实并不矛盾。传统风貌与城市现代化是相辅相成的，传统是过去的现代，现代是未来的传统；传统是现代的根基，现代是传统的创新。传统风貌是城市的金名片，只有保护好传统风貌，使其历史价值在现代化的过程中不断扩展，才能更加彰显民族风采，最终走向未来、走向国际。现代化的发展也是传统风貌保护的助推器。城市现代化为传统风貌的保护提供了更多的资金支持与先进的技术支持，使人们对历史传统复兴的认识更加深刻，只有城市实现现代化发展，传统风貌保护才更加有价值。

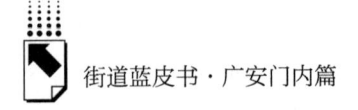

城市现代化必须以尊重历史为前提，历史传统必须以现代化发展为目标，这是可持续发展的最基本原则。没有现代化，历史传统就会失去灵性与活力；没有历史传统的传承，现代化也会变成无源之水、无本之木。

（三）城市更新视阈下城市传统风貌与现代功能的融合迫在眉睫

1. 传统风貌与现代功能的融合是社会发展的必然要求

一个城市的历史就是一部适应经济社会发展，在原有城市风貌基础上，在城市建设中不断植入新的城市功能的历史。一方面，在以经济建设为中心的时代，人们对利益的追逐逐渐大过对历史传统的尊重，一些历史街区、建筑等传统建筑在城市的现代化建设中被推倒，而高楼大厦、广场等具有现代功能的建筑物平地而起，虽然实现利益的最大化和 GDP 的增长，却大大改变了城市原有的面貌。另一方面，一些城市决策者对传统风貌保护的认识不到位，领悟不到历史传统的根本价值所在，过分追求实现现代功能，对传统风貌进行肆意改造、大拆大建、拆旧建新，致使城市自身的特色与风格一点点消失，出现了"千城一面"的现象。

倘若为历史让步，保留城市完整的传统风貌，则不利于城市的发展；倘若单纯推动现代化发展，则会割断城市的历史文脉，因此，实现现代功能不能以破坏牺牲传统风貌为代价，促进传统风貌与现代功能融合是唯一的出路。

2. 首都功能核心区历史文化资源丰富，饱含浓厚的城市记忆色彩

首都核心区是北京建城、建都的肇始之地，具有三千余年连绵不断的历史发展脉络，历史文化遗存十分丰富，不可移动文物数量及历史文化保护区面积均为北京之最，是中华民族文化的集中体现地。其中，北京老城就在首都核心区内。核心区还包括故宫和天坛两处世界文化遗产、60 处全国重点文物保护单位、132 处市级文物保护单位及众多区级文物保护单位、普查文物和挂牌四合院。全市的历史文化保护区，有 77% 都在核心区内。

北京作为我国的首都，其核心区的功能不仅是当下我国政治与文化中心的集中体现，也是古都风貌色彩的具体体现。要想塑造首都的国际城市形象，必须加强对古都风貌的保护，正确处理好保护与发展的关系，坚持整体

保护旧城的原则、坚持以人为本的原则、坚持保护工作机制不断完善与创新的原则，推动首都核心区的历史文化资源可持续发展。

3. 促进传统风貌与现代功能的融合是落实北京新总规的关键举措

首都核心区是北京最能体现古都风貌、时代风尚的区域。《北京城市总体规划（2016～2035年）》（下文简称《总规》）对首都核心区的功能定位是全国政治中心、文化中心和国际交往中心的核心承载区，历史文化名城保护的重点地区，展示国家首都形象的重要窗口地区。《总规》还提出："北京历史文化遗产是中华文明源远流长的伟大见证，是北京建设世界文化名城的根基，要精心保护好这张金名片，凸显北京历史文化的整体价值。传承城市历史文脉，深入挖掘保护内涵，构建全覆盖、更完善的保护体系。"

因此，实现传统风貌与现代功能的融合，是核心区落实《总规》的重点任务。要紧紧围绕首都文化中心功能定位，把握好城市的现代功能，与保护传统风貌紧密结合，不断提升传统风貌保护与城市文化软实力，做到既满足人们的现实生活需求，又保留城市独有的文化名片。

二 广内街道实现传统风貌与现代功能融合的探索

广内街道是北京城肇建之地，尤其是明清时期，包括宣武门、广安门、西便门的广内区域为扼守内外城及南方入京的重要门户。辖区内会馆多、庙宇多、故居多。随着城市的变迁，这些历史遗迹逐渐湮没在街巷里。2017年，广内街道将在全区率先启动街区整理计划，拟用三年时间，对街区进行系统整理与复兴，将其打造成为首都功能核心区城市更新样本。街道立足首都功能实际，从历史传统本真入手，打好传统风貌与现代功能融合组合拳，努力实现文化名城保护、生活品质提升的协调，促进历史文脉与城市有机更新统一，打造既能承载梦想也能安放心灵的广内。

（一）美化古刹空间，彰显文化风采

广内街道有报国寺、长椿寺等寺院，其中报国寺是座极具历史特色的千

年古刹。街区整理计划对古刹的空间美化做了大量工作，即对其建筑风貌、主题色彩等制定了规范。报国寺、长椿寺等历史文物的主色调为红色，其周边街区微更新，墙壁外立面将主要采取饱和度相对低一点儿的灰红色，既不与文物冲突，又能起到烘托作用。

2017年，广内街道首先对报国寺周边环境进行了综合治理，在持续加强管控的同时，积极研究报国寺周边改造和市场业态调整升级问题，并采取了一系列行之有效的措施，依法撤销了市场内部全部非法露天地摊、地柜，规范了市场内部经营秩序；市场周边无照游商得到有效管控，游商问题得到彻底解决；规范了经营秩序，报国寺前街及报国寺东夹道沿线店外经营、环境脏乱等问题得到了有效治理。作为全国重点文物的报国寺古刹，终于恢复了往日的宁静。2017年国庆节，街道还通过广宁公园对文化展示空间、历史名人空间和寺庙氛围空间"三大文化空间"的展示，营造"报国精神"的意境，彰显历史文化风采。

（二）修缮名人故居，享受岁月印记

2018年上半年，沈家本故居开门迎客。游客们不但能够在展厅中看到中国近代法学知名人物和历史简介，还可以观摩清代案卷的原件和复制品。

沈家本故居所在的宣西北棚户区是按照居民自愿腾退疏解的政策进行改造的，其中，按照文物保护行动计划的要求，棚户区内的文物必须腾退，且要先行腾退。因为是古建，腾退的阶段白天不能运，也不能用机器运，只能在晚上靠人工运，经过十个多月的腾退，沈家本故居院也逐步恢复了曾经的样子。在沈家本故居修缮上，街道也秉承着尽力保护与恢复原貌、修旧如旧的理念进行。其中，两扇大门都是以前的老木料，之后还计划油饰一下，遮盖住门上存在的痕迹；木柱的材料都是老木料，有些地方有裂缝，为了延长它们的使用时间，每一根都加一两圈铁箍固定。另外，整个沈家本故居在修缮过程中使用的原木料、老木料约占全部木料的七成，砖头石料中则有近一半为老材料。

（三）整治胡同环境，留住传统味道

广内街道还注重以点带面，从重点街巷达智桥胡同入手提升环境品质，增添文化韵味，恢复古都风貌。

达智桥胡同长 200 米左右，4 米多宽，著名的公车上书发起地杨椒山祠就坐落于此。虽然只是一条小巷，却有 64 处违建，导致环境脏乱。从 2016 年 5 月开始，广内街道重点对达智桥胡同进行综合环境整治提升，打造精品胡同，彰显人文理念。此次街巷整治，街道联合城管执法分队等多个部门借势而为，调整规划设计，坚持部门联动，联合城管、工商、食药监、交通等部门不间断开展环境秩序集中整治，加大对无照经营、店外经营、占道经营等违法违规行为的查处力度，在达智桥胡同与宣外大街沿线，拆除违建 300 多平方米、60 多间，同时还进行胡同街巷景观修复，恢复其在民国、晚清历史时期街巷风貌。其中，达智桥胡同中两处历史建筑以及著名的杨椒山祠已经露出部分街面。另外，对胡同的电线和路面进行整治，将电线全部改造到地下，打造干净整洁、风貌古朴、设施齐全的精品胡同。

广内街道还对包括顺河三巷、下斜街等七条胡同在内的精品胡同进行了整治。街道充分结合历史传统、居民需求、沿街商户、建筑实用性等因素，提前统一规划、设计，努力做到既保留传统味道，又满足现代化要求；既满足居民需求，又不影响生活服务；既古朴美观，又方便实用。

（四）开办文化体验，实现文保推广

结合城市微更新，广内街道还为市民打造两条 3 公里的健步路线。一条步道向长椿街东延伸，主题为"文化体验之旅"，该步道包括明清时期皇家庆典洗象巡游的主要地点，途经国家级文物报国寺、"京城第一胜景"原外八刹善果寺遗址宣武艺园、长椿寺、北京市近代优秀建筑市府大楼、原"象来街"长椿街以及广宁公园等，重在展示地区深厚的文化底蕴。一条步道向长椿街西延伸，主题为"历史胡同之旅"，该步道途经北京最老胡同三庙街、金中都旧河道上斜街与下斜街，串联起杨椒山祠、沈家本故居、龚自珍故居、年羹尧故居等名人故居和会馆，重在展示胡同文化的魅力。

广内街道文化体验健步走活动，不仅让人民在强身健体的过程中充分享受老北京历史文化为人带来的愉悦感，而且让北京、历史、文化深入人们的生活，让全民了解北京、历史、文化，为历史传统风貌、文化的保护做了宣传，促进人们珍惜历史、珍惜文化、珍惜传统。

三 传统风貌与现代功能融合的国内外经验镜鉴

在城市现代化高速发展的状态下，部分城市一直在积极地促进城市有机更新的实现，有些城市也获得了一些收获。上海、福州一些地区关于传统风貌与现代功能融合的做法在国内首屈一指，法国巴黎在实现现代功能和传统风貌协调发展方面也有所建树，其经验做法可以为广内街道更好地实现现代功能与传统风貌保护提供启示。

（一）上海黄浦区：立足历史原貌，开发老建筑新功能

黄浦区是上海市的中心城区，历史风貌特征鲜明，具有丰厚的历史文化底蕴。黄浦区在历史风貌保护方面，提倡实现历史风貌与现代功能融合，通过创新发展理念，实现由"大拆大建"到"以留为主"的跨越，从而保护了上海中心城区的历史建筑和风貌。2015年，黄浦区成立专门的专家委员会研究历史风貌保护工作，委员会由优秀历史建筑保护委员会与知名的建筑专家组成。2016年黄浦区优先制定《黄浦区风貌保护十三五规划》，严格推进历史风貌的保护工作。几年来，黄浦区严格遵循"保留大于拆除"的保护原则，同时要求各行各业参与保护工作，保证历史传统风貌保护的方方面面都受到重视。在尚贤坊的修缮过程中，为了保持其原有风貌，区里专门调阅尚贤坊建筑的原始设计图纸，还原原始图纸设计。

再以思南公馆为例。思南公馆地区旧属法租界，大部分建筑建于20世

纪20~40年代。后来，思南路主要作为居民区使用，受长时间过度使用，以及近年来受城市基础设施建设与房地产开发的影响，思南公馆遭受了相当程度的破坏，比如建筑立面和整体风貌遭破坏，承重墙出现裂缝，面层脱落，砖块、砌筑砂浆风化等问题。随后，思南公馆的更新改造遵循修旧如旧、兼顾现代功能的原则，制订分类保护标准，实施分类保护与更新（见图2），尽量恢复历史建筑原貌。从外形改造上来说，思南公馆的改造既要开发老建筑的新功能，又要保留老建筑的历史风韵。因此，项目开发方不仅邀请了历史文化风貌建筑保护专家参与，还找来了近一个世纪前的建筑图纸，研究房屋的结构与细部图案，作为改造和修缮的依据。在细节改造上，思南公馆的改造也遵循了"修旧如旧"的原则。除了卫生、采暖、空调等实用功能外，其他方面都尽量恢复历史原貌。譬如，将残旧的木地板和扶手拆下，运到厂里重拼；定制老式的铸铜门把手及插销；原样烧制并复旧绿色小瓷砖等，包括五金件、天地锁、门上的装饰条、顶上的石膏线，甚至地板颜色都尽量保持原有风貌。

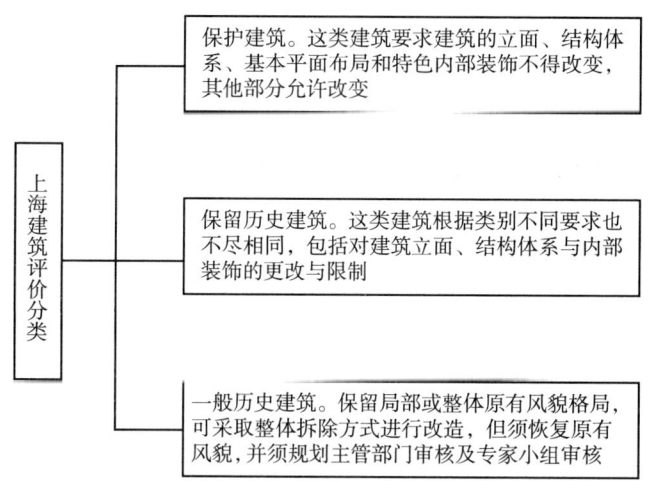

图1 上海建筑评价分类

资料来源：克尔瑞咨询，《历史建筑城市更新样本：思南公馆十年更新全梳理》。

（二）福州烟台山：创新规划设计，续写烟台山文脉记忆

位于福州城市历史文脉中轴最南端的烟台山，因其"苍山烟霞，高丘低江"的地理位置与自然景观，成为近代中西文明碰撞与融合的最前沿。历经百年来的历史风云变幻，烟台山形成了以山地街巷与小尺度公共空间为肌理，同时保留有园、庐、舍和西式公馆等多种建筑风格中西院落的独特风貌基因，赢得了"中西建筑博览"之美誉。

为延续福州精神、保护风貌基因，项目开发者邀请清华大学吕舟教授团队、中国城市规划设计研究院副总规划师朱荣远先生、美国麻省理工学院建筑系主任张永和先生与都市实践创建合伙人王辉先生等国内外顶级规划与建筑大师团队，以及DLC（新天地系列设计单位）、贝肯中国、天华、日清等知名设计单位，采用集群设计方式对烟台山展开规划设计工作。

百年烟台山的复兴融近代历史文化、百年中西建筑、传统山地街巷、三大公园系统、时尚休闲商业、文化创意艺术、江畔精致生活于一体，力求实现在地文化传承与商业形态复兴，同时将引进以"都市时尚生活美学"为核心的复合型休闲商业形态，形成传统与时尚碰撞的烟台山文化公园艺术商业街区，打造城市更新历史街区复兴范本。

（三）法国巴黎：注重城市结构规划，完善传统风貌保护体系

巴黎是法国的政治、经济、文化中心，拥有着丰富的历史文化遗产。由于历史原因，部分风貌也遭到破坏。巴黎在对传统风貌进行更新修复时，不仅对区域的结构进行了整体的规划设计，而且在对传统风貌的保护方面建立了完整的保护体系。巴黎市政府根据不同时代的城市发展特点和缺陷分别制定了《巴黎地区整治规划管理纲要》、《巴黎大区总体规划》和《巴黎大区整治计划》等规划设计计划，对城市发展进行科学合理的规划和设计，来解决市中心人口过密、区域结构发展不平衡、城市自然和人文环境遭破坏等问题。在历史传统风貌的保护方面，巴黎值得我们学习的地方就是立法。巴黎关于历史文化遗产保护的法律非常完备，从国家层面到

地方层面都有与之呼应的法律保护,并且在实施和执行的过程中也能得到最有效保障。

四 传统风貌与现代功能融合路径探析

(一)兼顾城市现代功能,深入研究城市规划

经过不同年代的演变发展,城市日积月累所形成的风貌也处在不断地更新中,呈现出不同的形态。要让这些历史传统风貌在现代化的发展过程中保留其丰富性与特色,就需要在深入研究城市规划的过程中兼顾城市的现代功能。只有城市规划布局科学合理,传统风貌才能在现代化的发展过程中得到更好的传承。

首先,要深入研究首都功能核心区的历史发展特点和风格,结合现代化的发展特点制订相应的城市规划设计。要立足居民的发展需求,坚守可持续发展理念,以现代化发展为引领,以更科学更合理的首都发展战略将古都传统风貌保持到最完整、原本、真实的状态,找到历史与现代可以互相促进、互相融合的平衡点,使核心区的历史传统风貌融入现代化的色彩。

其次,灵活运用城市规划设计的前沿理论和方法,通过对首都核心区建筑的高度、色调、体量、材料和形状形式的严格把控和设计,既体现现代城市的简约格调和空间感,又体现传统建筑的历史韵味;既满足人们追求快生活的需求,又满足人们享受浓厚生活气息的情怀需要。

再次,更新必须循序渐进,不能大拆大建,对传统风貌的修缮要精细化,注重每一处历史细节,营造最接近历史、传统的古都风貌。

最后,选拔综合素质高、具有创新精神的规划设计者,运用最前卫又最本真的思想,充分理解首都历史传统保护的基本内涵,在充分保护传统风貌、坚持最新城市发展理念的前提下有效地实现传统风貌保护和现代功能的融合。

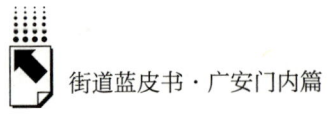

街道蓝皮书·广安门内篇

（二）遵循原址保护原则，突出整体格局保护

城市传统风貌格局是指比较完整的城市景观结构，整体的传统风貌除了常见的文物建筑等古迹，还包括整个古迹周围的环境、街区等历史氛围。随着现代化的发展，北京许多建筑平地而起，风格更是突出国际化和异域化，自身的京味儿却被冲淡了许多，这就要求对自身历史风貌出行"整体式"与"原址式"的保护。

首先，划定传统风貌整体格局范围。一方面，对能够体现历史传统特色的街道、胡同、四合院、树木、河流、建筑群等历史空间脉络进行划定；另一方面，还要对浮雕、影壁、门匾、题字等反映历史传统味道的文化载体进行划定，这些传统风貌都要遵循原址保护的原则，延续其本身的基本性质和功能。

其次，传统风貌整体以保护、修缮为主，赋予其新的使用功能。要根据不同的历史风貌采取不同的保护方法，对于遗留较为完整或外表完好内部被破坏的历史建筑类，可以通过合理的修缮，将其作为展览馆、博物馆，只供欣赏研究不供生活使用，这样可以延长其寿命。对于老北京胡同、名人故居、四合院等历史街区，其与人们日常生活联系紧密，要做好疏解腾退，使其风貌特点显露出来，并可以适当地开发旅游参观项目。旅游参观项目既是一种文化宣传，也可以为历史街区的保护提供资金支持。

最后，核心区建设拓展要烘托历史格调。新建的建筑必须迎合城市整体格局的特色，严格把控建筑的高度、材料、形状风格、色彩的搭配等情况，实现现代功能，延续传统的城市文化脉络，打造核心区独有的文化名片。

（三）挖掘历史保护内涵，宣传普及文保知识

随着城市更新的进行，人们的生活和生存空间不断完善，人们对城市传统的风貌保护缺乏透彻的了解和认识，这就造成忽视原本的历史传统而只重视城市功能改造和建设更新的问题。因此，在城市更新的过程中，必须深入

地挖掘古都历史文化保护内涵，并对文保知识加以普及和宣传。

一方面，深入挖掘未被重视的历史传统文化内涵。要重视对古都的传统工艺、民俗风情、民间艺术等软文化遗产的内涵挖掘。必要时还需要对非物质文化遗产的具体情况进行精细化的调查分析，做好对这些体现古都风采的历史文化遗存的保护与传承，不能在城市更新的进程中将传统遗失。

另一方面，积极宣传和普及传统风貌保护的相关知识。积极开展历史传统文化空间展示活动，通过传统风貌的展示普及古都风貌知识，让人们认识到文物保护的重要意义。加大与文保知识宣传相关的志愿者招募和培训，促进志愿者深入了解古都文物历史，推动志愿者将这些知识推广给更多的人，让传统风貌保护成为一种生活方式。

（四）疏解不必要功能，减轻核心区传统风貌保护负担

首都核心区拥有故宫、南锣鼓巷、什刹海、白塔寺、古观象台、明城墙遗址、四合院、老胡同名人故居等大面积传统风貌，非首都功能的集聚使传统风貌的核心保护区负担过重，不仅使传统风貌遭到破坏，而且使核心区的交通极度拥挤，只有疏解首都核心区不必要的功能，才能减轻传统风貌保护的负担。

首先，要突出核心区的文化功能。以核心区的重点历史风貌保护为基本前提，处理好历史与现代、保护与利用、传承与创新的关系，使核心区成为保有古都风貌、弘扬传统文化、兼具现代化的国际化文化典范地区。

其次，加大对核心区不必要功能的疏解。对北京站、东直门、西直门、永定门等交通枢纽地区，加强交通整顿，使居民出行更加便利；严格把控建筑物、建筑群、建筑片的高度，整治历史风貌区周边环境，为历史传统风貌提供展示空间；疏解大型医疗机构和商品交易市场，推动商业区升级优化，改善公共空间环境，让街巷、胡同、四合院等恢复京味儿。

最后，加大核心区功能疏解方面的研究。及时确定需要疏解腾退的功能，相关部门要制定相应的支持政策和解决办法，建立中央、市级、区级、

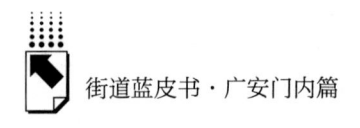

街道等多级多部门联动机制，推动核心区不必要功能的疏解，为核心区和传统风貌减负。

参考文献

北京市人民政府：《北京城市总体规划（2016～2035年）》。

阳建强：《城市历史环境和传统风貌的保护》，《风貌保护》2015年第5期，第18～33页。

汪江龙：《首都城市功能定位与产业发展互动关系研究》，《首都经济论坛》2011年第4期。

李琰：《巴黎历史风貌保护对北京城市建设的借鉴》，硕士学位论文，对外经济贸易大学，2005。

调研报告

Survey Reports

B.7
广安门内街道多元化多层次为老服务体系建设的调研报告

摘　要： 提升为老服务水平，创新为老服务模式，对进一步适应我国逐渐步入老年社会以及提高保障民生水平具有重要意义。北京市西城区广内街道立足自身辖区实际情况，以辖区百姓切实诉求为主导方向，对辖区为老服务采取了一系列的举措，探索出了一种多层次的为老服务体系，取得了良好的成效，对基层为老服务具有一定的示范和借鉴作用。

关键词： 为老服务体系　民生保障　广内街道

一　调研背景

人口老龄化是当今世界各个国家都需要面临的严重问题。我国社会正逐步进入老年社会,特别是近年来老龄化的速度一直较快,养老问题事关国计民生,切实保障和满足基层百姓的养老需求是顺应新时代人民对美好生活向往的必要条件。习近平总书记在十九大报告中明确指出:"完善社会救助、社会福利、优抚安置等制度,健全老年人关爱服务体系。"构建为老服务体系,成为基层党委、政府面临的重要任务。

(一)调研目的与思路

随着北京市整体社会环境和社会结构的转变,广内街道辖区的老龄化形势也日渐严峻。根据街道系统的统计数据来看,广内街道辖区内老年人的相关数据上升较快。2014年街道辖区范围内60岁以上的老年人口总数约为2.3万人,而截至2017年年底已接近2.5万人,老年人口总数的占比也从2014年的27.5%上升为29.3%,其中65岁以上的老年人口数量为1.8万左右,80岁以上的为3070人,90岁以上的老年人口也达到了591人(见表1)。可见,广内街道的老龄化问题严重,特别是空巢老人占比较高,但与之对应的是辖区内养老服务资源和服务能力等离为老服务的要求和标准有一定差距。

表1　2017年广内街道辖区老年人年龄情况

年龄状况	人数情况(人)	年龄状况	人数情况(人)
60岁以上	25000	80岁以上空巢老人	1210
80岁以上	3070	90岁以上	591

资料来源:广内街道办事处。

为加强为老服务体系建设,进一步提升辖区为老服务水平,广内街道针对辖区内老年人的生活安全、心理健康、医疗卫生等问题,采取了多层次、立体化、全方位的举措,使街道的为老服务能力和水平具有明显的提升和改善。本次调研的主要目的在于通过深入调查广内街道建立为老服务体系的方式和方法,总结街道在为老服务方面所取得的成功经验,分析其在具体的实施过程中所存在的问题与不足,并提出改进意见。

（二）调研时间与过程

2017年12月22日，课题组对广内街道的为老服务相关试点社区进行了实地走访和调研，并与广内街道负责为老服务体系建设的相关领导和工作人员进行了访谈，较为详细地了解了广内街道对辖区内为老服务体系建设的过程、模式和问题，同时课题组对街道为老服务方面的文献进行了查阅，追溯了街道为老服务体系搭建的具体实施过程。随后，课题组围绕街道为老服务工作进行了专题研讨，交流对养老服务体系的认识、思考和建议等。

（三）调研方法与对象

调研方法。本次调研主要采用的调研方法有文献分析法、访谈法、实地调查法等。文献分析法主要是对收集到的国家、北京市、西城区关于为老服务方面的相关政策文件，西城区地方志以及关于为老服务的期刊文献等进行研讨和分类整理；访谈法是结合访谈对象谈到的具体工作和实际问题，提出为老服务的意见和建议；实地调查法就是前往广内街道相关为老服务的试点和社区进行实地考察，了解街道在为老服务方面所取得的成效。

调研对象。主要访谈对象为广内街道的相关工作人员。

二 广内街道搭建多层次为老服务体系所采取的举措

广内街道通过对自身辖区养老情况的精准定位和研判，吸纳街道在以往为老服务方面积累的好做法，立足辖区为老服务良好的基础，整合辖区内多方面资源，在不断实践中逐渐摸索出了一条"以政府统筹为基础、以社区服务为依托、以社会医疗机构参与为支撑"的为老服务模式（见图1），搭建了多层次一体化的基层为老服务体系。

（一）街道统一牵头协调，全面持续推进辖区养老工作

1. 用好用足政策，缓解老年人居家养老压力。广内街道深入贯彻和落

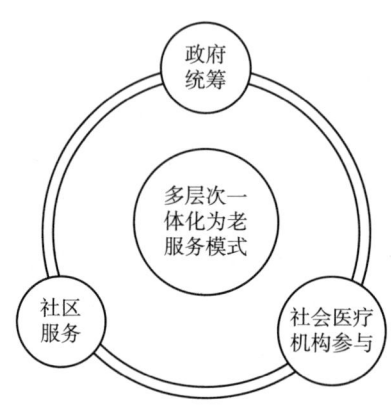

图 1　广内街道多层次一体化为老服务模式

实北京市委、市政府所提出的"九养政策",为辖区内 3070 位 80 岁以上老人办理每月 100 元养老卡,为 40 位特殊老年人办理每月 50 元养老卡,同时为 83 位 90 周岁及以上老年人统一发放医疗保险金,为 23 位 95 岁以上高龄老人统一报销医药费,进一步降低辖区老年人的生活成本以及缓解老年人的生活压力。每逢传统节假日,街道会委派专人对特困老年人进行慰问,让老年人在传统佳节感受到政府和社会的温暖。

2. 对辖区内老年人的需求进行调查,并开展经济困难高龄评估工作。街道对辖区内 1600 名 80 岁以上老年人的生活状况、身体情况、家庭情况、生活服务等方面做了全方位的需求调查,完成地区 183 名 60 岁以上低保、低收入、特困老人和 70 岁以上计生特扶等非经济困难失能老人的评估,并由街道统一安排申请非经济困难失能老人基本生活服务补贴。此举不仅为街道进一步制订和完善居家养老政策提供了基础的参考数据,还有效地使街道更加全面地掌握和了解辖区内老年人的实际需要和诉求,为街道进一步提升为老服务水平提供了有效的支撑。

3. 完成老年协会成立筹备工作,建立健全地区老年协会服务体系。广内街道根据北京市西城区为老服务工作整体部署和建设老年协会的要求,委托睦友社区服务组织筹备老年协会建设。在街道的统一协调领导下,组织社区老年社团引领人、地区社会组织负责人、社区老龄主任等召开协会成立工作研究部署会,共同分析地区老年需求、学习协会相关文件,为辖区内老年协会的建设与成立提供了有效的指导和帮助。

(二)社区以服务为核心,全方位提升为老服务能力

1. 街道各社区立足自身实际,开展形式多样的为老服务。举例说明如下。一是核桃园社区每逢重阳节开展重阳敬老月系列活动,表彰宣传年度孝星,至今共评选出市级孝星14人、区级孝星71人、街道级孝星205人,并制作市级孝星展板,在核桃园社区为老服务中心展出,还在"广内之声"陆续刊登孝星事迹,在社区形成了良好敬老爱老风尚。二是报国寺社区多种形式慰问高龄老人及养老机构。社区分别以慰问金、食品、演出等形式,对社区内80岁高龄低保特困老人、90岁以上所有老人以及社区内养老院进行慰问,并联合爱心商户为社区内多名生活困难老人送去食品蔬菜等慰问品。三是广安东里社区每年六月都举办"敬老孝亲树风尚"主题活动,由社区工作者和志愿者小队,将亲手制作的具有清肺、助眠功能的香牌及菊花茶入户送到社区内的鳏寡孤独老年人家中。

2. 充分发挥各社区为老服务中心职能,进一步丰富老年人业余生活。广内街道各社区充分挖掘为老服务中心的潜力,进一步发挥各社区为老服务中心二层日间照料、手工制作和三层党群活动中心的核心职能,突出养老服务阵地功能,方便地区老年人更多参与为老服务中心活动。每个社区为老服务中心的功能活动室都得到了进一步的开发使用,由街道统筹,各社区引入了15个老年社团,轮流在街道内每个社区开展时装表演、太极、舞蹈、合唱、柔力球、书法、手工编织、剪纸、电影观赏等活动,同时清华池、阳光心理指导中心等7个社会组织也以不同的方式在此为老年人开展修脚、健康知识讲座、心理慰藉、茶艺讲座等活动,使社区的为老服务中心成为广内街道老有所养、老有所乐、老有所学的重要场所。

3. 街道社区以老年人实际需求为导向,全心实意为老年人服务。广内街道在辖区内所有社区推广60岁以上老人1元理发,为80岁以上老年人每

年送生日祝福的活动；同时组织招募志愿者，为街道内所有社区的孤寡老人开展送餐服务，解决高龄老人儿女不在家，出门买菜做饭以及用餐不便的问题；每季度都由社区牵头邀请"北京第三调解室"知名律师开展法律讲座并解答社区老年人所遇到的具体问题；联合康迈骨伤医院及解放军309医院大夫，到社区开展诊疗、咨询、听讲座活动。各社区为老服务办公室不定期举办居家安全干预项目，为地区高龄孤寡老人安装燃气"智能小摇臂"，上门为老人清洁抽油烟机，消除火灾隐患。

（三）引入专业社会医疗机构，全面提升辖区老年人医疗保障水平

1. 推进"医养结合"养老方式。广内街道协调辖区内广安门中医研究院和北京众仁堂中医医院，分别与街道内的老年照料中心签署机构间合作协议，依托广内社区卫生服务中心及各站点，推进医疗服务机构进驻，实现辖区内医疗资源与街道养老服务的有效结合。与此同时，街道还通过购买服务的方式，引入专业化的社会医疗组织，以服务指导的方式和街道内的各个老年驿站合作，配合街道辖区内养老驿站的医疗服务工作。协同社会医疗组织在上斜街、长椿街、校场、康乐里、长椿里、西便门内、西便门东里、槐北8个社区打造老年健康休闲场所，购买制氧、频谱、保健、康复、检测等9类医疗设备，进一步提升街道医疗保障能力，满足地区老年人居家养老的实际需求。

2. 搭建现代化呼叫中心。进一步对标当今服务养老标准和趋势，通过政府购买服务的方式，引入相关社会为老医疗服务组织，在街道的辖区内搭建了现代化的为老呼叫中心。通过街道的统筹，把辖区内30多家有关生活服务业的厂商纳入呼叫中心，为街道辖区老人提供超过60项日常生活服务（包括医疗问诊、咨询、紧急救援、生活帮助等）。在呼叫中心的基础上，街道为1000户生活困难老人安装了"e键通"电话，打造零距离居家养老服务系统，为街道辖区老年人提供了便利的寻求帮助的渠道，进一步满足了街道辖区老年人在生活中出现的各种多元化的新需求，有效地创新和拓展了养老服务项目。

三 广内街道推行为老服务所存在的问题

广内街道推行的为老服务模式，是其在总结和积累本街道长期为老服务经验基础上的一次创新性的探索。但从某种意义上来说这又是一个全新的为老服务模式，虽然此种模式在街道为老服务方面取得了较为良好的成效，但是在具体实践推行的过程中，仍然存在一些问题，现列举问题如下。

（一）在街道层面缺乏对为老服务的有效评估与反馈

广内街道在推行全新为老服务模式的过程中发现，虽然街道按照已有的举措实施，但是由于街道本身的局限性，在采取具体举措之后，对服务的效果和成效如何，并不能及时地了解和反馈，这就间接造成了一定的盲目性，同时也不利于对举措的修正。街道缺乏为老服务方面的评估机制与反馈系统，长期处于自我检验与不断循环的状态，十分不利于街道为老服务的持续推进和为老模式的进一步改善。街道在提供为老服务的进程中，通过各种方式和方法，引入了较多的社会力量和非官方机构。虽然在引入的过程中对这些社会力量和非官方机构进行了较为全面的评估，但是由于为老服务的特殊性质，以及社会力量毕竟不是完全的公益性质，并且大部分社会机构和组织的可变性较大，在实际的推行过程中万一遇到一些社会组织和机构存在不规范和不合规的行为，街道往往很难进行相应的监管，因此进一步强化为老服务机构和项目的评估和监管显得尤为必要。

（二）在街道层面对为老服务的资金支持仍然匮乏

广内街道在推行全新为老服务模式的过程中发现，养老资金的不足在相当程度上制约了街道为老服务模式的发展。由于现有街道体制机制的制约，以及相应的专业化问题，街道需要通过购买服务的方式引入相应的社会力量，从而弥补自身的不足和局限。但街道在目前的情况下，对为老服务方面划拨的资金明显不足，尽管街道近年来对为老服务方面的投入逐年增加，但是街道养老资金缺乏、投入不足的问题仍然十分明显，不能完全满足新形势下街道辖区内老年人日益增长的需求，严重阻碍了街道为老服务事业的发展，街道辖区内的为老服务设施建设、人员培训、服务购买等都难以维持，因此养老资金的不足日渐成为为老服务模式创新和改进的"拦路虎""绊脚石"。

（三）在街道层面仍然缺乏专业的为老服务人员

广内街道在推行全新为老服务模式的过程中发现，在当今新形势的引领下，为老服务出现了新的趋势，新情况和新问题层出不穷，以往的老旧模式不再适合当前的养老情况。特别是对专业化的需求在逐渐提高，与之相应的对掌握专业知识和技能的为老服务人员的要求也在提高。但是在街道层面，街道本身存在养老服务工作薪酬较低等局限性。目前，街道为老服务的工作人员大多是一些下岗的女职工，或者是一些文化程度相对较低的初高中毕业生，以及一些专业技能不足的中专和技校生。这些人员绝大多数都没有接受过专业化的为老服务训练，因此缺乏解决实际问题的能力，和当今新的养老要求和标准也有较大的差距，这导致了目前街道的为老服务人员存在专业性差、专业养护技能不足的问题。专业的护理人员极度匮乏，特别是具有相应证件和执照的专业护工人员更是可遇不可求，使街道目前绝大部分的为老服务服务停留在日间照顾、家政服务等初级水平，专业化较强的医疗服务、心理疏导、临终关怀等服务仍然不能很好地满足街道辖区的需求，这不仅直接影响了街道为老服务的质量，而且严重制约了街道养老事业的发展。

（四）在街道层面为老服务信息化程度低

广内街道在推行全新为老服务模式的过程中发现，我国社会结构的变革、人们生活方式的转变，导致以往传统的为老服务模式已经不能适应当前信息化的社会环境。现在不管是各医疗机构，还是相应的专业化服务组织，大多依托信息网络运行，而街道受制于本身专业化的不足，在具体实施为老服务新模式的过程中，不能较为有效地把辖区内老年人的实际需求和服务供给进行有效的对接，从而更加高效迅速地解决问题。街道在调研考察时还发现，现今街道辖区内老年人不仅需要简单的生理保障，大多数老年人还追求更加高层次的养老模式，更加向往专业化、智慧化的服务方式。由于街道为老服务人员的严重匮乏，传统的人工养老模式已经不能满足街道日益庞大的老年人群的养老需求，因此街道信息化水平较低的问题就更加地凸显。

四 关于进一步完善广内街道为老服务体系建设的建议

（一）研究和制定街道层面的养老服务体系构建行动计划

我国基层的为老服务在规模化、制度化方面基本上还处于起步阶段，加之现今老龄化形势加剧，街道在养老设施和服务供给方面的短板愈加明显。在空间和资源有限的情况下，如何推进适老化改造也是一个迫切的问题。这就需要尽快研究和制订出符合街道实际情况的养老服务体系构建行动计划，进一步确定街道养老服务体系建设的重点任务及时间表、路线图，明确责任划分和保障措施，从而为街道解决养老问题提供制度上的支持和操作上的保障。因此广内街道可以立足自身辖区的实际情况，对街道内即将进入老龄的群体，以及老年人的分布现状、居住环境、服务设施、服务项目等进行一次全面系统的摸排，全面了解辖区内为老服务总体格局，以及资源和供给情况。在此基础上，结合中央和市、区养老规划及工作部署，对当前养老服务、健康领域的新趋势和不同运营模式进行研究，更好地发挥政府主导作用和市场主体作用。同时对新技术新产品进行研究，按照市场需求发展服务业和健康产业，推动形成以广内街道为重要节点的为老服务发展典范。

（二）进一步加强对街道层面养老服务主体的监管考评，健全养老服务评估制度

由于为老服务本身的特殊性以及街道层面的局限性，现有的市场竞争机制和自制机制不能完全调节，应对相应的社会机构和养老组织进行监督管

理，要严格按照相关的规章条例，依程序调查核实社会机构和养老组织的设施、配备及人员等条件。政府要进一步强化监管意识，可以借助相关第三方评估监管机构，对社会机构和养老服务组织进行考核，对养老服务质量、遵守养老政策法规的情况、对政府财政资金的分配使用情况、相关人员的权利保障状况等进行评估和判断。街道层面也要加强对经营主体服务项目和水平的监督考核，引入社会评价和居民评价机制，不断提高服务质量和水平。

（三）完善街道为老服务的政策体系，推动养老服务业发展

我国街道层面支持为老服务的政策体系还不健全，而完善健全的政策体系是整个养老服务领域的决定因素和打造良好为老服务环境的重要保障，是影响养老服务主体行为决定、资源配置和养老效益的最重要的环境变量。因此，建议西城区相关部门加强政策研究，加快完善和构建包括政府购买养老服务、鼓励社会力量投资建设社区托老照料机构、加强养老机构建设管理、资助非营利性养老机构、发展养老服务产业、培养养老服务人才等政策体系，合理引导和指导养老机构发展，推动标准化管理和服务，促进养老服务事业和产业健康发展，推进社区支撑居家养老服务的社会化、规范化、产业化发展。

（四）加强对养老服务专业人员的培育，进一步提升街道为老服务专业化水平

针对目前街道层面为老服务人员专业化水平较低、服务模式单一等情况，街道不能简单地通过引入专业化的养老机构和组织来弥补，更应该提升街道内部为老服务人员的专业素质和能力。街道可以与北京市开设为老服务专业的相关大学进行合作，选派街道优秀的服务人员去进修，同时可以与辖区内专业的养老服务机构商谈，让专业养老机构调派专业人员和街道服务人员一同办公，并由专业人员在实际工作中对街道服务人员进行专业的指导。街道还可以建立为老服务人员奖励和评级制度，通过薪酬激励及服务星级评定，为养老服务人员提供发挥才能的平台和职业发展通道。

（五）进一步提高街道层面为老服务智能化水平

广内街道为了适应当今社会养老的新趋势和新问题，通过信息化手段，建立了区、街、居三级联动的"零距离"居家养老服务平台。不过要想适应快速增长、日益多样的服务需求变化，街道为老服务智能化的水平和服务标准还需要进一步提升。首先是对现有养老服务信息化平台进行完善和升级，实现数据融通共享。其次是搭建养老服务资源统筹管理中心，全面统筹辖区内老年人数据库、老龄办公系统、呼叫中心、"e键通"电话、SOS呼叫平台等几大为老服务平台，实现数据及时更新与老龄业务主动服务的对接，老人需求与服务商的对接，对老人实施全天候、全方位动态管理，全面守护老人居家和外出安全。

参考文献

赵秋成、黄可：《养老服务供给短缺与农村养老服务体系构建》，中国养老服务业发展论坛论文，北京，2015年10月21日。

陈岱云、陈希：《中国人口新常态下服务于老年人社会参与研究》，中国养老服务业发展论坛论文，北京，2015年10月21日。

李春根、夏珺：《加快江西养老服务体系建设：挑战、目标、路径》，中国养老服务业发展论坛论文，北京，2015年10月21日。

席恒、任行、翟绍果：《智慧养老：以信息化技术创新养老服务》，《老龄科学研究》2014年第7期。

B.8
关于广安门内街道生活性服务业发展状况的调研与思考

摘 要： 生活性服务业是民生工程，与人民的具体生活息息相关，生活性服务业水平的高低对居民的生活品质有着至关重要的决定作用。随着社会治理现代化和城市治理精细化的深入推进，提高生活性服务业专业化和精细化水平成为治理的关键。地处首都核心区的广内街道，充分利用区位优势、政策优势，结合街道自身的实际境况，积极美化街道社区环境，促进业态调整升级，提升服务水平，为打造宜居广内奠定了深厚的根基。课题组通过对广内街道的深入调研，详细了解街道生活性服务业方面的具体情况，在此基础上结合理论研究，对广内街道生活性服务业的发展状况进行探究，找出该地区的困扰，并为该街道提升生活性服务业水平提出相应的对策。

关键词： 广内街道　生活性服务业　提升生活品质

一 调研背景

作为直接面向生活、涉及人民群众生活方方面面的服务业态，生活性服务业领域宽、范围广，与经济社会发展密切相关，可为居民提供各种服务与产品，来满足居民的实际生活需求。加快发展生活性服务业，是推动经济增长动力转换的重要途径，实现经济提质增效升级的重要举措，保障和改善民生的重要手段。国务院办公厅印发的《关于加快发展生活性服务业促进消费结构升级的指导意见》提出生活性服务业涉及十个重点领域，即居民和家庭服务、健康服务、养老服务、旅游服务、体育服务、文化服务、法律服务、批发零售服务、住宿餐饮服务、教育培训服务。

西城区是北京市率先编制实施生活性服务业行动计划的地区。早在2014年，为更好地形成与核心区功能定位相匹配、与居民需求相适应的生活性服务业发展体系，西城区出台《西城区生活性服务业三年行动计划》（以下简称《行动计划》），此后又出台了新的三年行动计划。《行动计划》结合西城发展实际，将生活性服务业界定在社区便民服务的范围之内，具体包括早餐、洗染、再生资源回收、美容美发、家政、便利店、菜市场等便民服务（见图1）。

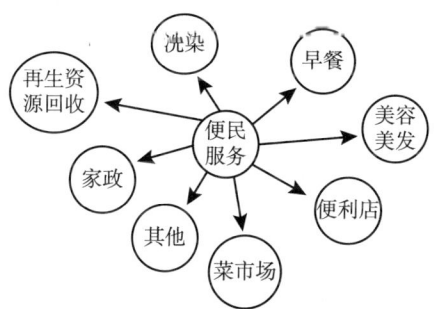

图1 西城区社区商业便民服务

《行动计划》指出："要凝聚政府、社会、企业三方合力，调整疏解非首都核心功能，搭建复合性社区服务平台体系，按照'零距离、云服务'的理念，推动生活性服务网点'提升一批、淘汰一批、引进一批'，推进社区生活性服务业便利化、规范化、品牌化、连锁化、集约化，实现可持续发展，构建管理规范、流通安全、服务便捷的现代宜居生活性服务系。""疏解整治促提升"工作的推进，为生活性服务业的品质提升创造了条件。据了解，西城区结合开墙打洞治理，拆违、地下空间等环境整治工作，将腾退空间优先安排生活性服务业建设，累计建成百姓生活服务中心30个、疏解提升传统市场57个、建成服务网点435个、淘汰不规范网店3500余个，初步实现了居民住房区每平方公里至少有一个百姓生活服务中心，利民网点规范化、品牌化、连锁化，社区商业便民服务七项基本功能全覆盖的目标，逐步实现生活服务业基本布局的优化。

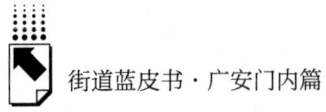

（一）调研目的及意义

2017年10月18日，党的十九大报告提出，我国社会的主要矛盾已经转化为人民日益增长的美好生活需要和不平衡不充分的发展之间的矛盾。解决这一矛盾，实现平衡充分发展，对契合居民生活实际的生活性服务业提出了更高的要求。在新的时代背景下，提升生活性服务业水平，首先应该考虑的就是立足居民生活实际问题，牢固树立以人民为中心的发展思想，增强做好生活性服务业品质提升工作的责任感和紧迫感，切实把这项工作抓实抓细抓好，完善城市服务保障功能，提升街区生活性服务业专业化和精细化的水平，努力打造布局合理、业态多样、功能现代、协调共生的生活性服务业体系，让城市更便捷、更宜居、更有人情味，让市民安居乐业。

本次调研的主要目的就是详细了解新形势下广内街道在生活性服务业方面的发展具体情况，并了解街道在工作推进过程中遇到的一些问题与瓶颈，结合街道居民的具体需求，通过不断分析研究，找出可以为街道采纳的建议和对策，为街道推进生活性服务业工作提供一定的理论借鉴，合力为街道居民打造更加宜居的广内。

（二）调研时间与过程

2018年2月10日，课题组与街道工作人员对接，走访广内街道办事处百姓生活服务中心，并进行调研。课题组深入学习十九大报告以及市级、区级、街道的生活性服务业相应政策文件，对广内街道生活性服务业发展和落实情况进行了解，分析发展中存在的问题，并提出建议。

（三）调研方法与对象

调研方法。本次调研主要采用的调研方法有政策分析法、理论研究法、实地调查法等。政策分析法即对西城区生活性服务业相关政策和计划进行了解，总结广内街道的实践经验，探索政策和计划的推进实施情况；理论分析法即对国家、北京市、西城区关于生活性服务业的相关政策文件，西城区地方志以及关于生活性服务业的理论成果进行分类整理和研究；实地调查法就是前往广内街道进行实地调研，全面了解其工作的开展、实施情况及现状，补充核实理论和政策分析的信息。

调研对象。广内街道办事处百姓生活服务中心。

二　广内街道提升生活性服务业品质主要举措

（一）坚持疏解提升并重，统筹便民商业网点布局

广内街道提升生活性服务业品质是紧密结合"疏解整治促提升"专项行动而推动的。街道坚持"疏提并举，拆一补一"的理念，在市场疏解的同时持续完善便民商业网点的建设，让百姓的生活获得更多便利与实惠。

一方面，街道按照市、区政府"疏解整治促提升"专项行动工作要求，制定《广安门内街道"疏解整治促提升"专项行动方案》，成立各专项行动工作小组，确定责任主体，明确各组工作任务及职责。截至2017年年底，街道按照"早、治、快、细"的方法，实现道路街面零散违建全部拆除，同步完成9条街巷143户不规范"七小"门店清零；对老墙根菜市场和天和早市进行闭市清理工作，清退320家商户，为下一步便民网点、百姓生活服务中心等服务设施的规划建设提供了空间基础。

另一方面，在拆除低端市场的街道新建功能匹配的便民网点，实现"拆一补一"，满足百姓生活需求。街道将疏解与环境治理、绿化美化、业态升级等紧密结合起来，落实机制，定期组织召开街道整治、提升等相关工作调度会，统筹考虑网点布局、业态提升规范、居民生活需求、环境美化改善等各方面问题，通过总体规划、综合协调，加快推进服务业品质提升工作。在街道的协调与推进下，国安社区（北京）科技有限公司与老墙根菜市场及天和早市产权单位签订租房协议，全面升级改造地区老墙根菜市场及天和早市，打造功能全、品质高、布局合理的地区百姓综合服务中心。另外，国安社区多次向街道汇报百姓生活服务中心建设方案，同时向居民征集

意见。疏提并举,在"封、堵、关"解决了"脏乱差"的同时也保障了居民的基本需求。

(二)着眼社区居民需求,摸清街道服务业态现状

2017年4月,广内街道组织社区开展居民需求调查,配合第三方优质服务商在东片9个社区发放百姓生活服务中心建设需求调查问卷1000份,并对体现居民需求的重点业态、营业时间、服务价格等方面进行调研,通过广泛征求和梳理意见建议,形成了以提供蔬菜、肉类、水果、其他农副产品、粮油、调味品、干果杂粮等商品的一站式服务格局,涵盖主食厨房、洗衣店、茶庄、便利店超市、美容美发等需求。此后,街道积极响应居民的呼声,组织人员力量对各社区居民的生活性服务业网点需求进行了调查,并于2018年1月统计各社区对各业态网点的具体需求量。

在统计居民生活性服务业态网点需求的同时,街道还对生活性服务业各类业态占比以及各类网点数量进行了摸查统计(见图2、表1),了解业态网点的发展现状,找准与居民需求的差距。

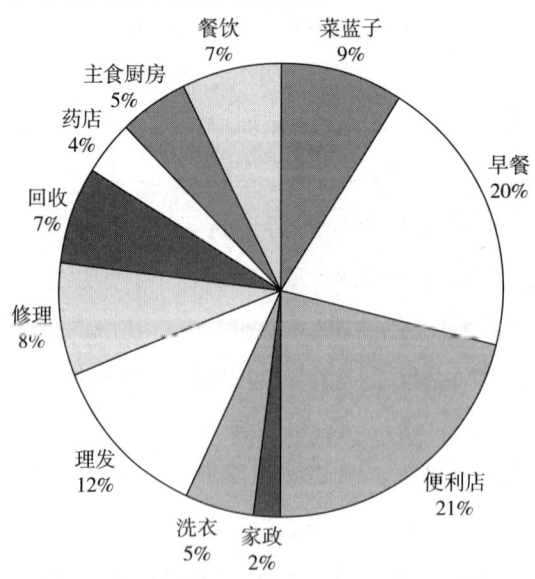

图2 广内街道生活性服务业各类业态占比

资料来源:掌上广内,《广安门内2018年生活性服务业发展规划》。

表1 2018年1月广内街道生活性服务业各社区便民网点分布

社区	菜篮子	早餐	便利店	家政	洗衣	理发	修理	回收	药店	主食厨房	餐饮
三　庙			2			2		1	1		
宣　西	1	2	1							1	
报国寺	1	3	3		1	2	1		1		2
长椿街		2	2	1	2	4	3	4	1		
长椿里	1	3	2	1		3	1				
长　西	2	4	2			1	1	1			
大街东		2	1			1			1		
核桃园	2	10	4	1	3	1	4	1	1	3	
槐　北	3	2	4	1	2	2	2	1	2	1	8
槐　南			4	1		2	1	1			
校　场	1	1					1				
康乐里			1								
老墙根	2					2	1	1			
上斜街	3	6	12		1	1	2	1	1	1	7
西便门东里		2									
西便门内	1	3	6		1	3		2			
西便门西里	1	1				1			1	1	
广安东里			1						1	2	

资料来源：掌上广内，《广安门内2018年生活性服务业发展规划》。

（三）创新管理运营模式，建立百姓生活服务中心

近年来，广内街道着力提升辖区环境品质，创新管理运营模式，改造升级一批老旧菜市场，建立综合性的百姓生活服务中心，改善居民生活。2014年以来，街道先后取缔了定居胡同无照早市、取缔了广安天陶市场、报国寺市场，完成了北线阁菜市场升级改造。

老墙根菜市场、天和早市是广内街道最后一批传统菜市场，市场部分商户店外经营屡禁不止，市场周边无照游商聚集，机动车、非机动车乱停放，造成周边环境脏乱、交通拥堵等问题，属广内街道重点脏乱区域。为解决这些问题，街道借鉴北线阁菜市场升级改造经验，创新管理管理模式，于

2017年4月30日实现老墙根菜市场和天和早市的闭市，开始对市场进行升级改造，并计划建成一座上下两层，集超市、老年驿站、便民餐饮、居家服务、青少年活动中心于一体的百姓生活服务中心，为居民提供多项便民服务，彻底解决市场及周边环境问题。

（四）制定三年发展规划，推进生活性服务业品质提升

2018年1月，为进一步推进生活性服务业品质的提升，街道制定了《广安门内2018年生活性服务业发展规划（2018~2020年）》（以下简称《规划》）。《规划》对街道社区网点数量、业态组成、任务指标、居民需求都做了统计分析，并结合2017年街道开展的相关工作，剖析了目前街道生活性服务业方面面临的问题，提出了下一步的工作重点以及重点发展业态（见表2），为推进生活性服务业品质提升工作找准了切入点。

表2　2018~2020年广内街道生活性服务业重点工作和重点发展业态

六大工作重点	重点发展六种业态
加强工作统筹，优化资源配置	百姓生活服务中心
制定行业标准，完善监管机制	多功能便利店
倡导服务搭载，推动体系建设	标准化社区菜店
引进连锁品牌，提升服务水平	综合社区电商服务平台
加强信息化建设，促进服务对接	社区物流配送
协助建立生活性服务网点监测体系	其他服务业态

资料来源：掌上广内，《广安门内2018年生活性服务业发展规划》。

三　广内街道提升生活性服务业过程中的问题

广内街道的社区多为城市核心区传统老旧街道社区，基础设施薄弱，缺乏前期布局规划、预留，商业多为自发性沿街商铺。网点资源匮乏、集约化经营水平不高、连锁品牌率低，是目前广内街道生活性服务业发展面临的主

要问题，导致生活性服务业的供应质量与经济发展水平脱节，与社区居民日益增长的生活水平不匹配，制约了居民生活品质的提升。

（一）网点和业态分布不够均衡

通过表1可以看到，辖区内18个社区，除核桃园、上斜街、槐北3个社区网点资源比较均衡外，其他社区均存在不同程度的业态缺失情况，甚至校场、康乐里、广安东里等社区仅有1~3个网点，整体网点资源有待合理化配置。从业态分布来看（见图2），家政、洗衣、药店、主食厨房几个业态只有少数几个社区有，并且在生活性服务业业态占比中均未超过5%。

（二）商业网点相对匮乏

广内街道以老旧社区为主，因为缺乏前期规划预留，区域总体缺少必要的商业配套设施。当前，广内街道已经按照《西城区街道生活性服务业网点规划布局标准》对网点分布进行科学的测算，并结合疏解腾退空间情况对各类业态分布进行规划。据测算，目前只有早餐、理发、便利店、维修等业态数量基本达到了要求，其他业态还存在不同程度的匮乏问题（见表3）。

表3 西城区生活性服务业网点规划要求与广内街道现状

业态	蔬菜零售	百姓生活服务中心	早餐	便利店	理发	洗染	家政	维修
规划要求	36	2	28	52	26	26	26	18
目前数量	18	1	41	45	25	10	5	16

资料来源：掌上广内，《广安门内2018年生活性服务业发展规划》。

（三）业态连锁化、品牌化程度较低

连锁经营作为一种高效的商业经营模式，其在提升服务品质、保障食品安全、降低运营成本等方面有诸多优势。广内街道的商铺都呈零散的状态，

连锁化、品牌化的企业还没有得到很好地提升。中小规模的生活性服务业服务网点占绝大多数，处于粗放经营的状态，显现"小、散、杂"的经营特征，商品和服务质量无法保障。街道早餐店、便利店、菜市场、美容美发、家政等品质提升不够，一些早餐店、家政企业没有形成连锁和品牌效应，出现信誉度达不到要求、服务人员素质不够、运作规范度不强的情况，难以满足街道社区多元化、多层次的服务需求，阻碍了服务业态的品质提升。

（四）监管机制有待加强

街道还存在部分从业人员无证上岗、企业证照不全、台账设立不规范等情况，归根究底是因为监管部门缺乏相应的约束机制。比如再生资源回收服务，回收点与回收点之间各自为政，回收价格不统一，物流水平不够专业与集中，配送方式不合理，回收利用不得当造成的环境污染，这些都存在隐患，必须加强约束与监管。另外，上级部门对监管部门在资金、人员分配等方面支持不够，极容易造成监管不力的情况出现，难以对违规企业进行高效的监管。监管部门事前预警的情况较少，多是在企业违规后才加以监管。

五 提升生活性服务业水平的启示和建议

生活水平不断提高，人们更加注重对服务、品质的追求，对生活性服务业的需求只会越来越大，对生活性服务业的要求也会越来越高。生活性服务业的发展必须积极发挥消费结构的引领作用，创新发展理念与方式，及时跟上居民需求的步伐，及时发现问题并解决问题，只有这样，才能使生活性服务业向更加专业化、精细化、品质化的方向发展。

（一）加强服务业工作统筹，优化服务品质

生活性服务业建设涉及街道、社区和产权方、经营方，更涉及市场众多商户和周边广大居民的切身利益，必须加强服务联动宣传，建立多元联动的

机制，使街道、企业、第三方平台、居民等积极地加入街区治理、生活性服务业品质提升的工作中。

第一，街道要广泛听取多部门意见，加大环保、质检、工商、安全监管等部门的行政执法力度，多方协商主动化解矛盾，确保各项工作顺利推进。第二，要引导生活性服务企业、社会组织等机构积极参与，比如引进大型商业机构，举行听证会，全面评估这样做对社区小微服务企业及居民生活的短期与长期影响；或赋予物业公司准"公共机构"地位，将部分由政府承担的准公共品提供职能交由物业公司执行，以此增强供给的有效性，多渠道、多业态地提供专业化、精细化的生活服务，创建一批知名的家庭服务品牌，建立完善统一的信用信息共享交换平台，推动生活性服务业企业信用信息共享。第三，建立社区居委会、业主委员会和物业公司三方联席会议制度，就小区公共服务提供和商业机构的引进等进行沟通、协调，增加政府和社区居民的良性互动，将政府在生活性服务供给侧改革方面的投入和其他政府资源投入有效转化为居民可以切身感受到的成果。第四，完善产品和服务的质量担保、损害赔偿、风险监控、产品抽查、源头追溯、属地查处、信用管理等制度，引入第三方检测认证等机制，有效保护消费者合法权益。

（二）扩充商业网点和业态，合理规划网点空间布局

首先，加大商业网点及业态的补充和完善力度。按照"5分钟、10分钟、15分钟"社区三级服务网络的要求，加大提升三庙、宣西、大街东、校场、康乐里、广安东里等网点、业态较少的社区服务业水平的力度，不断新建、提升、改造百姓生活服务中心，新建或规范提升菜篮子、早餐、便利店等各类便民商业网点。努力挖掘和利用广内有限的空间资源，通过新建、改造、搭载等多种方式，使各社区的网点、业态实现均衡覆盖，补齐服务短板，使每个社区居民都能享受"一刻钟服务圈"。

其次，优化资源配置，促进便民服务集约化发展。加大力度整合街道社区生活性服务中心、网点等服务资源，实现社区便民服务集约化发展，使街道社区的服务功能实现最大限度地发挥，使居民在最短的时间内拥有最快

捷、最方便、高品质的服务。要了解社区内生活性服务业功能需求的辐射度，充分利用好街道、社区的闲置空间资源。对生活性服务业辐射不到的居住区，以菜市场、便利店、生活性服务中心等便民网点资源为主要载体，积极调整生活性服务业态布局结构以及各场地租户结构，构建功能完整、多元的生活性服务综合体，使辐射不到的社区能够享受更便捷、更高品质的服务。建议学习香港的做法，把公交站、地铁站等交通枢纽作为小区商业配套的延伸，在客流量较大的站点，建立综合性商业体。这样，让市民在上下车逗留期间，或转乘期间利用较短的时间购置日常生活所需要的商品。如此，既可以节约居民的购买与消费时间，又可以减轻社区内就近服务对商业设施的压力。

（三）引进连锁品牌，提升服务水平

街道在促进生活性服务业水平提升的过程中，必须注重服务细节，加大对生活性服务业态的引导和支持，推进各服务网点的连锁化和品牌化发展，对经营不规范的菜市场、便利店、早餐店等网点加以引导，引入声誉高、信用好的品牌企业，推动全国优质品牌产品和知名企业进入社区设立生活性服务网点；与各类服务商开展合作，对生活性服务业指定服务商品牌进行整体设计，拓展服务形式，扩大服务业态规模，实现服务网点连锁化、品牌化升级，提升服务水平和品质。

（四）运用信息化优势，创新服务平台

实现生活性服务业的精细化发展还必须不断地加强服务技术手段的创新，以互联网、大数据、云计算、O2O为发展驱动力，推动生活性服务业产业创新，促进产业跨界融合，释放消费潜力，惠及社会民生。由点及面地推进生活性服务业技术手段精细化，不断提高生活性服务业的供给能力和服务水平。

首先，运用大数据、云计算等技术加强对生活性服务业的创新，不断开发数字社区、数字餐饮等信息化服务模式。充分发挥企业的主体作用，以技

术、服务、模式的创新为引领，通过协同合作实现第三方服务，研发"云社区""云网端"等新型的服务模式。其次，推动商圈转型升级，通过移动支付与消费者联系互动实现消费闭环，推广智能导航、精准服务、移动支付等智慧商圈服务。支持大型商贸、餐饮、健康、养老、旅游、家政等生活性服务业企业开展网订店取、预约上门服务等业务，为消费者提供全过程全方位的智能化"一站式"消费体验。最后，灵活运用O2O手段，鼓励探索社区商业发展新模式，彰显集线上线下服务于一体的效果。促进社区智慧屋、智能提货柜、自动生鲜售货终端等社区服务发展，实现集自助买菜、试吃体验、物流配送中转于一体。兼营社区自助贩售设备，促进服务方式和技术手段相互渗透融合，为居民提供随时随地的购物方式。紧密结合社区、物业等公共服务存量资源，开展快递配送综合服务试点，为社区居民提供更加安全、舒适、便利的现代化智慧化生活环境。

（五）完善约束监管机制，及时跟进行业标准规范

面对监管部门对生活性服务业监管不力的情况，下一步的工作是加强完善监管机制，促进网点不断地实现连锁化、品牌化发展。随着电子商务等移动支付的发展，街道还需及时更新生活性服务标准，避免侵权、电子支付冲突等问题的出现，从源头上加强生活性服务业的建设。

第一，加大市场准入监管。严格执行北京市商务委《生活性服务业行业规范、标准及规范性文件指南》对餐饮、美容美发、家政、再生资源回收等服务行业的市场准入标准，加强街道市场调查，严格把关，限制不符合条件规范的企业。同时，加强对职业资格认证的约束和监管，对生活性服务业从业人员的的从业资格证加大排查，从业人员必须持证上岗。

第二，及时跟进电子商务的标准规范建设。对移动支付、商务主体等第三方平台加强资格认证，并开展信誉信用评价，为电子商务提供一个安全可靠的平台。

第三，加大对服务行业知识产权的保护。对与生活性服务业相关企业的先进技术手段以及专业品牌的知识产权保护机制要加快研究步伐，为品牌企

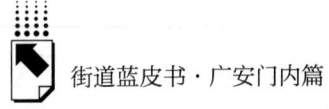

业的发展提供保障,为市场的有序发展创造环境。

第四,做好预警工作。加大对生活性服务业违规事项的宣传,加强服务业商家提供品质服务的自觉性,对于违规操作,必须及时发现及时处理,对于明知故犯的商家要加大惩罚力度,将违规事件扼杀在摇篮里。

参考文献

国务院办公厅:《关于加快发展生活性服务业促进消费结构升级的指导意见》。

北京市商务委:《生活性服务业行业规范、标准及规范性文件指南》。

西城区人民政府:《西城区生活性服务业三年行动计划》。

掌上广内:《广安门内2018年生活性服务业发展规划》,微信公众号,2018年1月30日。

广安门内街道办事处:《立足民需 多方协作 提升便民服务水平——广内街道老墙根百姓生活服务中心建设案例》。

孙宏滨:《积极推进生活性服务业精细化》,《河北日报》2016年4月16日,第7版。

路红艳:《加快创新我国生活性服务业发展模式》,《中国经贸导刊》,2013年第13期。

崔莹:《加快生活性服务业发展不断提高人民生活水平——省政协委员建言生活性服务业发展》,《民主协商》2016年4月8日,第001版。

张涛:《生活性服务业的品质提升》,《北京观察》2017年第6期。

B.9
关于广安门内街道残疾人就业情况的调研报告

摘　要： 在我国社会保障体系还不够健全的情况下，就业依然是残疾人获得生活来源最主要的一种方式。但是，据有关部门统计，目前残疾人的就业率和平均工资大约只有非残疾人的一半，因此，我国残疾人的就业形势并不乐观。本报告以广内街道为样本，通过问卷调查、面对面访谈等方法，对街道残疾人的就业状况进行调查研究，深入详细地了解残疾人就业存在的问题，并提出从做好残疾人身心康复工作、加强残疾人职业技能培训、加大对残疾人自主创业的扶持、稳定发展残疾人集中就业、努力营造有利于残疾人就业的社会环境等五个方面改善街道残疾人就业形势的建议，并期望对其他地区也具有一定的借鉴意义。

关键词： 残疾人　就业　"互联网＋"

一　调研背景

（一）调研目的及意义

根据《第二次全国残疾人抽样调查主要数据公报》推算出的残疾人口占各省（区、市）总人口的比例，结合我国第六次全国人口普查总人口数，我国目前的残疾人总数已经超过了8500万，预计涉及全国2亿多的家庭。

在我国社会保障体系还不够健全的情况下，就业依然是残疾人获得生活来源最主要的一种方式。但是，据有关部门统计，目前残疾人的就业率和平均工资大约只有非残疾人的一半，因此，我国残疾人的就业形势并不乐观。因此，本报告以广内街道为样本，对残疾人的就业状况进行调查研究，深入详细地了解残疾人就业存在的问题，并提出相关的对策建议。

（二）调研时间与过程

此次调研分三个阶段进行。第一阶段为2017年9月上旬，课题组走访广内街道办事处，了解街道残疾人的基本数据与就业的基本情况；第二阶段为2017年9月中旬，课题组选取部分处于劳动就业年龄段的残疾人进行了问卷调查；第三阶段为2017年9月下旬，课题组在街道残联的帮助下，与个别残疾人进行了面对面访谈。经过为期一个月的调查与研究，课题组对街道残疾人的整体就业状况、就业需求和就业问题有了整体的把握。

（三）调研方法与对象

调研方法。本次调研主要采用问卷调查法、访谈法、文献分析法、实地调查法等。问卷调查法是从广内街道劳动就业年龄段（女18~50岁，男18~60岁）的残疾人当中，按比例选取100名不同残疾类型的残疾人进行问卷调查；访谈法是抽样选取参与问卷调查的17名残疾人进行面对面的深度访谈；文献分析法主要是对收集到的国家、北京市、西城区关于残疾人就业的相关政策文件进行研究；实地调查法就是前往广内街道办事处进行实地考察，深入了解其促进残疾人就业的举措。

调研对象。广内街道办事处，广内街道部分处于劳动就业年龄段的残疾人。

二 广内街道残疾人就业现状

（一）广内街道残疾人就业形式分析

截至2017年9月，广内街道有残疾人数3356人，其中，肢体残疾1759

人，听力残疾 206 人，言语残疾 13 人，视力残疾 615 人，智力残疾 283 人，精神残疾 349 人，多重残疾 131 人。根据《残疾人就业促进"十三五"实施方案》，我国残疾人的就业形式主要包括按比例就业、集中就业、自主创业和灵活就业等。

按比例就业是国际通行的做法，是国家为了保障残疾人劳动就业权益所建立的用人单位按比例招收残疾人就业的一项制度性安排。在本次调查选取的 100 名残疾人中（见图 1），以按比例就业这一方式入职的残疾人数量占到调查总数的 30%。但是值得我们注意的是，按比例就业的残疾人以轻度残疾为主。从这一调查结果来看，虽然按比例就业这一方式是如今残疾人最主流的就业途径，但是企业更倾向于招募残疾等级较低的轻度残疾人。由此观之，对于大部分的残疾人而言，他们参与按比例就业的先天门槛就是自身的残疾等级。

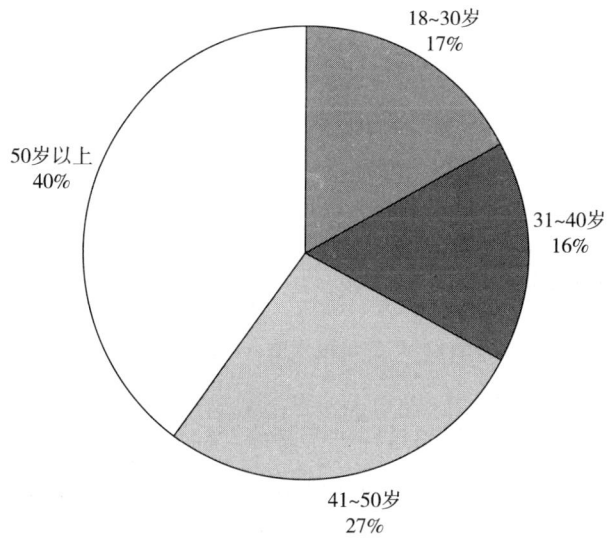

图 1　受访者的年龄分布

根据《北京市扶持集中安置残疾人就业单位实施意见》，集中安置残疾人就业的单位（简称"集中就业单位"）包括福利企业、工疗机构、盲人按摩机构和其他单位。其中，福利企业是残疾人集中就业的主要组织形式，为保障残疾人生活发挥了重要作用。问卷调查结果显示，通过集中就业这一就业方式入职的残疾人也占据受访者总数的20%，而其中绝大多数，也在盲人按摩店这类残疾人集中的行业。

自主创业、灵活就业是"十三五"时期我国重点扶持的残疾人就业形式。问卷调查显示，广内街道通过灵活就业这一方式入职的残疾人，其比例共占受访者总数的45%，且中重度残疾人占据了其中的最大份额。实现个体和自主创业就业的残疾人仅占受访者总数的5%（见图2）。虽然这其中包含了所有的残疾类型，但是从这一比例来看，广内街道的残疾人当中，拥有自主创业意识及自主创业能力的人仅占少数。而对于大多数残疾人而言，受自身能力及身体的限制，自主创业这条道路并不被他们看好。

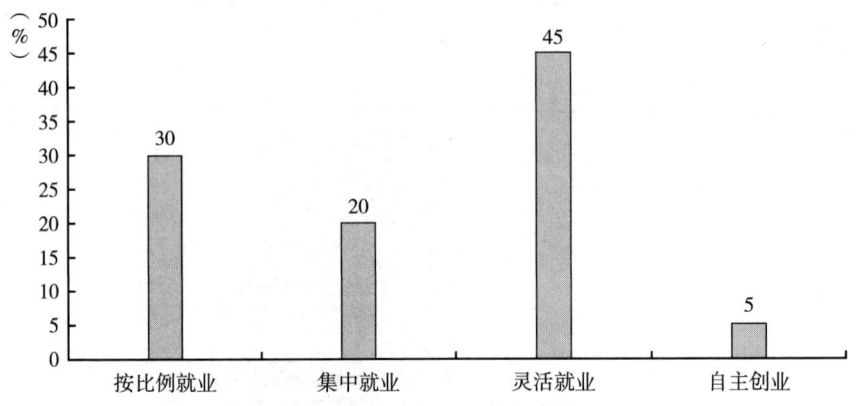

图2　广内街道残疾人就业类型

综上所述，我们可以得出这样一个结论，社会对于中重度残疾人的接纳程度普遍偏低，受自身残疾程度及工作能力所限，中重度残疾人极难找到适合自身的可持续、稳定的工作，而这也正是广内街道面对的主要问题之一。

（二）广内街道残疾人就业需求分析

在接受本次问卷调查的100名残疾人当中，能够自主认识到自身拥有特长的残疾人所占比重较小。调查发现，广内街道的残疾人特长集中在计算机、手工劳动、设计、艺术等方面。而具备一定特长的残疾人,其中的大多数人并不清楚要如何妥善发挥自身特长和优势,甚至也从未思考过自身的特长能够带给自己改变命运的机遇。除了无法自如地运用自身的特长优势外,更有相当一部分残疾人并不清楚完成一项工作需要具备哪些对应的职业技能。此外,调查结果显示,70%的残疾人对《残疾人保障法》的内容不太了解,对于就业问题的关注度也并不算高。而余下30%残疾人的年龄集中在18~30岁,他们对于《残疾人保障法》的内容有所了解,并且时常主动关注残疾人的就业问题,渴望入职工作的机会。因此,在目前的情况下,大多数残疾人急需的是就业指导培训与职业技能培训。残疾人最感兴趣的职业技能培训集中在计算机、英语等热门行业上,对于会计、设计等专业能力需求较高的职业则显得兴趣不足。

在问卷调查阶段结束后的深度访谈过程中,大部分残疾人向社工叙述了自身寻找工作困难的过往经历,并普遍表示残疾人就业形势严峻,在求职的过程中有些力不从心、无所适从。调查结果显示,45%的残疾人希望每月可以接受一次就业方面的培训,希望能够通过培训调整好自身的身心状态,可以在做好就业前的准备后,以最为饱满的热情迎接即将到来的一切考验。除了就业指导及职业技能培训这两项外,广内街道残疾人还需要一些细致的其他服务,包括求职登记、职业介绍、举办招聘会等。

在当今情势下,如何扭转残疾人就业形势严峻这一问题,有80%的残疾人认为政府应该继续出台相应的就业政策。扶持残疾人就业是改善残疾人严峻的就业现状的主要途径。

(三)广内街道残疾人就业服务分析

一是街道残联在温馨家园开展多种多样的就业指导班。一个是职康站班,另一个是就业指导班。少理论重实操,让更多的残疾人实现计算机脱盲、操作技能拓展升级。手工工艺品项目包括童子抖空竹、布贴画和珠编技能,现在职康站学员和部分就业年龄段的残疾人,已完全掌握珠编技能和布贴画技能。产品生产形成了一定的规模,逐渐推向市场。目前推向市场的产品有抽纸巾盒、笔筒、卡套、杯垫和各种动物造型的卡通钥匙链等，在广内残联组织的几次义卖中深受广大居民欢迎和喜爱。此外，还有工艺品制作项目培训，主要有丝网花、中国结、陶土等工艺品，拓展了残疾人的就业思路，提高了残疾人的技能水平和竞争力，也激发更多的社会力量关注残疾人、理解残疾人和帮助残疾人。

二是通过"走出去、请进来"的方式，拓展思路，对职康站学员进行职业康复训练。与百年老店北京义利食品厂携手合作，走进厂区，走入车间，教学员自己动手做面包。另外，将庆丰包子铺请进来，手把手地教学员做馅、包包子。通过"两条腿走路"，使学员们的生活技能和团结协作能力都得到了极大提高。

三是挖掘地区资源，与北京赢冠义技术有限公司合作开办残疾人义齿技工培训项目，通过订单定岗式培训，广内街道有两名残疾人顺利通过面试和考核，走向工作岗位。

四是多措并举开展残保金征缴工作。首先，对没有完成按比例安置残疾人的企业进行残保金征缴。为加大残保金征缴宣传力度，街道残联认真研究制订工作方案，组成50人的入户宣传员队伍，以"地毯式""重点单位"走访相结合的方式，对地区2305个社会单位进行入户宣传，送去残疾人亲手编制的纸巾盒和爱心卡片。其次，召开由社区书记、主任及入户宣传员参加的动员会，明确目标和工作任务。再次，及时与地税部门沟通交流信息，借助税务信息宣传平台，加大宣传力度，提高残保金申报率。最后，设专人为社会单位提供政策咨询，解答残保金征缴相关政策问题，使社会单位进一步了解和支持残疾人事业，依法缴纳残疾人就业保障金。此外，还在长椿街设立宣传咨询台，发放宣传资料2000余份，在18个社区悬挂条幅40条。截至2017年9月，除个体工商户外，地区1598个社会单位在规定时间进行了申报和残保金的缴纳工作。

绝大多数的残疾人都对广内残联的工作成果及实干精神赞誉有加。可以这样说，正是广内街道由上至下踏实肯干、严谨务实的工作态度，方才塑造出了广内街道文明有礼、和睦友善的环境氛围，为辖区内残疾人的康复与治疗起到了不可忽视的作用。也正是因为广内街道良好的基础大环境，所以在进行深度访谈时，接受访谈的残疾人普遍表示在广内生活的这些年，从没有产生自己在什么地方受到了歧视的感觉。

三　广内街道残疾人就业存在的问题

（一）残疾人就业的观念有待更新

1. 残疾人就业意愿较低

广内街道就业年龄段残疾人以"4050"人员为主，普遍来讲，这一年龄段的人员大多面临着学历较低、掌握技能单一、较难适应社会发展、自身身体条件制约等棘手问题。正是这些棘手的客观条件，导致这些占据了就业年龄段最大比重的残疾人，大多数人无法也不想再适应社会的发展，甚至已经失去了继续提升专业技能的热情与愿望。对他们而言，能够较为轻松地生活下去便足够了。此外还有一些较为年轻的残疾人，他们常以"弱势群体"自居，认为无论是家庭还是社会都有责任和义务养活他们，加之害怕步入社会后受到歧视性对待，其依赖心理较强，就业意愿较低。特别是有些家长，由于感到特别对不起身体残疾的孩子，便对孩子进行全方位、无微不至的呵护与照顾，导致孩子自理能力和适应能力都很低下，反而增大了孩子就业的难度和压力。

2. 残疾人就业思路存在局限

广内街道残疾人就业仍然停留在盲人按摩、手工制作、家电维修等传统劳动领域，过分看重"是否就业"这个结果，对就业的质量和就业的过程考虑不够。这些措施虽然在一定程度上增加了残疾人的收入来源，但是这些工作未必能够让他们实现人生理想，感受工作的乐趣。因此，要实现残疾人体面就业，必须拓宽就业思路，加大对残疾人参与"互联网＋就业创业"、从事非物质文化遗产传承项目等的扶持力度，使他们能够各尽其能、人尽其用。

（二）用人单位对残疾人就业有一定的歧视

1. 按比例就业执行不到位

在如今的社会中，就业歧视问题非常普遍，包括性别歧视、户籍歧视、年龄歧视、残障歧视等很多方面。访谈中我们了解到，许多用人单位并不愿意雇用身体残疾的员工，使一部分曾经积极求职的残疾人，因多次被用人单位拒绝的经历而对自己的能力产生怀疑，主动放弃参与社会竞争。其实，早在1994年，《北京市按比例安排残疾人就业办法》就已明确规定，"本市行政区域内的机关、团体、企业事业单位、民办非企业单位等各类用人单位，应当按照不少于本单位在职职工总数1.7%的比例安排残疾人就业"。根据西城区《2016年国民经济和社会发展统计公报》，截至2016年年底，西城区共有各类单位61760家，其中法人单位50661家、产业活动单位11099家。然而，2016年西城区已安排残疾人就业并且通过审核的用人单位只有1589家，其中机关46家，团体15家，企业1528家，仅占所有单位的2.57%。这其中很重要的原因就在于就业单位认识上的偏见。一些单位认为残疾人形象气质差，工作能力不足，会影响单位的外部形象和经济效益，因而不愿意接收。有的单位宁可缴纳就业保障金也不愿为残疾人提供岗位，甚至置国家的法律法规于不顾，这使得残疾人在整个社会就业体系中处于极为不利的地位，使残疾人实现正常就业困难重重。

2. 智力与精神残疾人尤为不被接纳

虽然智力与精神残疾人在广内街道残疾人中所占的比例并不算高，但是由于智力与精神残疾人是法定的无行为能力人，所以他们在就业求职方面面临的问题，要远远大于其他残疾类型的残疾人。毕竟，不论是出于安全责任方面的考虑，还是源于社会上普遍对于智力与精神残疾人一些根深蒂固的误解，一般的社会单位很难接纳一位无行为能力的人入职。智力与精神残疾人的就业问题，几乎完全依赖政府政策进行解决。政府政策虽然可以帮助智力与精神残疾人享受福利直到其本人社会化退休为止，但政府政策所能覆盖的范围有限，实在难以从根本上解决此类残疾人工作生活方面的困难。

（三）残疾人就业服务不够完善

1. 职业技能培训难以满足劳动市场发展的需求

职业技能培训的本质，是为适应经济和社会发展的需要，对要求就业的应聘者和在职劳动者以培养和提高素质及职业能力为目的的教育和训练活动。广内街道开展的职业技能培训多是简单易学的手工劳动，不仅难以满足劳动市场发展的需求，也不利于激发残疾人的潜能，实现更高质量的就业。对于职业技能培训而言，其意义绝不是将传统的几种普遍性行业的技能通过培训教授给残疾人。因社会分工细化而逐步产生的新兴工种不断增多，进行职业技能培训的专业人士应当与时俱进，依靠自身的专业知识悉心将这些分工细化后的工种，同残疾人的职业技能培训结合到一起，并在此基础之上，帮助残疾人选择更多种类、相对更适合自己的职业技能进行学习。让残疾人在接受该培训后，可以凭借自身持有的技能找到相对符合自己心意的一份工作。而想要达到这样的工作效果，就要求相关部门能够做到与时俱进，不断开发适合残疾人的职业技能和新兴项目，满足残疾人的根本需求。

2. 支持残疾人自主创业的力度有待加强

"大众创业、万众创新"是当下中国的一种潮流，然而这即使对于身体健全的人来说都不是一件轻松的事情，对于残疾人来讲，创业则更为艰辛，这从广内街道自主创业的残疾人仅占到街道残疾人总数的5%就能看出。首先，残疾人需要不断地治疗、康复，家庭经济状况一般都比较差，拿不出额外的钱进行创业。其次，受制于身体条件，适合残疾人创业的项目并不多，创业种类有很大的局限性。最后，创业要取得成功，创业者必须具备专业技术、经营管理、统筹协调、沟通交流等各方面的能力，还要有坚强的意志。创业对一个人的综合素质要求较高，因此残疾人创业的艰难与困苦是不言而喻的。《北京市人民政府关于加快推进残疾人小康进程的实施意见》提出，要"建立残疾人创业孵化机制，提供创业培训、交流、引导服务"（见表1），但是这一机制的建立健全尚需时间和经验的积累。西城区对残疾人创业的支持主要表现为资金支持。

表1　北京市"十三五"时期残疾人就业举措

序号	举措
1	依法推进按比例就业和稳定发展集中就业
2	加快发展残疾人支持性就业和辅助性就业
3	大力支持残疾人多种形式就业增收
4	提高残疾人职业技能培训水平
5	加大农村残疾人综合扶持力度
6	切实加强残疾人就业服务和劳动保障监察

资料来源：《北京市人民政府关于加快推进残疾人小康进程的实施意见》，京政发〔2016〕8号。

四　关于促进广内街道残疾人就业的建议

（一）做好残疾人身心康复工作

实现残疾人就业的首要前提是提升残疾人的身体和心理素质，因此必须加强对残疾人身心康复治疗的重视，让他们拥有一定的能力，可以自食其力。一是区、街道两级都要加大对残疾人康复服务的投入，全面贯彻落实相关的政策措施，建立社区康复人才培养机制，通过定向培养、转岗培养等举措，缓解康复人才短缺的现状。鼓励社会力量参与康复服务，提高服务层次和服务覆盖范围，增强服务的针对性和实效性。

二是与劳动就业部门联合培训，提高残疾人的市场竞争能力，帮助残疾人树立创业意识和竞争意识，着重培育树立残疾人的职业人格。同时还要帮助残疾人培养负责任、毅志坚定、稳重细心、吃苦耐劳的工作意识。提升残疾人的抗压能力，强化残疾人的学习、适应、组织和沟通能力，并在此基础上增进残疾人与周围同事之间的团队合作意识。三是在培训中要加强对残疾人择业观念的教育，通过教育强化提升残疾人的职业素质，帮助残疾人更好地认清自我，找到最为适合自己的职业与道路。

（二）加强残疾人职业技能培训

一是完善自身基地建设，面向残疾人开展的职业技能培训要因地制宜，因人而异，结合广内街道残疾人的情况，扬长避短，在探索和实践的过程中形成独属于广内街道的专业化培训特色。

二是依托社会培训机构开展培训，加强残疾人所接受的职业技能培训的专业性与实际性，引用社会培训机构的先进教学理念，严把职业技能的培训关、提高培训质量。以市场用工需求为导向，以广内街道实际情况为根本，开展具备针对性、着眼于当下残疾人就业形势的职业技能培训。

三是搞好市场调查，了解市场需求，切实把握职场脉络，开展"订单、定岗、定向"式培训，并通过招募社会培训机构的方式，选择最具专业性的社会培训机构就社会上最为热门的职业开展职业技能培训。力图保证每一个主动好学的残疾人最后都能学有所成、事有所成，可以在自己的努力和拼搏下求职成功，得到一个满意的职位。

四是紧密联系各级残联，寻找参加培训的残疾人经劳动部门考核合格后获得技术等级证书机会，积极组织残疾人考取一些力所能及，并可以对其未来求职提供帮助的技术等级证书。运用最快最为稳妥的方式，帮助残疾人获取尽可能多的职业技能方面的社会认可。

（三）加大对残疾人自主创业的扶持

受身体条件、文化水平、综合素养、经济条件、社会环境等各个方面的制约，残疾人创业会比普通人遇到更多的阻碍与制约，因此必须在政策、资金等方面予以更多的支持，才能切实达到帮助残疾人通过创业实现高质量就业的目的。

一是建立残疾人创业孵化基地，并配备完善的设施、健全的制度和高素质的管理服务团队，为残疾人创业者提供政策咨询、法律援助、创业培训、创业实训、创业引导、项目开发和交流等多项服务，并确保残疾人创业成活率不低于50%。

二是全面落实政府政策，保护残疾人的合法权益不受侵害。国家和北京市都出台了一些鼓励残疾人自主创业的政策，如《残疾人就业条例》《北京市扶持残疾人自主创业个体就业暂行办法》，主要内容包括减征个人所得税、给予起步阶段的创业者一次性扶持资金、提供免费咨询服务等。

三是充分利用互联网，实现网络就业创业。当前，我们已经进入了网络信息技术迅猛发展的时代，互联网技术帮助许多残疾人克服了身体和环境的障碍，为他们就业创业打造了逐梦的支点，开辟了广阔的新天地。

（四）稳定发展残疾人集中就业

集中就业是绝大多数残疾人最为接受和喜欢的就业方式。我国残疾人集中就业的主要组织形式是福利企业，但目前大部分福利企业逐渐衰落，进入下行通道，亟须破解福利企业面临的困境，推动企业实现健康跨越式发展。

一是强化政府责任意识和服务意识，做好存量文章。福利企业是关系到残疾人的就业和福利需求能否得到保障与满足的重要问题，因此不能把福利企业完全抛给社会或市场，使其成为完全社会化或市场化的主体。政府必须对福利企业的建设与发展加以重视，强化责任意识和服务意识，加大对企业的扶持，营造良好的发展环境，保障其能够健康稳定可持续地发展。

二是鼓励兴办福利企业，做好增量文章。要鼓励、引导各种经济主体、社会力量投资兴办社会福利企业，壮大企业的规模和阵营，增加残疾人集中就业的机会。

三是完善监管方法，提高管理水平。要不断建立健全社会福利企业的管理制度，完善管理机制，科学设定企业绩效考核体系，并利用现代科技手段提高对企业的监管水平，最大限度地发挥管理效率。

（五）努力营造有利于残疾人就业的社会环境

在社会保障体系尚不完善的情况下，就业是残疾人生存和生活的基本手段。积极倡导文明的残疾人观，努力营造有利于残疾人就业的社会环境，使全社会充分认识到实现残疾人就业不仅是残疾人追求的目标，也是社会文明进步的标志，对促进社会和谐发展和全面建成小康社会有重要的意义。

一是利用媒体加大对残疾人就业创业先进个人和单位的宣传力度，通过正面引导，转变社会对残疾人的错误认识。二是推进社会无障碍环境建设，消除残疾人走出家庭迈入社会的一切障碍，保障残疾人能够平等地参与社会生活。三是增强基层群众对残疾人权益保护法律政策的了解，在全社会营造理解、帮助、关心、爱护残疾人的良好氛围。

关注残疾人就业，其核心根本内容就是关注残疾人的收入。帮助残疾人就业，就是要始终把残疾人就业再就业工作摆在十分突出显著的位置上，其主要途径就是充分发挥政治优势，形成政府主导、部门联动、社会支持残疾人就业的良好局面，通过各种方式、各种渠道，大力整合地区资源，为有劳动能力的残疾人创造就业机会，从而更有效地促进社会主义和谐社会建设，并在社会主义核心价值体现的引导带动下，使残疾人能够跟正常人一样，为实现伟大的中国梦贡献出自己的一分力量。

参考文献

广安门内街道办事处：《广安门内街道残疾人就业情况调查报告》，2015。

中国残疾人联合会、国家发展改革委、民政部等7部门：《残疾人就业促进"十三五"实施方案》，残联发〔2016〕48号。

中共中央组织部、中央机构编制委员会办公室、财政部人力资源和社会保障部等7部门：《中共中央组织部等7部门关于促进残疾人按比例就业的意见》，残联发〔2013〕11号。

北京市残疾人联合会、北京市人力资源和社会保障局、北京市民政局等6部门：《北京市扶持集中安置残疾人就业单位实施意见》，京残发〔2012〕48号。

北京市西城区统计局：《北京市西城区2016年国民经济和社会发展统计公报》，2017。

北京市西城区残疾人联合会：《2016年西城区按比例安排残疾人就业审核通过单位

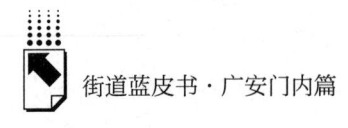

名单公示》，http：//www.xchdpf.org.cn/notice_show/3021.html，2018年6月10日。

北京市人民政府：《关于加快推进残疾人小康进程的实施意见》，京政发〔2016〕8号。

北京市西城区人民政府：《关于加快推进残疾人小康进程的实施意见》，西政发〔2016〕8号。

中华全国工商业联合会：《加强扶持残疾人群体创业》，《人民政协报》2015年5月18日，第4版。

何茂钊：《关于发挥福利企业集中安置残疾人就业主渠道作用的研究》，http：//shfl.mca.gov.cn/article/xgbd/201012/20101200119423.shtml，2018年6月10日。

B.10
关于加强社区工作经费管理和使用的调查与思考

摘　要： 社区是我国政策开展和落实的第一线，社区治理得好与坏直接关系着我国基层民众对政府的观感，而社区工作经费的使用是社区运行和管理的基础保障，也是提高社区发展质量的基础条件。因此，做好社区工作资金的管理，提高社区资金的使用效率十分重要。本报告重点调研西城区广内街道社区工作资金来源情况，介绍了在社区资金的使用、监管方面采取的系列举措，并对社区工作资金管理和规范使用方面的问题进行了分析，最后就如何加强社区资金的使用和监管，提高资金使用效率提出思考。

关键词： 社区工作经费　管理监督　广内街道

一　调研背景和现状

社区作为基层民主自治单位，关系到社会的稳定和民生，社区在繁荣基层经济、提供各种公共服务、维护社会安定等方面发挥了积极作用。我国城市化进程不断加快，城市人口越来越集聚，社区作为我国群众百姓生活的中心，其建设和管理与百姓日常生活的质量水平息息相关。当前，各级政府对社区工作经费保障方面的管理日益加强，社区财政管理制度不断完善，资金渠道不断畅通，社区资金规模相应扩大，对改善社区管理和服务，提升社区发展品质具有重要作用。然而，在社区资金使用过程中，还存在资金管理不

规范、资金支出随意性大、资金使用流程复杂、资金使用效率不高等问题，在一定程度上影响了社区发展。特别需要提到的是，2017年10月起实施的《中华人民共和国民法总则》，首次明确了居民委员会是基层群众性自治组织，具备特别法人资格。这意味着居委会将告别没有独立账户的历史，使居委会开展社会、经济活动事项的资金使用变得更加便利和顺畅。伴随城市治理重心下移和社区治理形势的发展，各种资源、力量、资金逐步向街道社区下沉，来自职能部门的一些资金也投向了社区。在这种形势下，研究社区经费规范管理和使用问题显得尤为必要。

（一）调研目的及意义

西城区广内街道是北京市以及西城区历史较为悠久的街道之一，地理位置十分重要。街道下辖18个社区，总人口9万人左右，是西城区人口密度较大的街道之一。进入新时期以来，面对社区发展和治理的新形势和新要求，广内街道积极摸索社区治理的新模式和新方法，特别是在社区资金使用和监管方面进行了创新。其使用标准、审核方法、管理机制得到了不断完善，经费使用更加有效，经费监管更加规范。我们以广内街道为例，对社区主要资金来源及其使用状况进行梳理，对使用过程中存在的问题进行分析，为更加集约高效使用资金，更好地服务和改善社区发展环境和居民生活质量助力。

（二）调研时间与过程

2017年10月13日，课题组对广内街道辖区内的相关社区进行了实际走访和调研，并对广内街道相关工作人员进行了访问和对接，详细了解了广内街道管理和监督辖区内社区经费的方式方法与相关经验，并通过查阅相关文件资料，详细了解街道使用、监管社区资金的具体实践，同时对社区资金的使用方法以及监管标准提出了自己的想法、认识和建议等。

（三）调研方法与对象

调研方法。本次调研主要采用的调研方法有文献分析法、访谈法、实地调查法等。文献分析法主要是对收集到的国家、北京市、西城区关于社区资金管理和监督的政策文件进行研究和分析；访谈法是结合访谈对象了解各类资金的具体使用情况及使用中存在的实际问题，并对改进资金使用和改善资金管理进行探讨；实地调查法就是前往资金支持项目所在现场进行实地考察，了解项目实施效果和进展情况。

调研对象。主要访谈对象为广内街道相关科室和社区书记。

（四）社区工作经费范围及监管

社区工作经费范围。社区工作经费一般包括办公专项经费、工作补贴、党建工作经费、社区发展资金、社区建设专项资金、社区服务群众专项经费等，由市、区财政按规定比例分担，列入年度财政预算。近年来，北京市、西城区对社区工作经费的投入力度不断加强，以社区党组织服务群众经费为例，每个社区每年的经费从之前的20万元增加为2018年的30万元。由于该项经费使用情况没有被纳入本次调研活动，本报告将社区工作经费的研究范围圈定在社区办公经费、社区活动经费、社区公益金、社区党组织党建经费、"四就近"经费五个方面（见图1）。

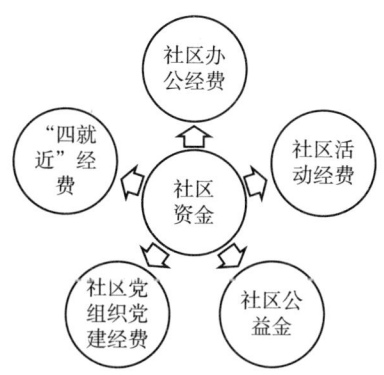

图1 本次调研涉及的广内街道社区经费

经费监管基本制度。北京市西城区广内街道一直以来都重视对辖区内社区的治理，多年来对社区建设和管理模式不断进行探索和研究。近年来街道为了适应新形势下社区新的发展趋势，进一步对辖区内18个社区的实际情况进行摸排和调研，在社区管理方面上进行创新，于2016年制定了社区财务公开制度（见图2）。在此基础上采取一系列举措，进一步完善经费管理的工作机制、优化业务流程，在社区资金的使用、管理、监督等方面取得了良好成效。

广安门内街道社区财务公开制度

（一）社区财务公开的基本原则
1. 坚持党的领导。社区财务公开工作必须在社区党组织领导下进行。
2. 坚持依法民主。社区财务公开的内容、时间和程序都必须符合国家有关法律法规和政策文件的规定，公开的程序要按照民主自治的方式进行。
3. 坚持实事求是。社区财务公开的事项必须符合本社区各项财务工作开展的实际情况。

（二）社区财务公开的内容
1. 社区财务年度预算和决算情况。
2. 各项专项经费收支情况。
3. 社区日常办公费用开支情况。
4. 社区公益事业经费和机构运行经费数额、使用情况。
5. 社区集体或个人的奖励经费、走访慰问开支情况。
6. 公共事务情况。社区接受社区居民、社会单位、其他社会组织及个人捐款捐物的数量、金额、收据证明、使用情况及证明；社区代为募集款物去向情况及证明。
7. 其他需公开的财务事项。

（三）社区财务公开的程序
1. 相关负责人做好财务公开事项的原始材料收集工作，按时向社区提交公开事项材料。
2. 社区两委班子集体讨论财务公开的内容，形成文字材料或制成表格，以社区党委（党总支）、居委会名义公布。
3. 各社区每次财务公开，社区两委班子要及时召开居民代表会议，听取党员群众的反映和意见，解答疑问，采纳合理建议。
4. 各社区每年财务公开的内容要存档备查，同时以书面的形式报组织部、社会办、监察科备案。

（四）社区财务公开的形式
财务公开采取居务公开栏公布和召开党员大会、社区居民代表会议公布两种方式，以公开栏公布形式为主。

（五）社区财务公开的时间
1. 社区每年年初召开一次党员大会、社区居民（代表）大会，报告社区上一年度预算执行情况及本年度预算情况。
2. 社区每半年在社区居务公开栏公布社区财务情况。

图2 广内街道社区财务公开制度

二 广内街道加强社区工作经费管理使用所采取的举措

(一)统一社区经费审核标准,进一步细化资金分配

广内街道通过对街道辖区内各社区资金使用标准进行审核,由街道统一制订标准,把原先各社区各自为政的使用规则统一起来,避免以往各个社区在资金使用上的不规范,特别是针对由街道财政下拨的社区办公经费、社区活动经费、社区公益金、社区党组织党建经费、"四就近"经费,制订统一核定标准。例如,社区办公经费以各社区换届应配备人数为基数,按照每人每月60元的标准核定。社区活动经费以社区户籍人口户数为基数,按照每户每月10元的标准核定。社区公益金的核定标准,社区户籍人口户数在2000户以下的,按每年8万元标准核定;社区户籍人口户数超过2000户的,在每年8万元标准核定的基础上,每增加1户增加40元。社区党组织党建经费数额,以上年年底社区党组织党员人数为基数,按照每名党员每年200元的标准核定。"四就近"经费以上年年底居住在各社区的市属单位离休干部和异地来京安置人数为基数,按照每人每年200元的标准核定。广内街道通过对社区经费的统一核定和管控,使街道辖区内各社区资金的使用进一步细化、量化,确保各社区资金的来源得到进一步的保证,让各社区资金的使用更加顺畅,从而有效地确保了街道辖区内各社区具体工作的执行以及各社区各项经济活动的有效运转。

(二)提升社区经费管理水平,形成经费使用监管机制

广内街道为了进一步加强各社区经费的管理水平,对辖区内各社区资金使用情况进行了调查。针对社区资金使用监管不严、社区资金使用随意性较强的情况,街道立足各社区实际情况和问题,仔细调查各社区的现实需求,由街道委派专人对辖区内各社区的资金使用进行指导和监督,进一

步规范社区资金的监管。广内街道坚持对社区经费进行实时预算申报,由街道对该项目进行评估并制订社区资金的支出标准,遵循经费超支不补的原则。

此外,街道还要求辖区内各社区严格遵守使用社区经费公开透明的规定,把各社区经费的使用情况统一纳入街道的阳光经费管理系统,统一由街道的公务卡和支票等结算方式进行支付。街道要求辖区内各社区的经费由专人负责管理,各项经费要做到专款专用、统筹安排、合理使用,凡是开支不合理、票据不规范、手续不健全的一律不得报账。街道纪检监察、财务、社会办、组织部等相关部门,不定期对社区经费使用情况进行检查,发现问题进行及时纠正。街道辖区内各社区对社区资金使用监管政策严格落实和贯彻执行,使广内街道社区经费使用的监管机制初步形成,有效杜绝了各种违规违纪现象的发生。

(三)明确社区经费使用标准,进一步使社区经费使用迈向规范化

广内街道通过对辖区内各社区资金使用情况的调查,针对辖区内各社区资金使用较为混乱、乱开支等现象,采取相应举措,进一步明确社区办公经费、社区活动经费、社区公益金、社区党组织党建经费、"四就近"经费的用途和开支范围。同时,街道要求各社区要根据具体的支出项目,严格按照"先预算、后使用""一事一预算"的原则,将社区推行项目的预算、决算、支出等,统一纳入街道经费系统进行管理。街道规定辖区内各社区的大额支出要经过相关会议研究决定,并填报项目名称、经费支出明细、参与讨论人员等,最后形成相应报告,呈交街道相关部门审核,经街道主责部门批准后方可使用。

与此同时,街道特别针对奖励经费、慰问经费的使用情况进行严格审查,责令辖区内各社区按照北京市以及西城区的相关文件规定和要求执行。此外,街道规定社区购买物品的发放,要有专门的发放表,包括物品名称、领取人签字(或代领人签字)、电话等,发放完成后将发放表报送至街道相

关主责部门进行审查。广内街道对社区经费使用情况进行了多层次、全方位的监督和管理，使社区经费乱开支现象得到了有效的遏制，让社区资金使用的透明度大幅度提高，从而使社区经费的管理工作逐步规范。

三 广内街道加强社区经费管理和监督时所存在的问题

近年来，广内街道对辖区内各社区经费使用的监督制约取得了一定的成效，进一步提高了辖区内社区资金使用的管理水平。但广内街道在具体实施社区经费管理和监督的过程中，发现辖区内各社区在经费的使用、监管等方面还存在着许多问题，给街道进一步完善和加强社区经费管理带来了一定的影响和制约。

（一）部分社区经费管理不规范

广内街道在具体实际推行社区经费管理和监督新模式的过程中，发现辖区内部分社区在社区经费的使用和管理方面仍然存在着不规范、不标准的情况。虽然社区在经费使用的总体情况上没有太大问题，但是有的社区在研究经费开支时，党委会、居委会班子会议记录不够规范、要素不全，特别是社区经费的具体使用情况存在表述不清、记录不详等问题。部分社区在记录社区经费的使用情况时，没有把会议情况专门记录在会议记录本上，甚至个别社区把有关社区经费的会议纪要记录在一张纸上、记录在个人的笔记本上。这种行为严重违反了街道对社区经费的管理规定，十分不利于街道对社区经费的监管和掌控。有的社区财务公开制度坚持得不够好，该公开的没有及时公开，还有的社区发扬民主不够，存在主要领导说了算的情况。

（二）部分社区经费支出随意性较大

广内街道在具体实际推行社区经费管理和监督新模式的过程中，发现辖区内部分社区在社区经费的使用和管理方面随意性较大的问题，其主要表现为部分社区在社区经费支出的时候不按事先决定的预算去执行，往往出现超支的情况。街道在实际调查的过程中发现，社区经费超支往往是因为具体经办项目的责任人不能有效地根据项目预定的经费方案执行，相当一部分社区职工存在"社区经费是政府的，不涉及个人利益"的心理，使用社区经费没有节制。广内街道规定社区经费实行月预算制度，但制度在有些社区走形变样，存在开支内容和月预算不相符、张冠李戴的现象。有的社区报账时开具笼统发票，明细不清；还有的社区在组织活动时，把实际参加人数作为计划的人数，缺乏严肃性；等等。这些问题的存在，主要是由于部分社区使用社区经费计划性和周密性不强，相关部门疏于监督。

（三）部分社区财务人员专业性不强、民主监督不到位

广内街道在具体实际推行社区经费管理和监督新模式的过程中，发现辖区内部分社区的财务人员专业性不强，大多数社区财务人员没有进行过严格的财务专业训练，没有掌握相应的财务技能，更不要说能够掌握现代专业化的财务办公方式和方法。同时，还有一部分社区的社区财务人员由社区外聘兼职，这部分兼职人员虽然专业性相对较强，但往往身兼他职，没有过多的时间和精力来整理社区经费的账目，而且社区本身具有局限性，社区财务人员的流动性大，进而导致社区资金资产经常陷入无序管理。

此外，部分群众缺乏集体观念和民主监督意识，对社区的工作不关心、不过问、不了解，对社区资产管理情况一无所知，认为这只是上级部门管理和监督的事，存在着"事不关己、高高挂起"的心态。社区本身往往也存在资产管理与操作不透明，财务公开避重就轻的问题，这就导致社区资金存在民主监管不足的问题。

（四）部分社区管理制度不健全

广内街道在具体实际推行社区经费管理和监督新模式的过程中，发现辖区内部分社区在社区经费的支出、划拨、用途、收入等方面存在记录不完善，不能较好地呈现社区资金的使用明细的问题。同时，辖区内部分社区的社区资金没有建立固定资产账目，社区固定资产也没有进行登记，更

没有专门的保管人和责任人对社区资产进行监管。一些社区还存在社区固定资产的添置与处置形式化和流程化的问题，没有严格的上报审批程序，有的甚至收、支不记账。从这个层面来看，广内街道辖区内相当一部分社区存在社区资产管理制度欠缺的情况，社区经费在管理上的漏洞较多，在支出、收入等方面存在着隐瞒、截留和挪用等情况。更有甚者，把社区经费当成个人的私有财产，这为私设"小金库"以及以权谋私行为提供了机会，势必造成资产严重的浪费和损失。

四　关于进一步完善广内街道社区经费管理和使用的建议

（一）进一步强化监督制约机制

社区经费管理是社区党风廉政建设的一个重要方面，社区经费管理不到位，直接影响社区党风廉政建设的成效，同时也直接影响街道党风廉政建设是否深入扎实。因此，在面对新的形势和任务，广内街道可以从社区党风廉政建设入手，以党风廉政建设带动社区经费管理工作。要进一步发挥好纪检监察部门的牵头作用，制订相应的制度措施，明确什么能做什么不能做，同时要协调好财务、组织、社会办等相关部门，加强监督检查，对检查中发现的问题及时纠正，对问题严重的予以通报曝光，直至追究相关领导责任。社区党委书记是社区经费管理的第一责任人，要履行好全面从严治党主体责任，要抛除私心杂念，对每一笔开支都要严格把关。社区纪委书记要切实履行好监督责任，不能人云亦云、当和事佬，应当常扯袖子、常提醒，确保各项经费的使用合理合规。

（二）进一步完善经费开支审批制度

社区经费的使用必须按规定用途严格掌握，不得随意扩大范围，不得超标准开支，应以勤俭节约为原则，用好每一分经费。社区经费要由专人负责管理，做到专款专用、统筹安排、合理使用，不得截留或挪作他用。一些大额经费开支，要经社区领导班子集体研究，并报街道主管业务部门审批，同时做好会议记录。社区经费的每项开支，都必须以正式发票作为报销凭证，收据无效。发票上必须写明时间、用途和经手人，并由社区正职签字方可报销。各种物品的发放要有领取记录，坚决杜绝暗箱操作行为。

（三）全面推行社区经费使用公开制度

全面推行社区财务公开制度，进一步有效避免社区经费使用上的漏洞，避免因人为操作而导致的问题，提高经费使用的透明度，让社区财务在阳光下运行。首先，社区党委要提高认识。要把财务公开工作上升到加强党风廉政建设的高度去认识，这是必须坚持的一项财务工作制度。其次，要明确社区财务公开的形式和内容。财务公开可以采取居务公开栏公布和召开党员大会或社区居民代表会议公布两种方式。财务公开的内容，可以概括为社区财务年度预算和决算情况、各项专项经费收支情况、社区日常办公费用开支情况、社区公益事业经费使用情况以及走访慰问开支情况等几类。财务公开的内容要经社区两委班子集体讨论，形成文字材料或制成表格，以社区党委、居委会名义公布。时间上以半年一次为宜，同时以书面形式报街道主管业务部门备案。

（四）不断加强培训与强化管理

进一步提升社区经费管理水平，街道相关业务部门应该组织社区工作人员进行相应的培训，要把经费使用管理作为一项重要内容纳入培训计划，重点加强其对业务知识、相关制度、职业道德，以及有关法律法规等知识的学习。要从源头上把好关，坚持财务人员持证上岗，提高社区财务人员对财会工作重要意义的认识，增强其责任意识和服务意识。不断加强财务人员对新法规、新制度的学习，及时贯彻执行国家财务工作的有关规定，提高财务人员专业知识水平，做到作风过硬、纪律严明、业务精通。要求社区自身加强经费管理，严格按照街道的有关规章制度去执行。街道相关主责部门要加大监督检查力度，对群众意见较大、发生问题的社区不隐瞒、不护短，通报曝光；对发生严重问题的要予以追责。加大对经费的管理和监督力度，不断规范社区经费使用，使社区经费发挥最大使用效益。

参考文献

韦华：《关于社区公共卫生服务项目经费的管理与财务核算工作探讨》，《中国集体经济》2017年9月，第27期。

李杰：《论如何有效地使用社区工作经费》，《当代经济》2016年6月，第17期。

傅博：《社区经费审计调查发现的问题及建议》，《现代审计与经济》2016年第3期。

郑教：《社区专项经费怎么用？——西宁市城中区立足群众需求用"活"为民服务经费》，《青海日报》2016年12月13日，第009版。

方洁：《深圳市坪山新区基层社区财政管理研究》，硕士学位论文，华中师范大学，2016年5月。

张家港市金港镇财政所：《探索创新模式转变社区经费管理方式》，《江苏经济报》2015年12月14日，第A04版。

广安门内街道办事处：《关于加强社区经费管理和监督的调查与思考》，《广内街情》2015年第86期。

广安门内街道办事处：《广安门内街道社区党组织服务群众经费使用管理办法（试行）》。

广安门内街道办事处：《广安门内街道社区经费管理办法（试行）》。

中华人民共和国财政部：《新建区进一步规范社区工作经费使用管理》，http://www.mof.gov.cn/xinwenlianbo/jiangxicaizhengxinxilianbo/201606/t20160615_2325848.htm，2018年6月10日。

案例报告

Case Reports

B.11
构建以楼院为基本单元的社区治理模式

——以广安门内街道长西社区为例

摘 要： 治理基层社会，仅仅依靠行政命令、政策等力量根本不够，必须打破社区这个创新社会治理的突破口，构建以楼院为基本单元的楼院微自治模式，将治理力量的重心下沉，激发居民参与动力，实现"治标"向"治本"的转换。广内街道长西社区瞄准居民需求，以问题为导向，定位社区楼院，用居民习惯的方式来解决居民身边的事，是基层居民自治的生动实践，符合民情、体现民意、发挥民智。本报告对广内街道长西社区楼院"微自治"的具体做法以及其取得的几大成效进行研究，提炼出可以为其他街道地区借鉴的经验和启示。

关键词： 楼院微自治　基层社会治理　广内街道　长西社区

一　楼院微自治是基层社会治理的关键环节

楼院微自治，指的是街道将社会治理的重心下移到社区，以楼院为基本单元，通过社区居民协商自治使居民积极参与社区治理的治理方式。楼院微自治的创新点主要在于对治理的范围、内容、方式、主体的创新，即治理主体由政府部门变为居民，治理内容和方式更加精细化，治理的范围不断地扩大和下移，一定程度上使居民在社区治理和建设上具有更大的自由度和发挥空间。

楼院微自治的治理模式，是对基层社会治理的创新，其将治理触角延伸到脱管、治理较弱的遗落空间，使居民、社会组织等积极参与社区建设，极大地提升了居民的参与感、获得感和幸福感。

（一）推动社会治理重心向基层下移的重要落脚点

楼院是社区的基本单元，是人民群众安居乐业的家园，是创新社会治理的基础平台，在社会治理和建设中具有不可或缺的地位和作用。推动社会治理创新、社会治理现代化、社会治理重心下移的落脚点仅仅放在社区还不够，必须将其落实到楼院。

2017年10月18日，党的十九大报告提出："要打造共建共治共享的社会治理格局"，"推动社会治理重心向基层下移，发挥社会组织作用，实现政府治理和社会调节、居民自治良性互动。"习近平总书记多次就基层社会治理强调："社会治理的重心必须落到城乡社区，社区服务和管理能力强了，社会治理的基础就实了。"这是对未来基层社会治理的新要求。西城区作为首都核心区，必须发挥引领先锋作用，积极贯彻落实党的最新政策要求，街区治理重心必须向社区乃至楼院下移，实现居民协商民主参与街区治理，努力探索新时代社区建设治理模式，努力构建全新的社区治理体系。

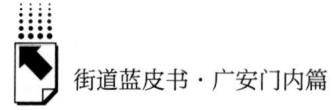

（二）完善和深化社区居民自治机制的重要组成

2012年，西城区开始对社区居民自治的探索，并计划在全区社区普及居民自治。西城区主要采取听证会商制、楼门院长报告制和居民接待制等三项措施来推动居民集体参与社区治理，但居民自治工作还是以开展居民听证会、楼门院长汇总梳理居民反映的问题困难并积极化解矛盾、社区设专人接待居民并详细记录居民反映的困难问题等方式进行。治理还是靠政府部门和街道，居民只有参与权而没有主动权。要想实现居民的主动参与，使单纯依靠政府治理转向居民自治和政府治理结合就必须对社会治理、居民自治机制进行创新。楼院微自治模式就是对社区居民自治机制的完善和深化，是重要组成部分和有益补充。

楼院微自治模式通过居民会议、议事协商、民主听证等形式调动了居民参与的热情，进一步实现了社区居民民主决策。居务公开、民主评议等内容也促进了居民民主监督作用的发挥，极大地动员和组织了社区居民依法有序参与社区治理。楼院微自治不仅促进社区民主选举、管理、决策、监督机制的不断发展与完善，实现社区居民自治更加制度化、规范化、程序化，同时还丰富了居民自治的载体、途径和形式，建立健全了社区党组织、业主委员会和物业服务企业的协调机制，强化了社区居民对业区居民自治组织、业主委员会和物业服务企业的监督指导作用。

（三）解决广内街道老旧楼院脱管和居民自治建设弱化问题的重要举措

实行楼院微自治是解决广内街道老旧楼院脱管和居民自治建设弱化问题的重要举措。长椿街西社区（简称"长西社区"）地处长椿街地铁沿线，属于老城区的老旧小区，社区内17栋居民楼，基本都是上世纪70年代所建的，没有电梯等功能设施，再加上原有产权单位脱管和个人观念意识的问题，小区基本呈现无物业管理的状态。小区卫生、治安、邻里关系差，楼内管理缺位，小区内随处可见废弃家具、无主建筑垃圾及各种生活杂物，楼道内满是堆物堆料、废旧自行车，给楼内居民的生活和出行带来很大不便及安全隐患。同时，社区老年人口较多，占比达30%以上，且高龄、独居、空巢老人较多。面对这一系列的问题，居民经常拨打12345政府服务热线反映投诉，而社区居委会过多地承担了物业管理的职责，在管理和服务上力不从心。

另外，随着经济社会的迅速发展以及社会治理现代化的深入推进，居民对社区自治和服务的要求越来越高。但在广内街道的实际工作中，因为缺乏相应的表达机制和参与渠道，普遍存在社区居民参与意识不强、参与程度不高的现象。楼院微自治模式能够坚持"以社区居民为本"的原则，立足于社区服务，拓宽广大居民参与渠道与参与空间，能够有效地使居民的民主意识与民主权利得到巨大的提升与保护，激发社区成员参与社区建设的主动性、积极性。

二　广内街道长西社区的"楼院小自治，社区大治理"模式

2017年广内街道重点对地区存在的"开墙打洞"现象以及辖区内背街小巷进行治理，街巷环境美化了，社区环境也不能掉队。面对物业不到位、楼院脱管等问题，长西社区意识到必须发挥社区居民自治组织的作用，保证社区居民依法管理自己的事情。

因此，长西社区创新了社区治理理念，不断探索治理的机制和体制，在微自治过程中重点关注"谁参与、如何参与、参与效果如何"的问题，通过对成功案例的经验探究，及时发现问题、解决问题，形成了"楼院小自治，社区大治理"的新型社会治理模式。

（一）成立停车自管会，小院自治初见成效

2015年，长西社区居委会组织动员宣西24号院的车主成立了一个组织——停车自管会。由小院车主出资金，委托三位社区退休居民将小区的大门和车统一管理起来。这样一方面解决了社区外部人员和车辆随意停车的问

题，另一方面也发挥了这三位退休居民的优势，一定程度上预防了车位被占用和车辆安全问题，客观上提升了小院的治安防范水平。

（二）成立片区自治小组，推进社区楼院分片治理

通过对停车自管会成功经验的分析，长西社区逐步将眼光放在整个社区、楼院，开始探索分片、分阶段全面推进社区自治。2016年12月30日，社区在长西活动站内召开长西社区居民座谈会，社区书记、主任、民警、社会办及城建科工作人员、北小24号楼居民30余人参加此次座谈会，主要讨论在本楼失管状态下成立临时小组，解决治保、环境等问题。长西社区把社区17栋楼院划分为10个治理管片区。在管片主任带领下，组建以楼门院长、党员骨干为核心的片区自治小组，负责片区的日常维护、环境整治、政策宣传等，同时发挥党员的先锋模范作用，引领和影响身边的普通群众，积极参与片区建设，利用居民自治的方式解决环境、生活等问题。

（三）确立楼院微自治理念，探索以楼院为基本单位进行自治

通过对以往楼院微自治的工作探索，长西社区两委班子对社区工作经验和经历深有体会与感受，他们认为直接推动成立社区自治委员会并有效发挥它的作用难度会非常大，应该以楼院为基本单位来进行自治。因此，长西社区提出了"楼院小自治，社区大治理"的理念和目标，并形成了长西社区的社区治理总体思路：先进行个别楼院自治试点实现社区楼院自治，然后逐渐实现17栋楼的完全自治，最终形成区域的大治。

（四）设立楼院自治委员会，实现居民自我管理服务

为了进一步加强居民动员，实现居民自我管理和自我服务，长西社区于2017年推动成立楼院自治委员会，探索楼院自治委员会和社区物业相互配合、服务居民的新路径。楼院自治委员会在自治工作中，接受社区居委会的领导，以楼门院长、党员骨干、积极志愿者为核心，通过居民自我管理、自我教育、自我服务来实现自治，从而实现与社区物业的相互补充。

(五)制订楼院自治组织管理制度,推动楼院自治委员会在社区复制推广

2017年7月6日,长西社区8号、9号楼院自治委员会正式成立。在成立大会上,社区居委会领导首先宣读了《长西社区楼院自治组织管理办法》,该办法共分为五章二十六条,涉及楼院自治委员会的组成办法及职责(见图1)、会议议事规则、委员选举及组成规范等。而后,长西社区陆续成立了10号楼自治委员会、北小24号楼自治委员会。其中,有的院重点是卫生环境,有的院重点是小院停车,有的院重点是物业管理。而宣西24号院在车管会的基础上,将停车、治安、卫生、流动人口管理等都融入进来,发展成为自治委员会。

长西社区自治委员会工作职责:
1. 宣传法律法规和国家政策,维护居民合法权益
2. 坚持"孝老敬亲、邻里互帮"的原则
3. 支持、服从、协助社区完成政府相关工作
4. 及时反映居民意愿,解决居民热点、难点问题
5. 发挥自治功能,对本片区的环境、治安等问题进行监管和治理
6. 带动居民积极开展精神文明和谐社区建设

图1 广内街道长西社区自治委员会工作职责

资料来源:广安门内街道办事处,《楼院小自治 社区大治理——广内街道长西社区楼院小自治居民协商案例》。

(六)培育为老服务志愿组织,助推解决居民实际需求

长西社区两委除了推动上述总体社区治理格局的有效形成,还积极培育瞄准居民需求、解决实际问题的社区志愿型和公益型便民服务组织,如社区的夕阳关爱社。这是针对社区老年人口较多,且他们的部分需求不能得到有

效满足而成立的一个为老服务组织。夕阳关爱社汇聚了三四十位社区党员志愿者，着力解决社区老人七大问题（见表1）。夕阳关爱社以问题为导向，组织开展为老服务，为社区共建共享提供了平台和基础。

表1 长西社区需要解决的社区老人七大问题

序号	问题	解决对策
1	日间看护	采用相邻原则，"一对一"结对子，通过每天电话问候、上门探访，减少老人单独在家的风险
2	吃饭问题	通过街道餐吧、社区餐馆以及养老院三个渠道，为有需求的老人供餐送餐，免收供、送餐费
3	免费维修	为老人免费提供修断裂水管、修电脑、清理手机内存等服务
4	医疗服务	社区卫生服务站针对部分老人定期上门服务，每周打电话问询等
5	心理慰藉	每月通过上午安排心理慰藉讲座或表演节目，中午组织大家一块儿聚餐，让老人走出家门，摆脱孤独寂寞
6	链接辖区单位资源	如动员超市免费给老人配送
7	年节慰问	动员辖区单位组织慰问，既给老人们送去关怀和温暖，也让企业和单位员工得到企业文化的熏陶和社会责任的培养

资料来源：广安门内街道办事处，《楼院小自治 社区大治理——广内街道长西社区楼院小自治居民协商案例》。

三 广内街道长西社区楼院微自治的成效

通过具体实践，长西社区两委把居委会从管物业的负担中解放出来，坚持问题导向，以深化居民自治为突破口，依托自然楼院，采取党员骨干带动，成立了治理管片区和楼院自治委员会，通过自我管理的方式，推进整治停车、改善环境、倡导文明行为等工作。经过一年的努力，让"社区是我家，建设靠大家"的居民自治理念逐渐深入人心。

长西社区楼院微自治模式不仅提升了居民自治服务管理的积极性、主动性，实现了协商民主中参与主体的多元化，搭建了多方参与的平台，还将协商民主延伸到社区的各个角落，有效推动了社区环境的改善，推进了基层协商民主，促进了社区良性互动，有力地提升了社区治理水平，促进了社区居民建设和社区治理的健康发展。

（一）解决了治理难题，夯实社区居民自治根基

长西社区楼院微自治模式使社区居民积极参与社区治理，在社区卫生、停车等治理难题上统一了居民的思想，提高了认识，更有助于从源头上避免难题的出现。同时还集聚了社区力量，推动社区治理、服务难题的顺利解决。

长西社区推行楼院微自治以来，包括居民、社会组织在内的社会力量积极参与治理，居民积极配合志愿者组织清理楼道废弃家居、楼梯间卫生以及墙壁上的非法小广告，并对社区内的停车加强管理，解决了长西社区以往物业脱管问题，进一步推动了社区环境改善工作的开展，有效地改善了社区内的环境，使社区的面貌焕然一新。

（二）实现了从被动到主动的转变，提升居民自治能力

实现从被动参与到主动参与的转型，是楼院微自治模式带给社区、街道最大的成效。长西社区围绕消除分歧、达成共识的目标，全方位构建社区治理利益表达机制、对话机制、协商机制、调处机制，已基本实现了从"居民被动应付配合"到"群众主动参与自治"的转型。面对亟待解决的问题，长西社区在街道的协调引导下，让社区群众参与解决，让居民参与院落管理，成立楼院自治委员会。社区联络两委参与，并召集楼长、单元长和居民代表召开议事会协商解决。

长西社区楼院微自治社区治理模式通过居民协商、聆听居民心声，还权于民，社区大事小事由居民说了算，将矛盾在源头化解、问题在基层解决。实现了社区居民的自我服务、自我管理与自我造血，建立起多方参与、共同治理的自治机制。在治理理念上实现了由"替民做主"向"由民做主"的转变；在治理方式上实现了由"社区主导"向"居民自治"的转变；在社区治理成效上实现了由"一方满意"向"多方共赢"的转变。

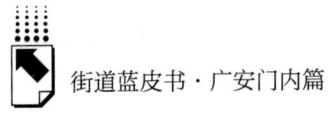

（三）下沉了服务重心，增强居民幸福满意度

长西社区在楼院微自治的探索中，将"民思我想、民困我帮、民求我应、民需我做"作为社区各项工作的出发点和落脚点，成立楼院自治委员会、培育志愿者服务组织，让居民与社会组织最广泛、最直接地参与社区建设、管理和服务，为居民贴近、贴身、贴心服务。因此，社区集聚了民心，使更多的居民关心社区建设、参与社区事务，民生服务、社区管理、综治维稳等社区功能实现进一步的强化，环境、卫生、文化、治安等社区服务功能实现进一步的提升。

另外，居民参与社区治理和建设，凸显了居民的主人翁地位，更容易培养居民的归属感和家园意识。过去一些爱挑刺找街道和社区毛病的居民，如今都把精力转到治理、服务社区上；不喜欢参与社区治理建设的居民，在优美的环境中行走，也会产生一种幸福感。

四 进一步完善"楼院微自治"社区治理模式的经验启示

广内街道长西社区楼院微自治模式以楼院停车自管会为突破，分别成立4个楼院自治委员会、1个志愿为老服务组织，并把社区17栋楼院划分为10个治理管片区，通过一个小院一个小院的自治，最终实现区域的大治。这不仅解决了广内街道老旧楼院脱管和居民自治建设弱化的问题，还推动了社会治理重心向基层下移、完善了社区居民自治机制，实现了社区治理的模式创新，其微自治的成功经验值得其他地区借鉴。

（一）明晰政府、社区权利职责，强化微自治职能

一要理顺政府与自治组织二者的关系。政府职能部门要为楼院自治组织提供相应的指导、服务和帮助，要支持楼院自治委员会、停车自管会、为老服务对等自治组织发挥其自治功能，依法开展好楼院自治各项工作。二要明

确楼院自治组织的职权。楼院自治组织拥有一定的自主、协管、监督的权利，在赋予楼院自治组织相应权利的同时还应积极协助自治组织行使权利，并实时监督楼院自治组织的工作。三要减轻楼院自治组织的负担。政府要避免对自治组织进行直接管理，真正放手，起到一个协助、指导、帮助的作用，赋予楼院自治组织自主工作的平台，实现二者之间的有效衔接与良性互动。

（二）建立楼院自治委员会机制，制定社区楼院居规民约

首先，建立楼院自治委员会机制。以楼院为基本单位，引导居民参与楼院自治，参照社区议事会的方式，社区两委组织各小区和楼院制定各自的自治委员会章程，然后通过合理程序选举出主任一职。参照议事会的要求，出台小院自治委员会的议事规则。其次，制定社区楼院居规民约。按照"自我制定、全民参与、通俗易懂、切实可行"的原则，院落自治委员会或议事会要制订包括院内环境卫生、治安防范、设施管护、公共秩序等内容的居规民约，作为院落居民的行为规范和自治管理依据。通过发动社区群众、志愿者队伍等各类力量，倡导社区居民践行居规民约。最后，塑造微自治居民骨干精英。要始终坚持加强党的领导，注重将优秀党员选作居民负责人，将党员作为组织的主体，通过负责人带动、楼门长补充，吸引热衷公益事业的居民参与，带领小院自治委员会实施工作。

（三）以楼院居民协商为立足点，推动社区居民参与自治

一方面，要时刻立足居民身边事，重视居民自主协商。社区两委要始终把社区居民的每一件小事都当作工作中的大事。从居民最关注、难解决的问题入手，广泛征求居民意见，动员居民参与，切实解决居民关切的实际问题。不断总结自治经验，细微处见精神，通过一件件"小事"的解决，推进社区大治理目标的实现。另一方面，引导居民自我治理与服务。提高居民参与自治的自主性，实现对问题的自我发现、自我研究与自我解决。引导居民走出只解决自家事务的思想局限，多关注社区中的其他事务，丰富、拓宽

居民参与治理的事业和范围，逐步将公共服务、公共安全、环境建设、公益事业以及长期困扰社区的矛盾和问题等事项纳入民主议事协商范畴，促进政府、街道、居民之间实现有效沟通和互动，推动社区发展实现创新、协调、绿色、开放、共享的良好局面，形成共建共治共享的基层社会治理格局。

（四）培育社区社会组织队伍，激发楼院自治内在活力

一要放宽社会组织市场准入条件，实行登记和备案相结合的制度。对社会组织实行分类登记管理，降低登记门槛，放宽准入条件，缩短登记时间，为社会组织创造有利的发展环境，孵化并成立各类符合社区居民需求的、接地气的社区组织。将社会组织纳入协商民主的主体范畴，与社区、楼院居民、自治委员会等力量共同参与自治协商。二要建立社会组织孵化机制。探索打造社会组织孵化基地，成立社会组织培育中心，对有发展潜力的社会组织进行专业化、多层次培育，促成其转化为专业性强、运作规范的社会组织，弥补老旧小区物业管理不到位的缺陷。三要建立政府购买服务机制。推进政府购买服务常态化，对公益性、慈善性等符合经济社会发展需要的社会组织，通过政府购买服务的方式予以重点扶持，细化服务购买流程，强化项目评估。推动社区公共服务供给进一步市场化，实现社区服务供给主体的多元化，进一步给社区居民的自治注入新的内在活力。

参考文献

习近平：《决胜全面建成小康社会　夺取新时代中国特色社会主义伟大胜利——在中国共产党第十九次全国代表大会上的报告》，人民出版社，2017。

广安门内街道办事处：《长西社区成立"楼院自治委员会"》，http://gnjd.bjxch.gov.cn/xxxq/pnidpv446342.html，2018年6月10日。

广安门内街道办事处：《楼院小自治　社区大治理——广内街道长西社区楼院小自治居民协商案例》。

梁贤艳、江立华：《自治单元下沉背景下的城市社区"微自治"研究——以J小区

从"点断"到"全覆盖"自治的内生探索为例》,《学习与实践》2017年第8期。

袁敏:《济南市天桥区:楼宇院落微自治 社区治理大发展》,《管理》2017年第17期。

人民网:《铜陵市:推进基层参与式治理 创新城市社区居民自治路径》,http://leaders.people.com.cn/n1/2017/0726/c411396-29430367.html,2018年6月10日。

孔娜娜:《网格中的微自治:城市基层社会治理的新机制》,《社会主义研究》2015年第4期。

俞可平:《治理与善治》,社会科学文献出版社,2000。

B.12
以睦邻文化推进和谐社区建设

——以广安门内街道康乐里社区"邻里节"为例

摘　要： 邻里关系是最基本的社会关系，邻里和谐是社会和谐的基础，然而"鸡犬之声相闻，老死不相往来"的钢筋水泥壁垒，是现代城市中的普遍现象。在居民自治、多元参与的社会治理模式下，如何打破邻里关系壁垒，让社区睦邻和谐自治成为当下紧要课题。自2006年起，广内街道康乐里社区每年以不同的主题开展社区"邻里节"系列活动，旨在和睦邻里，构建社区友爱互助的良好氛围。康乐里社区通过"邻里节"这个平台，推动和谐社区的建设，让邻里之间贴心、暖心、舒心，并营造团结、互助、文明、祥和的社区氛围，重温以前的邻里之情。本报告对康乐里社区和谐睦邻文化建设的做法和成效进行深入研究，探索出可以为其他地区借鉴的相关经验。

关键词： 睦邻文化　社区建设　广内街道　康乐里社区

一　社区睦邻文化是推动和谐社区建设的必然选择

社区睦邻文化，主要指的是社区中邻居与邻居之间的关系文化，这种关系主要表现为居民之间生活、习惯、行为等呈现出和谐的状态。在我国的传统文化中，邻里关系在各种社交关系中有着非常重要的地位，日常更有"远亲不如近邻""千金买户，八百买邻"的说法。

然而，随着城镇化的发展、房地产事业的繁荣，人们的住宅逐渐实现单元化。居住区的大规模变动，住宅的单元化慢慢地疏远了居民之间的交往状态，邻里之间的互动频率也不断地下降，传统邻里关系发生异化已是一种必然现象（见图1）。在社会治理中顺应这种形势的变化，补充基层社会治理与和谐社会建设的不足，建构新型的和睦邻里关系，丰富睦邻文化的内容成为一种必然的选择。

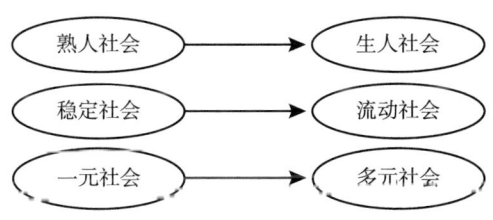

图1　传统邻里关系的异化

（一）社区睦邻文化是基层社会治理的最佳切入点

2017年10月18日，习近平总书记在党的十九大报告中强调，要加强社区治理体系建设，推动社会治理重心下移。西城区作为首都核心区，必须不断完善基层社会治理体系，不断推进社会治理体系现代化建设。社区作为治理的基础单位，是基层社会治理的最终落脚点。邻里关系作为社区的基本组成部分，在基层社会治理中起着举足轻重的作用，是基层社会治理的最小细胞，更是基层社会治理的最佳切入点。

随着商业化住宅的大力开发，人们的生活空间发生了巨大的变化，现代社区居民群体的特点决定了邻里关系样态也由原来的"熟人社会"逐渐向"陌生社会"转变（见表1）。随着邻里观念的淡化，在社区交往中更多呈现出人与人之间的不信任感和厌恶感，邻里关系的淡漠则不利于居民的身心健康乃至社区的安定和谐发展。社区睦邻文化的建设，将重建邻里之间的信任与交往平台，活化邻里细胞，重塑睦邻友好、互帮互助的社区环境，切实发现社区建设中的问题与矛盾，对社区建设以及基层社会治理的有效推进具有非常重要的现实意义。找准了基层社会治理的最佳切入点，才能形成有效的社会治理，强化居民的归属感、认同感，并不断满足人民日益增长的美好生活的需要，使人民的幸福感、满意度进一步提升。

表1　现代社区居民群体特点

人群结构分化和内心需求合群化	大部分社区的居民都存在分化，一种是户籍和地域差异形成的初级分化，另一种是职业差异形成的次级分化。在一个社区中，人与人之间由于其生活环境的不同，各自的习惯、"三观"、职业、受教育程度以及经济状况都有所不同，这就决定了居民与居民之间存在生活方式和习惯上的不同。这些社区居民因本身状况出现的分化，使得邻里之间更多呈现出陌生、互不来往的局面。但是，人是一切社会关系的总和，只有处在一定的社会关系中才能找到自我。在一个社区中，每个居民内心都存在对参与群体活动的向往
社区生活的分化和活动需求的多样化	社区居民分化的背后就是社区居民生活方式的分化。生活方式的不同决定了居民需求与喜好的不同，这就使得活动的开展具有一定的复杂性，难以满足所有居民的需求，这时候就需要改变传统社区活动方式，尽可能地实现居民的活动需求
阶层利益的分化和管理需求的科学化	出于对共同利益的考虑，社区各阶层之间同样会出现分化。在社区的治理过程中，必须采取科学的方式和手段，加强各利益阶层之间的互动和交流，加强他们之间的认同感与信任感，有效地推动各团体之间建立友好、和睦、团结的关系氛围

资料来源：陕西省民政厅，《"邻里节"引领和谐社区建设的实践与探索》，http：//shaanxi. mca. gov. cn/article/llyj/201111/20111100231193. shtml，2011年11月21日。

（二）睦邻文化建设是社区推进居民自治的有力保证

习近平总书记在党的十九大报告中强调："完善居民自治，充实基层社会治理的社会力量。打造群众自治平台，推进社区减负增效，让社区居委会回归居民自治本位，沉下心来抓治理、抓服务。""强化居民自治主体地位，组织开展邻里守望、邻里关怀，促进邻里相亲、社会和谐。"十九大对居民自治的新要求，为街道社区弘扬睦邻文化、建设和谐社区进一步指明了方向。

西城区许多街道开始探索"楼院自治""社区自治""微自治"等居民自治方式创新，这些居民自治模式多以邻里关系为依托，着力加强社区新型睦邻文化建设（见图2），不断实现社区居民自治的创新。一个健康和谐的邻里关系，能够勾勒出邻为德、与邻为善、与邻为亲、与邻为乐的美好的睦邻画面，创造出团结友好、互帮互助、文明和谐的社区氛围，从而使居民在良好的社区氛围实现自我的提升，为社区居民自治创造条件，是社区居民自治的有力保证。也只有这样，才能加强邻里之间的互动交流，调动邻里共同参与治理的热情，从而完善社区治理服务体系，实现共建共治共享新格局。

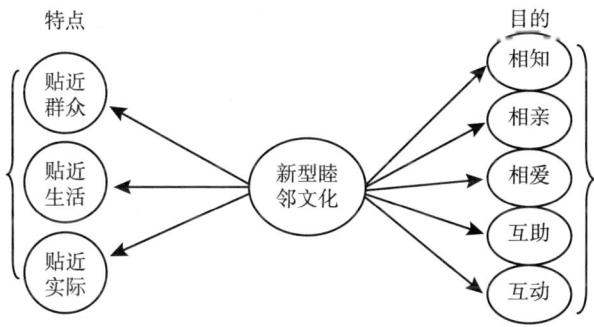

图2 新型睦邻文化特点和目的

（三）社区睦邻文化建设是社区文化建设的根基

社区睦邻文化是社区文化的重要组成部分，友好和谐的邻里关系是社区文化建设的助推器。广内街道康乐里社区在"邻里节"活动中，每年都以不同的主题来开展工作，活动目标对象涉及社区广大居民，目的就是要把不同年龄、性别、职业、阶层的人联系起来，重新搭建邻里了解、沟通、交流的桥梁。加强社区的睦邻文化建设，其最基本的出发点就是造福社区居民，为居民提供好的文化环境和氛围，使居民能够身心受益，为社区文化建设增添活力。

一方面，社区睦邻文化建设为社区文化建设提高了互动力和凝聚力。社区邻里节活动的开展，使居民与居民之间的了解加深，邻里之间从相知到互动，逐渐建立起信任感和认同感。另一方面，社区睦邻文化建设为社区文化建设增强了引导力。丰富多彩的文艺表演、志愿服务、运动竞赛、读书、展览等文化活动是社区睦邻文化建设的主要内容。活动形式的多样性使居民积极参与其中，部分活动还是居民自己设计策划的，极大地提高了居民自身的文化创造力和综合素质，整个社区的精神面貌也都焕然一新。

二 广内街道康乐里社区"邻里节"让真情重回邻里

康乐里社区是2003年新建的小区，是中国人民银行总行宿舍，95%的居民是银行职工，只有5%的居民是回迁居民。社区居委会于2002年下半年开始筹建，2003年5月以民主选举的方式正式成立。社区居民虽然同在一个单位工作，但是多数人并不认识，同住一栋楼不相往来，居民关系冷淡，相互之间缺乏信任，给社区建设工作的开展带来了困难。

自2006年起，康乐里社区每年以不同的主题开展社区邻里节系列活动，推动社区居民和睦友好，构建社区友爱互助的良好氛围。回首十余年，康乐里社区不仅延续了社区文化建设思路重点打造邻里文化，社区党委更是不断创新，搭建居民交流平台，促进社区邻里和谐。

（一）构建邻里友睦平台，创造真情空间

2006年，为让真情重回社区，在社区党委和居委会的组织下、居民代表的支持下和居民的广泛参与下，第一届康乐里社区"邻里节"成功举办，在"邻里节"庆典晚会上，社区工作者和居民为90岁以上的老人祝寿，为金婚夫妇举办庆典，对"十佳"邻里之星进行表彰。至此，"邻里节"成为康乐里社区居民每年必过的重要节日，为社区邻里关系创造了友睦平台。

每年3月末全国"两会"后，康乐里社区新一届邻里节的主题确定工作就紧锣密鼓地开展起来。社区党总支、居委会通过召开党员大会、居民代表会、楼门长会和群众大会，征求居民需求和建议，了解居民需求，共同确

定"邻里节"的主题。2006年以来,社区的邻里节活动就没有中断过。每年社区都会有一个邻里节的主题,并围绕此主题开展一系列邻里节活动。如2007年第二届社区邻里节以"亲情、友情、邻里情,浓浓情意筑和谐"为主题;2008年以"喜迎奥运,构建和谐社区"为主题;2009年以"共度'家'节,共享和谐"为主题……2016年以"十载邻里情,和谐一家亲"为主题;2017年以"相约运动,健康同行"为主题。"邻里节"已经成为康乐里社区的品牌。

(二)丰富邻里文化活动,筑牢邻里基础

康乐里社区的邻里节不是一次活动,而是一系列活动。在确定好邻里节主题后,社区在此主题下研究开展哪些具体的活动与主题相匹配。每届邻里节以3～9月为活动开展期,康乐里社区基本保证每月开展1次活动,每届"邻里节"开展5～6项主题活动。每次活动依据活动类型,参与人数在100～300人。

以2017年为例,2017年康乐里社区"邻里节"围绕"相约运动,健康同行"开展了一系列活动,走进大自然开展健步行、趣味运动会等都吸引众多居民积极参与。如今邻里互助、团结友爱、助老帮扶在康乐里社区已蔚然成风。除了"邻里节"的延续,2017年,康乐里社区还成立了读书会,并开展了"阅读红色经典,抒发爱国情怀"系列读书活动,社区居民共聚一室,大家取长补短、共同提高,不忘初心、牢记使命,树立了终身学习的理念。除此之外,康乐里社区还开办了书画培训班,深受社区居民的欢迎。

(三)广泛宣传榜样典型,弘扬邻里真情

2016年9月10日,康乐里小区举办了第十届"邻里节",社区专门准备了一台精彩的晚会并对康乐里社区"邻里节"进行十年回顾,视频短片集中呈现了康乐里社区历届"邻里节"以及这十年间社区的变化。此外,在此次"邻里节"上,社区不仅对48名优秀志愿者和90户最美家庭进行了表彰,而且还为即将要过生日的80岁以上老人举办了集体生日会。

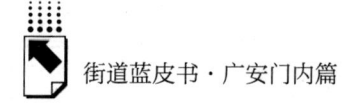

此外，社区还充分利用黑板报、宣传橱窗、横幅等宣传"邻里节"主题，让"邻里节"家喻户晓，形成人人参与的良好局面，点燃社区居民参与邻里活动的热情。每年9月第三个周六，社区会以庆典晚会的形式对一年的"邻里节"活动进行总结和庆祝，对社区志愿者、最美家庭、助邻模范等进行表彰。

三 康乐里社区睦邻文化建设找回了遗落的邻里真情

2006～2017年，十一年的坚持发展，康乐里社区"邻里节"牢牢把握以人为本、突出参与性，紧扣主题、突出创新性，资源共享、突出和谐性，扩大宣传、突出实效性的原则，积极倡导培育新型邻里关系。康乐里社区已经成功构建起社区邻里相互关怀的关系网络，不仅打破了邻里陌生冷淡的关系状态，搭建了邻里互助平台，促进了社区和谐，而且激发了居民参与社区建设的动力。

（一）构建了邻里关系织网，打破了钢筋水泥阻隔

康乐里社区"邻里节"旨在倡导居民走出家门，走进社区，重建邻里之情。社区居民之间不再是见面三不知的冷淡状态，而是热情温暖、关系融洽，居民对社区的认同感和归属感大大增加。居委会、物业、业主的关系更加协调、融洽。"邻里节"进一步融洽了社区内居民的感情，活跃了社区氛围，加强了社区居民与社区外居民的互动，让陌生的邻居熟悉起来，让疏远的邻居亲近起来，让寂寞的楼道热闹起来，让困难的邻居幸福起来，让更多的社区居民走出家庭，走进社区，参与社区建设和管理，从而不断推进社区建设和治理工作的顺利进行。

（二）推动了社区文化建设，丰富了社区文化生活

依托邻里节社区活动平台，建立老年人活动的阵地"老年乐吧"，并培育了2支舞蹈队、4支合唱队、1支乒乓球队、1支门球队、1支台球队、1个书画艺社、1支太极拳队，常驻活动居民320余人。在老年乐吧里，每天

都有乒乓球爱好者挥汗如雨，有台球队员潇洒挥杆，更有舞蹈队员优美起舞，而吹拉弹唱那是京剧票友的专属，康乐之声合唱团传来嘹亮歌声，桥牌活动现场恰似没有硝烟的战场，书画社挥毫泼墨尽抒胸臆。这些文娱活动为拥有共同兴趣爱好的居民搭建了平台，让参与其中的居民群众受到感染、陶冶情操、增进亲情，丰富了居民群众的精神文化生活，使他们在活动中增加了解、增进感情，提高了居民群众关注活动、参与活动的积极性。

（三）用活了辖区各类资源，打造了社区服务品牌

每月常态性的社区活动增强了居民间的亲切感，社区以此为契机，结合社区独居老人数量增加的实际情况，挖掘居民骨干，培育"一对一"结对了定向帮扶独居老人的志愿队伍，解决独居老人实际生活困难。"邻里节"活动也吸引了共建单位的积极参与，有的单位无偿提供操场、会议室和文体设施，有的单位组织员工参与睦邻活动，为"邻里节"提供服务，把"乐"送到社区，从更广阔的层面实现优势互补、资源共享，形成共居一域、共建共育、共促繁荣、共建文明、共同发展的和谐工作格局，拓宽政府、街道社区、居民共建共享、互惠互赢的发展道路。

（四）培育了志愿服务精神，搭建了邻里互助平台

社区依托文娱社会组织，倡导在地志愿服务，培育社会组织和社区居民的志愿精神，由在地居民服务在地居民，进一步促进和谐互助的社区氛围。社区已建立助老、治安、环保等多支志愿队伍，在地志愿者为社区的和谐融洽做出了巨大的贡献。社区"邻里节"撬动了社区人员、社区单位、上级单位等资源。经过多年的磨砺，康乐里社区邻里节已成为地区社区服务的一个重要品牌。

四　广内街道康乐里社区建设睦邻文化的经验借鉴

康乐里社区邻里节的创办和常态化运营，在营造睦邻友好社区氛围、丰

富社区文化生活等方面的不懈坚持，取得了显著的成效，不仅增进了邻里之间的了解与交流，也增进了社区居委会、物业以及居民邻里之间的相互交流，使社区更加和谐、百姓生活更加愉悦。2006年以来，康乐里社区每年以不同的主题开办社区"邻里节"活动，其成功经验展示出强劲的生命力，为其他地区加强社区建设与治理建设工作提供了一定的经验。

（一）党建带动社建，凝聚力量促和谐

康乐里社区党总支、居委会以邻里节为载体，打造社区服务品牌和活动亮点，使之成为社区党组织和居委会服务居民的有效途径和形式。每届邻里节都有鲜明的主题和系列活动相配合，丰富多彩的活动满足了居民多层次的精神需求，使大家对社区党组织更加信赖，党建工作和居委会服务工作上了一个新台阶，增强了党组织的凝聚力和战斗力，加强了社区居民的归属感，促进了和谐社区建设。

因此，重视社区党组织的带头领导作用，为社区睦邻文化建设引领正确的方向。发挥社区内各类党组织的共建作用，通过广泛开展党员主题实践活动，把社区党建工作融合到睦邻文化建设、搞好居民自治、加强社区治理的工作中，倡导党员在社区中认领一个服务岗位，牵手一个帮扶对子，办好一件实事，提出一项合理化建议，用党员活动促进睦邻文化建设。从社区凡人小事中发现先进、培育典型，宣传先进典型事迹，以榜样激励全体党员在邻里关系改善过程中尽己之力、争先创优。另外，要不断强化和完善街道主导、驻社区单位积极参与、社区成员互联共建的工作机制，使党建工作深入拓展社区服务、搞好社区治安的具体工作中，渗透到繁荣社区文化、改善人居环境的实践中，不断增强社区党组织在居民群众中的凝聚力和号召力。

（二）加强活动开展，营造氛围建平台

社区要不断打造丰富的文化活动载体，以健康的活动感染人。一要精心组织、科学规划。从群众所需、政府所能出发，科学定位睦邻文化活动意义，明确活动开展目标，以居民的需求为第一出发点，以提升社会公共文明指数

为第一要务，切实增强居民群众的幸福感和归属感，得到了居民群众的认可。

二要明确责任分工，围绕睦邻文化活动总体工作方案，明确各部门的职责分工，形成各负其责、齐抓共管的良好工作局面。

三要系统组织、定期举行。街道定期为居民开展各类实践活动，包括读书、演讲、乒乓球比赛、健步走、邻里文化节、书画展、亲子接力赛等丰富活动，为邻里互动搭建平台，促进社区居民的内在和谐。同时，创作文化牌匾、睦邻之歌等文化作品，弘扬文化精神；成立文联、各种文化协会、文艺团队、活动协会等组织，有力推动街道群众文化活动开展。

四要形成激励机制，每年对在活动中涌现出来的各类先进及时进行表彰，切实提高居民群众参与的积极性，扩大活动的辐射面和影响面。

五要保证经费落实。街道要设专门的活动经费，确保睦邻文化活动的顺利有效开展，为睦邻文化活动提供资金支持。

（三）重视队伍建设，组织力量为服务

邻里节活动的顺利开展，一是依托社区党居站人员队伍的工作智慧和工作能力，二是团结社区党员、社区骨干、居民代表队伍，密切协作，切实保证社区邻里节活动接地气、解民难，保持生机与活力。重视文娱类社区社会组织和志愿服务队伍的建设作用，搭建了社区在地志愿服务协作体系。因此，要大力推动各类社区社会组织等社会力量发展壮大，引导和组织社区居民通过加入社区社会组织参与社区服务与管理，充分发挥社会组织凝聚群众、服务邻里的作用。

一方面，大力培育社区社会组织，积极拓展社区睦邻文化发展平台。按照"群众需要，群众喜欢，群众选择"的思路，以满足群众不同爱好和需求为目标，引导社区居民成立社区服务、文化体育、维护权益等各类社会组织；以社区老年人协会、志愿者协会、残疾人协会为龙头，引导各社会组织吸引不同年龄、不同层次群众广泛参与，逐步形成友爱互帮、共创文明的和谐文化氛围。

另一方面，加强对社区社会组织的规范管理，大力弘扬先进睦邻文化。

一要注重加强领导。将社会组织发展纳入规划，规范管理、常议常抓。二要注重引导扶持。引导和扶持社会组织工作，使社会组织在参与过程中，变被动应付为主动整合，变突出共性为彰显个性，变按部就班为抢抓机遇。三要注重健全机制。规范章程，确保社会组织依法开展活动，充分发挥其服务社区群众、弘扬新风正气、活跃文化生活的重要作用。

（四）动员居民参与，广纳民意重宣传

社区邻里节在主题确定以及活动设计时广泛征求居民需求和建议，同时依托社区骨干队伍，进行积极宣传与动员，引导居民广泛参与，充分发挥邻里节穿线、睦邻、解难的作用。因此，街道和社区要充分运用手中的文化宣教阵地营造浓厚的文化氛围，以良好的环境熏陶人。

一是加强文化广场建设，注重宣传发动。着力打造街道、社区的文化广场、文化长廊等文化软环境。二是设立睦邻文化教育基地，集中展示睦邻文化的主要内容和悠久历史，并充分利用好宣传橱窗、横幅、海报、楼道黑板报等进行宣传，扩大居民辐射面。三是设立社区睦邻之家，包括公共议事室、邻里调解中心、互助合作社、法律工作室、服务功能室等，通过社区睦邻之家把所有服务项目都串联起来，形成良好的睦邻文化氛围，潜移默化地发挥文化的育人作用；四是加强网络宣传，利用社区微博、微信群、QQ群等网络载体深化宣传，扩大宣传覆盖面。

参考文献

习近平：《在中国共产党第十九次全国代表大会上的报告》，2017年10月18日。

广内街道办事处：《社区"邻里节"让真情重回邻里——广内街道康乐里社区"邻里节"案例》。

西城区关心下一代工作委员会编《西城区关心下一代工作委员会简报》，2017年第26期。

北京市关心下一代工作委员会：《社区邻里节日 尽享快乐时光》，http://bjsggw.

beijing. gov. cn/news/t1495727. html，2017 年 10 月 16 日。

陕西省民政厅：《"邻里节"引领和谐社区建设的实践与探索》，http：//shaanxi. mca. gov. cn/article/llyj/201111/20111100231193. shtml，2011 年 11 月 21 日。

张健：《把新型睦邻文化建设作为基层治理的切入点》，《辽宁日报》2017 年 8 月 2 日，第 08 版。

魏兴谷：《关于加强社区睦邻文化建设的思考》，《三明日报》（理论与实践）2016 年 5 月 15 日，第 A03 版。

陈平：《弘扬睦邻文化 建设和谐宜城》，《唯实》2015 年第 12 期。

孙健：《城市社区邻里关系陌生化困境的路径选择》，《哈尔滨学院学报》2010 年第 4 期。

董焕敏、徐丙洋：《新时期城市社区邻里关系的现状及对策分析》，《山西青年管理干部学院学报》2011 年第 4 期。

B.13
探索无物业小区环境治理新模式
——以广安门内街道宣西社区为例

摘　要： 我国仍有相当一部分城市居民生活在楼房破旧、年久失修、配套设施不完善、环境脏乱差的老旧小区内。大部分老旧小区缺少相应的物业管理，日常管理整治工作相对滞后，逐渐成为城市治理的短板和社区治理的薄弱环节。老旧小区环境整治改造工作已成为当前城市治理的一项重要内容。西城区广内街道立足辖区实际情况，结合街道自身优势，以街道辖区内宣西社区为试点，针对宣西社区的环境问题，采取了一系列行之有效的举措，进一步改善了居住环境，使社区居民的生活品质和幸福感明显提升，创新了老旧小区环境治理机制，打造了志愿服务与社会组织相结合的"居民参与，社会助力"的环境治理新模式，对无物业小区环境治理具有一定的借鉴和参考意义。

关键词： 无物业小区　环境治理　广内街道

一　无物业小区环境治理问题亟待破题

（一）环境综合治理是改善社区人居环境的首要内容

社区环境治理的好与坏事关基层百姓群众的切身利益，事关城市发展和管理品质。随着城市化进程的加快，城乡社区环境治理成为改善社区人居环境的首要内容。国务院在2017年发布了《关于加强和完善城乡社区治理的意见》

(下文简称《意见》)。《意见》明确指出，各级政府要改善社区人居环境，进一步加强城乡社区环境综合治理，做好城市社区绿化美化净化、垃圾分类处理、噪声污染治理、水资源再生利用等工作，同时要广泛发动居民群众和社会机构以及相关组织参与社区环保活动，进一步建设资源节约型、环境友好型社区。

（二）环境综合治理是无物业小区的最大短板

在加强环境综合治理的形势下，无物业社区的环境治理问题显得尤为突出。长期以来，由于发展阶段的不同和历史遗留问题，我国仍有相当一部分城市居民生活在楼房破旧、年久失修、配套设施不完善、环境脏乱差的老旧小区内。这些老旧小区缺少相应的物业管理，不要说绿化美化净化、垃圾分类处理、水资源再生利用等治理工作，就连日常的环境清洁工作都难以保障。这些无物业小区已经成为城市治理的最大短板和社区治理的薄弱环节，对此类社区的环境治理迫在眉睫。

（三）培育治理主体是环境综合治理的关键

解决好无物业小区的环境治理问题，首当其冲的是培育小区治理主体。由于老旧小区基础设施欠账多、小区物业费收缴难，常用的办法是由街道通过购买服务引进物业公司来管理，或者是小区通过居民自治实现自我管理。然而，前一种办法相当于政府承担了小区的物业管理责任，合情但不合法，不具有可持续性；后一种办法更多依靠小区里领导自治的带头人，受人的因素影响大，具有不确定性。因此，很有必要探索一种新的治理模式。广内街道宣西社区创造了志愿服务与社会组织相结合的"居民参与，社会助力"的环境治理新模式。

二 广内街道宣西社区环境治理另辟蹊径

（一）广内街道宣西社区推动环境治理的背景

广内街道宣西社区地处地铁沿线，东临宣外大街，南至后河沿大街，西毗长椿街，北起宣西大街，社区总面积约为0.08平方公里，地理位置十分优越。社区整体面积虽然不大，但社区内共有13栋居民楼，其中9栋为高层楼，实际居住人口为1700户、4000多人。整个社区的居住密度较大，居住人口较为集中。宣西社区的居住人口以中国传播总公司、民族宫以及中央编译局等国有企事业单位的职工为主。

宣西社区属于老旧小区，社区内楼房建筑年龄较长，很多居民楼都存在年久失修的问题。随着社区居住结构的变化，目前社区老年人偏多。宣西社区内缺乏专门的物业管理，社区的整体环境卫生总是得不到有效管理。社区内各种环境问题比较突出，居民楼内乱摆乱放现象严重，致使本来就狭小的楼道空间更为狭窄，严重影响居民的日常出行。楼道内私拉晾晒情况也较为严重，特别是垃圾存放处，常年脏乱差。虽然宣西社区居委会也曾在社区环境治理上做出过很大努力、进行过多次尝试，但是问题一直得不到很好的解决。

（二）广内街道将宣西社区作为老旧小区环境整治试点

广内街道组织专门力量进行研讨和学习，深刻领会国家和北京市相关政策和意见，立足街道各方面实际情况，通过仔细严密的商讨，决定以辖区内宣西社区为老旧小区环境整治试点社区。宣西社区在广内街道的统筹和领导下，充分挖掘社区居民的力量，组建社区环境治理志愿者队伍，并建立社区志愿者奖励机制，利用社区资源为志愿者提供奖励，不断提升志愿者的参与意愿。宣西社区在积极动员社区力量的基础上，还引入了相关社会组织的力量，对社区环境治理实行项目化运作，进一步完善社区环境治理机制，促进社区环境向好发展。

（三）动员居民力量，成立环境清洁志愿者队伍

广内街道宣西社区在开展社区环境治理的工作过程中，特别强调社区居民的重要性。宣西社区在街道的指导下，利用社区居委会对社区的了解，委派专人和社区内有威望的离退休老干部、相关积极分子进行沟通，通过他们进一步动员社区居民，积极调动社区居民力量，并以此为基础建立宣西社区

环境治理志愿者团队。宣西社区环境治理志愿者团队在社区环境治理的过程中实行志愿者包楼的方法,社区居民志愿者主要承担自己居住的居民楼或就近居民楼内楼梯、楼道等公共区域的卫生清洁工作,同时承担起对各自居民楼环境卫生的监督工作,进一步有效遏制居民楼的环境破坏行为。

经过几年的发展,宣西社区已经形成了稳定的社区环境清洁18人志愿者队伍,可以保证宣西社区13栋居民楼全覆盖,使居民楼的卫生环境无死角。志愿者不仅对社区楼道环境进行清洁工作,还发挥了协调和带动作用。在处理社区主要环境问题时(见图1),街道通过志愿者引导本楼相关人员参与问题协商,不断凝聚共识、整合资源。在社区环境志愿者的影响下,社区进一步整合各方面资源,达到网格化管理,不仅使社区其他居民的环境意识得到了显著提高,使以往那种自私自利、不顾及他人的行为逐渐减少,而且也让社区居民在协商的过程中学会理性思考,有效化解了环境治理过程中的矛盾,形成了良好的沟通机制和社会风气。

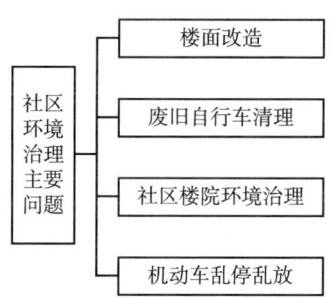

图1　广内街道宣西社区环境治理主要问题

(四)引入社会组织,进行项目化管理

广内街道在宣西社区环境治理的过程中,不断摸索创新治理机制,紧跟社会和时代的发展步伐,以此满足和适应社区居民对社区环境越来越高的需求。近年来,广内街道针对宣西社区的具体情况,不断研判和了解当今社区治理的新思维和新方法,按照现今房地产市场经营与开发的规则,从社区公共环境管理、社区环境服务规范化、社区环境治理现代化等方面入手,通过

多方面的评估和一系列的考核，为宣西社区引入了专业性的社会组织，对社区环境治理进行项目化管理，以更好地提高社区环境治理品质，推动社区环境治理的良性发展。专业社会组织通过项目化运作的方式对社区进行环境治理，服务项目包括既有的社区居民楼内环境的清洁，同时还举办社区环境保护宣传等各种主题活动。这不但实现了环境清洁服务的持续有效运营，而且扩大了社区环境治理服务的范围，极大地促进了社区居民环保意识的提升。

另外，社会组织的介入使得社区志愿者队伍的管理有了更好的依托。一方面，针对以往社区环境志愿者队伍沟通联络不畅的问题，建立了居民志愿者队伍周例会制度，为志愿者队伍的内部沟通、研究探讨搭建了平台。另一方面，社会组织为志愿者队伍的成员购买了相关保险，有效缓解了志愿者履行社会责任时的后顾之忧。再一方面，社会组织为社区志愿者的工作定期发放劳动补贴，肯定了社区志愿者的付出，提高了对志愿服务的价值认同。客观上提高了社区环境清洁志愿者队伍的稳定性和凝聚力。

（五）完善工作机制，发挥志愿者作用

广内街道宣西社区在治理社区环境的过程中，通过发挥社区志愿者的力量进行社区环境治理，充分弥补了街道在社区环境治理方面的某些局限性，很好地利用了宣西社区居委会的熟人效应，进一步完善了社区环境治理机制。因此，更好地发挥环境治理志愿者的职能和作用，建立更长效的志愿者队伍工作机制，不断巩固志愿者服务成果，显得十分重要。因此，宣西社区居委会在广内街道的统一领导下，不断摸索对社区环境治理志愿者团队的激励和监督举措。一是建立监督机制，社区居委会规定了社区志愿者每周三小时的服务时间，保证了志愿者的参与时长。社区居委会会根据社区居民对环境清洁情况的反馈，和志愿者进行沟通，确保环境清洁的质量。二是建立奖励机制，社区居委会根据志愿者的表现，利用社区经费对志愿者进行一定的精神和物质奖励。监督和激励机制的应用，进一步激发了社区环境治理志愿者队伍的能动性，提升了社区志愿者主动参与社区环境清洁的意愿和整体质量，逐步形成了对这支志愿者队伍的有效管理。

三 广内街道宣西社区环境治理所取的成效

广内街道宣西社区通过吸引社区居民参与、引入专业性社会组织等一系列举措,建立了志愿服务与社会组织相结合的老旧小区环境治理新模式,对破解环境治理问题起到了良好作用。

(一)环境治理使广内街道宣西社区环境卫生得到改善

广内街道通过对宣西社区进行环境治理,使宣西社区的整体环境卫生情况得到了前所未有的改变。宣西社区居委会在街道的统筹和引领下,逐步加大环境治理的力度,吸引社区居民志愿者积极参与,使楼道公共区域的卫生环境达到了一般商业楼宇、小区的水平。以往社区内老旧自行车的乱停乱放、随便丢弃现象也得到改善,以往争抢车位、私装地锁等情况也随之消失。通过社区环境治理志愿者的带动,社区居民更加积极主动地参与到社区环境美化的行动中,进一步促进了社区环境卫生的整体改善。

(二)环境治理使广内街道宣西社区居民对社区认同感得到提升

广内街道通过对宣西社区进行环境治理,获得了宣西社区居民的认可。街道对社区进行环境治理,进一步加深了社区居民对宣西社区居委会的了解,以往对社区居委会工作情况不了解的问题得到明显改善。居民对社区居委会的工作方式和方法有了进一步认可,对居委会的工作十分满意和支持,对居委会的信任进一步增强。社区居委会的职能就是凝聚社区,因此社区居民对居委会认同感的提升,本身就代表着社区居民对整个社区的认同。社区居民主动承担社区环境清洁工作,进一步增强了社区居民对社区公共事务的责任感,使以往那种"事不关己、高高挂起"、"自扫门前雪"、相互猜忌埋怨等不利于社区环境卫生改善的负面思想得到了疏解。进一步强化社区居民的主人翁意识,使社区环境从根本上得到了改善。

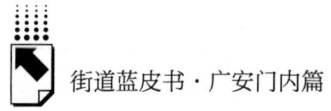

（三）环境治理更加有效地带动宣西社区其他工作顺利开展

广内街道在对宣西社区进行环境治理的过程中，通过有效合理的沟通，使社区环境志愿者队伍成为政府和社区居民之间的沟通枢纽，让其充当政府和社区居民的"解压阀""缓解器"。此模式不断增强社区居委会与社区居民的沟通，消除彼此之间的误解，同时使宣西社区居委会更加深入地了解社区居民的实际诉求，以往社区居民不愿意和政府沟通交谈的现象得到了较大改善。在此基础上，宣西社区居委会更加深入地了解和掌握了社区其他服务（如老年服务、残疾人服务、人口居住、社会保障、宠物管理等）信息，使宣西社区对今后相关公共事务的管理更加高效。此外，在社区环境治理志愿者的主动引导下，宣西社区居民之间可以进行社区服务信息的传递，进一步促进了社区居民对社区服务的了解、参与和支持。

四 广内街道宣西社区环境治理模式的经验启示

（一）居民参与是社区环境治理的力量源泉

宣西社区在开展社区环境治理的工作中，十分重视发挥社区内的居民力量。宣西社区在实际的环境治理过程中，积极动员社区居民承担社区楼道公共区域的卫生清洁工作，使社区楼道环境由无人管理变为定期清洁，极大地促进了社区环境的改善，进一步提高了社区居民的环境保护意识，为社区环境的长久治理和保持，奠定了坚实的基础。宣西社区居民承担社区楼道环境清洁的工作，不仅有效地缓解了社区居委会在社区环境治理上的工作压力，而且有效地缓解了此前由于沟通机制局限性导致的社区居委会和居民之间沟通不顺畅的问题，从而进一步消除了以往社区居委会和居民之间不理解、不信任的情况，让彼此之间的关系得到较大的缓和，进一步增加了社区居民对居委会的认可，提升了社区居民对社区公共事务的参与感和责任感。

（二）志愿者队伍培育与管理是社区环境治理的关键

广内街道宣西社区居委会在重视发挥社区居民力量的同时也十分重视对社区志愿者队伍进行管理。通过对社区环境治理志愿者队伍进行有效的引导和管理，不断提升社区居民参与社区环境治理的意愿。首先社区居委会通过社区环境治理志愿者对社区居民楼实行分楼管理，每一栋居民楼设置固定的志愿者，避免了责任不清的问题。其次社区居委会规定了志愿者的服务时间，这样有利于保证社区志愿者的参与。最后社区居委会利用社区经费为社区志愿者提供一定的奖励，有利于提升社区志愿者的参与积极性，可以鼓励更多的社区居民参与社区环境治理。

（三）社会组织是社区环境治理的重要力量

广内街道宣西社区通过对当前社区管理形势的研判，积极吸取当今先进社区物业管理经验。宣西社区引入专业化的社会组织，以项目委托的方式将社区环境治理的工作委托给相应的社会组织，从而有效弥补了社区在环境治理过程中专业性不足的问题。专业化社会组织的进入，实现了宣西社区环境治理的项目化运作，使得社区环境治理工作更加系统化和现代化。专业社会组织的进入不仅增强了对社区志愿者队伍的有效管理，而且实现了社区环境治理服务的进一步扩展，使宣西社区环境治理工作由环境清洁扩展到社区环保意识提升，进一步促进了宣西社区环境治理工作的发展。

参考文献

中共中央、国务院：《关于加强和完善城乡社区治理的意见》，http：//www.gov.cn/xinwen/2017-06/12/content_5201910.htm，2017年12月06日。

李倩：《城市老旧社区社会治理模式探析——以北京市海淀区C社区为例》，硕士学位论文，对外经济贸易大学，2015。

金凤、何雪莹：《浅谈城市中老旧小区环境整治——以淄博市张店区城中小区为

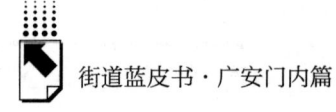

例》，《城市建筑》2017年第5期。

周瀛：《用社会参与模式解老旧小区治理难题》，《中国社会工作》2016年第7期，第56页。

邵里庭：《落实中央意见，推进社区治理：城市老旧小区居民自我管理工作设计——老旧社区居民自我管理工作制度》，《住宅与房地产》2017年第11期。

黄珺、孙其昂：《城市老旧小区治理三重困境——以南京市J小区环境整治行动为例》，《武汉理工大学学报》2016年第1期。

闫明燕：《城市开放式老旧小区治理对策研究——以济南市市中区为例》，硕士学位论文，山东大学，2015。

刘建忠：《推进老旧小区整治改造，改善群众居住生活环境》，《建设科技》2017年第3期。

B.14
关于广安门内街道背街小巷环境整治提升的案例分析

摘　要： 背街小巷的整体面貌情况，不仅反映着城市文明水平、和谐宜居程度，还是检验基层政府履职是否到位、精细化管理是否到家的标尺。2017年4月以来，西城区全面打响了背街小巷环境整治提升的战役。全区提出要利用三年时间，完成1015条背街小巷整治提升任务，努力实现"共建共享全覆盖、十有十无促提升"的目标。广内街道紧扣区目标，从长远着眼，从近处着手，针对背街小巷问题点，强化第一责任人的意识，切实把背街小巷治理摆在紧要位置，牢固树立一盘棋的意识，全员参与主动认责，全面落实整治工作，抓好背街小巷的整治提升工作。本报告对广内街道背街小巷环境整治的具体做法及成效进行深入分析，提出可以为其他地区借鉴的经验和启示。

关键词： 广内街道　背街小巷　环境整治

一　背街小巷环境整治提升对社会治理具有重要的意义

背街小巷，指的是主干道后边通向居民区的小街道、胡同等，一般以非机动车和行人通行为主，街道较为狭窄，一般在10米以内。背街小巷环境整治提升是一项重要的民生工程，不仅是全面落实《北京城市总体规划

(2016~2035年)》和《首都核心区背街小巷环境整治提升三年（2017~2019年）行动方案》的基本要求，也是治理首都大城市病、提升城市品质的重要举措，还能够改善街道街巷胡同的整体环境，为居民提供一个出行有序、充满老北京味道的清净、舒适、和谐的宜居空间。

（一）是治理首都大城市病、提升城市"里子"形象品位的重要举措

北京作为中国的首都，是一个高速发展中的国际化大都市。在首都的不断发展中，对社会和经济高速发展的追求必然导致各种"城市病"的出现。出于对国际一流和谐宜居之都的追求，北京正视自身存在的"城市病"，开始花大力气进行整治。背街小巷是不少市民的聚居栖息之所，但杂乱脏差等种种乱象极大影响了大家的生活，为首都形象和城市品质抹上了阴影。经过多年的积累，背街小巷成为城市管理相对薄弱的部分，成为各种社会问题的"集散地"，成为"城市病"最集中的领域。因此，要想治愈首都的"城市病"，就必须率先跨过背街小巷环境整治难关。

背街小巷环境整治还是提升城市"里子"形象品位的重要举措。2017年2月24日，习近平总书记在北京城市规划建设和冬奥会筹办工作座谈会上明确提出："对北京来说，确实需要既管好主干道、大街区，又治理好每个社区、每条小街小巷小胡同。"蔡奇书记到东城区和西城区明察暗访背街小巷时也曾提出："城市管理要抓正面，还要抓背面。正面是光鲜的，但真正的短板是背面。"没有"里子"就没有"面子"，作为首都北京的"里子"，街巷胡同的环境情况、整体风貌体现着首都的精神风貌，直接关系到首都形象，不仅要狠抓，而且要抓实。

（二）是全面落实首都城市战略定位和首都核心区背街小巷环境整治提升三年行动方案的基本要求

2017年4月1日，北京市城市管理委员会和首都精神文明委员会印发了《首都核心区背街小巷环境整治提升三年（2017~2019年）行动方案》

关于广安门内街道背街小巷环境整治提升的案例分析

（以下简称《三年行动方案》），《三年行动方案》立足首都核心区定位，不仅确定了核心区未来三年的目前任务（见表1），同时将工作的具体内容、职责、要求和方法做了明确的说明（见图1）。

表1 《首都核心区背街小巷环境整治提升三年（2017～2019年）行动方案》目标任务

目标	首都核心区自2017年开始,利用三年时间,全面完成核心区背街小巷环境整治提升任务	
背街小巷	总量:2435条	
	已完成整治提升,需巩固加强:761条	未整治提升:1674条
具体任务（完成整治提升）	2017年:567条	东城区:252条
		西城区:315条
	2018年:615条	东城区:215条
		西城区:400条
	2019年:492条	东城区:192条
		西城区:300条

资料来源：北京市城市管理委员会、首都精神文明建设委员会办公室，《首都核心区背街小巷环境整治提升三年（2017～2019年）行动方案》，2017年4月1日。

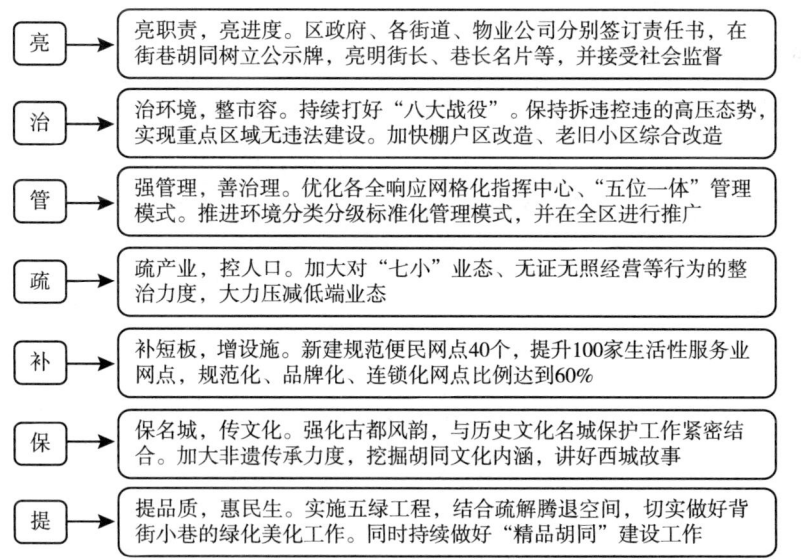

图1 《首都核心区背街小巷环境整治提升三年（2017～2019年）行动方案》工作方法

西城区作为首都核心区，是全国政治中心、文化中心和国际交往中心的核心承载区，也是历史文化名城保护的重点地区和展示国家首都形象的重要窗口地区。做好背街小巷环境整治提升工作，是对首都核心区战略定位的落实，能够打造干净整洁、文明有序的街巷胡同，保留住核心区古都文化肌理，促进历史文化传承；也是深入贯彻落实《三年行动方案》的基本要求。要大力推动《三年行动方案》的目标任务按时完成，为街区居民提供更高质量的生活环境，提高精细化管理水平，为建设国际一流的和谐宜居之都发挥出核心区的作用。

（三）是改善街巷胡同环境、提升区域品质的有力保证

背街小巷是一个城市的基本脉络，更是一个城市内在涵养的体现，与居民的生活息息相关，影响着居民的方方面面。越是微细的地方越容易被忽略，越容易出现问题。背街小巷的环境情况往往伴有小商小贩、小区老旧、秩序杂乱的现象。广内街道也一样，背街小巷存在私搭乱建、开墙打洞、违规停车、乱堆杂物、凌空架线等环境脏乱差的问题，不仅与首都核心区的形象背道而驰，而且大大降低了街区居民的生活品质。因此，必须找准问题的根本，积极落实整治背街小巷的环境提升工作，及时解决散落在街道角落的各种问题，把精细管理的触角延伸到每一条背街小巷，还居民焕然一新、散发勃勃生机的街巷，提升辖区区域品质。这既是首都核心区发展的需要，也是辖区居民的期待，可以让首都的脉络更加畅通。

二 广内街道重拳出击全面推进背街小巷环境整治工作

西城区委、区政府对背街小巷环境整治工作部署后，广内街道一马当先，率先开始制订工作方案并全面推进背街小巷环境整治提升工作。在背街小巷整治过程中，街道紧紧围绕"十有十无一创建"的工作标准，与各

部门、各社区上下一心,攻坚克难,不断推进整治工作的科学部署、有序开展。

(一)紧扣"十有十无一创建"要求,加强工作动员部署

2017年4月10日,在《首都核心区背街小巷环境整治提升三年(2017~2019年)行动方案》发布后的第九天,广内街道召开了背街小巷整治提升动员部署大会,对背街小巷整治工作进行部署。街道机关全体干部,广内派出所、广安门工商所、广内城管执法队、广安门交通队、广内食药所、广内卫生监督站、广内防火办、广内社区卫生服务中心负责人,以及广内各社区两委负责人、辖区单位代表、辖区志愿者代表百余人参加了部署会。部署会提出,街道的下一步工作就是围绕"背街小巷十有十无一创建"的整治标准和"三年之约——行动举措"(见表2、图1),在治理开墙打洞工作的基础上,对已整治过的街巷胡同进行巩固提升,并结合"疏解整治促提升"、老旧小区综合整治以及创建文明街巷等工作,打造环境优美、文明有序的广内街巷环境。另外,街道还要不断地完善工作机制,加强工作调度、组织联合执法、强化落实责任,以更大的决心、更大的力度、更实的举措,提升地区环境水平。

表2 背街小巷"十有十无一创建"的整治标准

十有	有政府代表(街长、巷长)、有自治共建理事会、有物业管理单位、有社区志愿服务团队、有街区治理导则和实施方案、有居民公约、有责任公示牌、有配套设施、有绿植景观、有文化内涵
十无	无乱停车、无违章建筑(私搭乱建)、无"开墙打洞"、无违规出租、无违规经营、无凌乱架空线、无堆物堆料、无道路破损、无乱贴乱挂、无非法小广告
一创建	开展文明街巷创建

资料来源:北京市城市管理委员会、首都精神文明建设委员会办公室,《首都核心区背街小巷环境整治提升三年(2017~2019年)行动方案》,2017年4月1日。

(二)成立广内分指挥部,确保街巷管理日常化、常态化

为更好地开展背街小巷整治提升工作,广内街道专门成立了西城区背街

小巷整治提升工作广内分指挥部。分指挥部以街道党工委书记、办事处主任任总指挥，指挥部下设5个专项工作组及14个片区工作组，同时还任命了81名街巷长（这81名街巷长都由机关干部担任），并在每条街巷墙上立公示牌，标明该街巷负责街巷长的名字和联系方式。

广内街道一共有79条街巷，其中有68条背街小巷，11条主要大街。2017年4月22日，广内街道发动了87名机关干部担任街巷长和100多名社区干部集聚小街小巷，负责街巷的环境改善，主要清理私装地锁、废弃自行车和堆物垃圾，大搞环境卫生。一个周末共清理地桩地锁300余个，清理废弃自行车100余辆，清运堆物堆料60车、400余吨。街巷长扑下身子，发扬工匠精神精雕细琢，极大地提升了广内区域的环境水平、文明程度。

（三）建立街巷临时党支部，以"绣花功夫"解决整治难题

2017年年初，广内街道在"党建＋"基础上进行了新的完善，即"党建＋民需、民意""党建＋问题困难""党建＋核心大局"，将临时党支部建在背街小巷项目上就是"党建＋核心大局"这一理念的延续。2017年7月，广内街道由78名街巷长牵头在相应的责任街巷成立了69个街巷临时党支部。临时党支部虽然是临时组建的组织，但发挥的作用绝不是临时的。建筑渣土随意丢弃，是校场社区的整治难点。各街巷临时党支部发起倡议，从2017年8月1日起，校场社区11条街巷不论谁家改造装修，必须到居委会签协议并缴纳押金，保证施工完后及时清运渣土，清运后，押金退还给居民。该倡议经过多次居民代表讨论，成为校场社区居民公约。各街巷临时党支部联合公安、司法等力量，通过居民公约的方式，让建筑垃圾痼疾去了病根儿。

下一步，各党支部将配合街巷整理计划，拿出"绣花功夫"，使胡同内的基础设施和服务功能进一步提升，环境、交通等状况进一步改善，让胡同里的居民切身感受到整治工作带来的变化，享受到治理的成果，力争实现居民们盼望的"出门有花香，月下闻蝉鸣"的街区环境。

(四)启动30处"微更新"项目,满足居民实际需求

广内街道率先在全区启动以街道为单位的街区整理计划。街道紧扣周边居民的实际需求,选出30个"微更新"点位,进一步优化百姓生活环境,打造精品街区。30个"微更新"项目大多是在前期疏解整治的基础上,利用城市边角地、拆违后空地进行环境功能更新提升。

为了让街区整理计划有序落地实施,街道提出了"规模型更新+'微更新'+菜单式更新"的模块化统筹更新模式,主要包括7个规模型更新区、30个"微更新"项目和墙面、地面、公共设施3类"微更新"菜单。7个规模型更新区中,广阳谷作为北京首个城市森林已经亮相;宣西北胡同区已完成达智桥等3条精品胡同和沈家本故居保护修缮;老墙根市场已完成升级设计方案,将建成百姓综合服务中心。

(五)推行专业化物业管理服务,严格保护治理成果

为了克服辖区环境整治反弹的问题,强化环境整治的效果,进一步提高背街小巷环境秩序维护管理水平,广内街道于2017年9月1日正式在全地区开始推行背街小巷专业化物业管理服务,针对社区居民的实际需求,推出了8项服务内容以及1项试点推广项目,让群众有更多获得感。

首先,开展走访并结合实际倾听民意。2017年8月,物业公司首先对广内街道各社区情况以及背街小巷进行了实地调研,就各社区特点进行了针对性规划,并最终制订了《广安门内街巷物业管理方案》。

其次,细分片区开展服务。在全面推行背街小巷专业化物业服务时将18个社区分为东西两大区域。在两大区域内,根据实际情况和特点,又细分成了四个片区,实施全封闭式或半封闭式管理,并安装有人值守道闸,安排物业站点,包括特勤、环卫保洁、设施维护、绿化养护专业人员若干,提供交通疏导、环卫保洁、安全防范、秩序维护、绿化养护、设施巡视、特约服务、延伸服务等8项服务。

最后,试点推广垃圾分类。物业公司将在各街巷试点推广垃圾分类,组

织社区居民、企事业单位、商户进行垃圾分类知识的普及讲座，组织设立专业的垃圾分类指导员、购买垃圾分类清运车辆、配备专用垃圾袋及垃圾箱，由物业设立的垃圾清运人员定时、定点负责分类垃圾的清运工作。做到垃圾分类前、中、后一条龙服务。

三　广内街道背街小巷环境整治取得了显著的成效

（一）提升了街区生态品质，发挥了核心区生态示范效应

广内街道紧紧围绕"城市森林"的生态理念，抓住"疏解整治促提升"和背街小巷治理的契机，通过拆迁增绿、拆违增绿、疏解增绿等方式，打造了以城市森林为特色的示范型绿地——广阳谷城市森林（占地总面积3.44万平方米），不仅提升了街区生态品质，还增加了绿色休闲空间，增强了百姓的绿色获得感。

广阳谷城市森林的建设发挥了核心区的生态示范效应。首先，拓宽了街区绿色空间，为居民提供接近原始自然、享受自然乐趣的休闲娱乐场所。其次，有利于街区生态环境修复。各种树木为街区净化空气、调节气候、减弱噪声、保护水源发挥了作用，为居民打造了更加和谐宜居的生活环境。最后，美化了街区形象。公园种植了79种共3798株乔灌木，32种2万余平方米草本地被，丰富的植物群落色彩，加上卵石与砾石的雨水花园形象，大大地提高了街道的观赏性。

（二）打造了精品胡同，恢复了街区历史风貌

自广内街道开展背街小巷环境整治工作以来，街道各个胡同的形象大为改观，开墙打洞、占道经营、封闭围栏、凌乱堆物等现象越来越少，广内街道越来越多的胡同达到了"十有十无"的整治标准，拓展了公共空间，增添了便利设施。其中，达智桥胡同的环境整治工作成效显著，占道经营摊位和违法建设挤占造成周边胡同脏乱的问题都得到了解决。结合精品胡同建

设,达智桥胡同重新铺设路面,仿照明清风格修饰沿街建筑外立面,打造了老北京味道的文化景观。

一方面,环境治理成效显著。达智桥胡同整治工作启动以来,拆除胡同及宣外大街沿街违法建设共84处、620余平方米。达智桥胡同拆除违建60处,宣外大街拆除沿街违建24处,腾退居民235户,封堵开墙打洞8户、12个门,胡同由3米展宽到7米,完成胡同品质提升工程。另一方面,恢复了老北京历史风貌。胡同临街的民居外立面以青砖灰瓦为基本色调,地上也都铺着青条砖,基本按照民国特色恢复胡同肌里,特别是围绕杨椒山祠、沈家本故居等5个重点文保单位,让周边的5条背街小巷重现历史风貌。

(三)完善了生活性服务业布局,便利了街道社区居民

广内街道紧扣周边居民的实际需求,选出30个"微更新"点位,通过街区整理与复兴,把广内街道打造成首都功能核心区城市更新样本,区域整体环境品质提升的样板,一刻钟社区生活圈的示范以及北京老城历史文化的展示橱窗,完善了广内街道的生活性服务业布局,为街区居民提供更加便利的服务。

街道建成了含早餐、菜篮子、便利店、洗衣洗染、家政服务等业态的百姓生活服务中心及社区老年驿站,构建了布局完善、功能齐备的社区商业服务体系,不仅帮助百姓在一刻钟服务圈内解决日常生活的需求,实现了"生活服务进社区、生活服务进家庭"的目标,还有效改善了市场周边环境秩序,消除了安全隐患,进一步优化了百姓生活环境,让周边群众真正享受高品质生活。

四 广内街道背街小巷环境整治的经验和启示

(一)建立联合党支部,发挥党员模范作用

背街小巷里的"城市病"是经过多年的积累而形成的,如果只通过街

巷长来治理提升，工作的开展并没有那么顺利，必须要发挥党组织的引导作用，建立联合党支部，发挥党员的先锋模范作用，攻克难点重点工程，用绣花功夫整治背街小巷。

一方面，发挥党组织的引导动员作用。在拆违工作过程中，党支部要发挥桥梁作用，动员社会力量全面参与，通过与居民打交道、和居民聊家常，广泛收集居民、商户和驻街单位的意见和需求，把意见和需求融入街巷品质提升的设计中，解决背街小巷的问题。另一方面，加强干部队伍建设。把抓党的建设同"两学一做"学习教育紧密结合，将红墙意识充分融入实际工作，把党的基层组织建在背街小巷环境整治提升工作的重大工程和重点项目上，在重大项目和重点任务中培养锻炼干部，用背街小巷整治提升的成效来检验基层党组织的创造力、凝聚力和战斗力，抓细抓实街道背街小巷整治工作。

（二）完善社会协同机制，打造共建共治格局

首先，多部门联合执法。要使各部门发挥凝聚力，建立街道与城管、工商、食药监、公安等部门的联动机制，协助街巷长进行环境整治。各地区要不定时开展联合执法行动，推动背街小巷环境整治工作顺利进行。其次，加强居民自治。建立居规民约，成立居民自治小组，以小组的管理服务模式实现对各类环境问题的解决和监督，减少街道与居民之间的矛盾，使居民在环境整治工作中更加自律。最后，要充分发挥社区志愿服务团队的作用。鼓励企业、单位、居民等积极加入社区志愿服务队，在背街小巷整治过程中，对不配合的居民加以文明劝导，对整治过的地区加强巡视监督，不断配合街道、社区的环境整治工作。

（三）开通网络化整治平台，提升社会治理水平

在背街小巷环境整治的过程中，街巷长要不断地发现各类环境问题，在环境问题比较繁杂的情况下难免出现心有余而力不足的情况。因此，要创新治理方式，将背街小巷整治与互联网、大数据结合起来。街道的微信公众号要开发背街小巷环境整治提升专属模块，随时更新背街小巷整治的工作动

态，要让广大居民看到整治工作的进度以及所取得的效果，这还可以起到警醒社区居民的效果。还要建立背街小巷环境整治联合执法微信群、QQ群。为"随手拍"建立反映平台，街巷长可以随时随地将发现的环境问题拍照并上传至联合执法群内，及时启动联合执法，将问题直接解决。

（四）加强物业专业化管理，强化环境整治效果

街道要引进专门的物业公司，针对社区居民的实际需求，为街道提供专业化的物业管理服务，解决辖区环境整治反弹的问题，强化辖区环境整治的效果，进一步提高街道背街小巷环境秩序维护管理水平。物业公司应对街道和社区进行实地调研，根据社区内街巷的特点和需求制订相应的街巷管理方案，分区域、分片实施全封闭式或半封闭式管理，安排专人值守物业站点，安排专业人员进行特勤、环卫保洁、设施维护、绿化养护等工作。要对社区内有条件的进出车辆道口安装道闸、高清摄像头，并安排专人值守；安装子母门并由特勤人员负责在夜间锁门，晚归的社区长住居民可凭门禁钥匙进出社区。此外，在夜间，物业应对街巷加大巡查力度，排查安全隐患，杜绝乱倒垃圾渣土等现象。此外，街道可以组织相关科室、社区、街巷长、居民代表及其他相关部门人员组成考核小组，按照年终考评与日常考核（月考、季考）相结合的方式，对背街小巷物业管理服务进行考核，并依据考核结果对物业公司进行奖惩，以督促物业公司更好地为辖区居民提供物业管理服务。

参考文献

习近平：《在中国共产党第十九次全国代表大会上的报告》，2017年10月18日。
北京市规划和国土资源管理委员会：《北京城市总体规划（2016~2035年）》。
北京市城市管理委员会、首都精神文明建设委员会办公室：《首都核心区背街小巷环境整治提升三年（2017~2019年）行动方案》，2017年4月1日。
高斌：《广外街道的背街小巷整治——北京市西城区广外街道精细化管理案例剖

析》,《首都治理》2007 年第 8 期。

冯刚、王汇:《北京整治背街小巷的必要性及工作建议》,《首都治理》2017 年第 8 期。

叶华林:《把"被遗忘的角落"变成"最亮丽的风景"——萍乡市背街小巷综合整治的做法与成效》,《老区建设》2017 年第 23 期。

蒋维祥:《背街小巷最能体现精细化管理水平》,《南京日报》2016 年 8 月 10 日,第 B04 版。

B.15
广安门内街道宣西北棚户区改造的经验与启示

摘　要： 棚户区改造是我国政府为了改造城镇危旧住房、改善困难家庭居住条件而推出的一项民心工程。棚户区的改造不仅关系群众的福祉与尊严，也关系到首都城市形象以及社会安全稳定。广内街道宣西北棚户区改造项目是北京市首个市、区两级共同实施的棚户区改造项目，总体来讲效果不错，为做好首都老旧平房区棚改工作积累了一定的经验。本报告通过分析广内街道在宣西北棚户区改造项目上的主要做法，梳理总结其工作经验，并在此基础上，提出关于进一步提升西城区棚户区改造工作的若干思考，以期为其他地区的棚户区改造工作提供借鉴。

关键词： 棚户区改造　宣西北棚户区　广内街道

一　棚户区改造是重大的民生工程和发展工程

（一）西城区加快棚户区改造是落实国家和北京市决策部署的必然要求

棚户区改造是我国政府为了改造城镇危旧住房、改善困难家庭居住条件而推出的一项民心工程。近些年来，党中央、国务院和北京市委、市政府高度重视棚户区改造工作，做出了若干决策部署并连续出台了一系列政策措施，

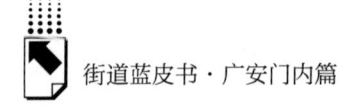

有效推动了棚户区改造工作的顺利开展。

为进一步加大棚户区改造力度，2013年7月，国务院下发《国务院关于加快棚户区改造工作的意见》，明确要求把改善群众住房条件作为出发点和落脚点，加快推进各类棚户区改造。2014年8月，针对棚户区改造中的困难和问题，国务院办公厅又下发了《国务院办公厅关于进一步加强棚户区改造工作的通知》，从七个方面提出了进一步落实棚户区改造工作的举措。2015年6月，为持续加大城镇棚户区和城乡危房改造力度，国务院再次出台《国务院关于进一步做好城镇棚户区和城乡危房改造及配套基础设施建设有关工作的意见》，旨在切实解决群众住房困难，有效促进经济增长。

为落实国家关于加快棚户区改造工作的决策部署，北京市从2013年开始出台一系列政策，全面加强棚户区改造和环境整治力度，并于2014年6月出台《北京市人民政府关于加快棚户区改造和环境整治工作的实施意见》，提出了"到2017年底，基本完成四环路以内棚户区改造和环境整治任务"的总体要求。2014年8月，北京市人民政府办公厅将《北京市2014年棚户区改造和环境整治计划》印发各区县和市政府有关部门。2016年1月，北京市又下发了《北京市人民政府关于进一步加快推进棚户区和城乡危房改造及配套基础设施建设工作的意见》，加大了对首都功能核心区（东城区和西城区）棚户区改造的政策和资金支持力度（见图1）。

（二）西城区加快推进棚户区改造可满足人民群众改善环境和生活条件的迫切要求

按照国家全面建设小康社会统计监测指标体系标准，到2020年，人均住房建筑面积应达到30平方米（2002年党的十六大提出指标）。国家统计局2008年确定的新标准为人均住房面积达到27平方米（小康社会的标准是人均住房使用面积，现有的统计指标是人均住房面积，折算成建筑面积为35.9平方米）。

> **完善支持政策**
>
> 加大对东城区、西城区棚户区改造项目的市政府固定资产投资支持力度，对将搬迁腾退土地改造为绿地等公益性设施以及资金严重不平衡的棚户区改造项目，以资本金注入方式给予支持；对符合条件的棚户区改造项目，资本金注入比例由10%提高到20%。将人口输入区、输出区公共资源及后期管理补偿由现行市、区两级按比例分担调整为市财政全额承担。对东城区、西城区疏解社会公共服务功能及部分行政性、事业性服务机构给予适当资金支持。

图1　对首都功能核心区的政策支持

资料来源：北京市人民政府《北京市人民政府关于进一步加快推进棚户区和城乡危房改造及配套基础设施建设工作的意见》，京政发〔2016〕6号。

按照2014年统计数据推算，西城区人均住房面积为21.85平方米。要达到人均30平方米的标准，需增加1061.13万平方米住房面积，或者需把常住人口控制在94.8万人以内。按照2015年第五次房屋普查数据推算，西城区人均住房面积为27.4平方米，已达到人均27平方米标准。要达到人均30平方米标准，需增加338.52万平方米住房面积，或者把常住人口控制在118.8万人以内。西城区作为古都北京的发祥地及核心地带，历史传统悠久，有许多建成于20世纪五六十年代的老房子，结构简易、设施老化、房屋拥挤、市政设施不齐全、居住人口密度大，人均居住面积不足8平方米，有的甚至不足5平方米，居民居住环境和居住质量都难以得到保障。加快棚户区改造是解决群众住房困难、改善群众住房环境、提升群众住房条件的根本途径，能够切实让群众享受到经济社会发展带来的成果。

（三）西城区棚户区改造直接关系到首都城市形象以及社会安全稳定

棚户区改造工作不仅关乎群众的福祉与尊严，也关乎城市的形象和发展大局，是重大的民生工程、发展工程、环境工程和安全工程。西城区是首都城市的核心区，根据《北京城市总体规划（2016~2035年）》，首都核心区是"全国政治中心、文化中心和国际交往中心的核心承载区，是历史文化名城保护的重点地区，是展示国家首都形象的重要窗口"，地位特殊、责任重大，是全市工作的重心所在。然而，棚户区普遍存在房屋低矮破旧、道路狭窄拥堵、环境脏乱差、配套设施不齐全等问题，与国家首都的形象严重不符。因此，西城区必须要按照整体保护、人口减量、密度降低的要求，借助棚改项目，进一步强化历史文化遗产的保护和修缮，有步骤推进历史文化街区、风貌协调区以及其他成片传统平房区的保护和有机更新，推动历史文化街区的活力复兴。还要借助棚改项目加强城区环境和公共空间建设，提升基础设施和公共服务设施建设水平，提升城市整体环境品质，改善人居环境，优化服务功能，打造和谐宜居之都示范区域和宜居宜业的城市环境，展现大国首都形象和城市魅力。

二 广内街道宣西北棚户区改造的主要做法

宣西北棚户区改造项目是北京市首个市、区两级共同实施的棚户区改造项目。该项目位于旧城保护风貌协调区，东至宣武门外大街，西至顺河三巷（下斜街），南至储库营胡同、校场大六条，北至宣武门西大街南侧平房区，总占地面积约13公顷，包括住宅产籍户2287户，建筑面积4.74万平方米，院落261个；非住宅32处、建筑面积3.13万平方米。宣西北棚户区改造以文物保护、风貌和发展、风貌协调为原则，在尊重历史、照顾现状、改善民生的同时着眼于发展。胡同肌理、道路宽度、绿化等传统风貌应具备北京特色。该项目本着"平等协商、居民自愿、整院改善"的原则对居民户进行住房改善，对自愿疏解腾退的居民，以房屋安置为主，并结合适当货币安置进行腾退。

至2015年9月30日项目截止，共腾退居民院落80个（包括部分院落的独立单元），疏解居民324户，取得了阶段性成果。宣西北棚改项目一期结束后，2015年12月1日至12月30日，区政府及时启动了宣西北文保院征收及简易楼解危排险工作，涉及 5 处名人故居、11 个院、278 户、4 栋简易楼、144 户。截至 2015 年 12 月底，平房院居民签约 174 户，简易楼居民签约 115 户。

（一）前期调查充分，动员培训到位

项目启动前，为了充分掌握项目地块内的基本情况和基础数据，2014 年 10 月 24 日至 11 月 30 日，广内街道协同项目实施主体北京燕广置业有限责任公司（简称"燕广公司"）对宣西北项目进行了前期入户调查，安排街道、社区干部随同调查人员进行入户走访。仅用一个月左右的时间，累计调查登记 2278 户，占总户数的 99%；入户资料存档 2243 户，占总户数的 98%。根据调查结果和居民反馈情况，项目范围内居民对改善居住环境的意愿普遍较为强烈，也很关注项目启动后的相关政策，为项目的顺利启动实施奠定了坚实基础。

项目启动前，广内街道抽调街道机关和相关社区得力干部组成了宣西北项目工作领导小组，并由街道办事处主任带领所有抽调干部参加了区政府组织召开的动员培训会。街道专门邀请项目实施主体燕广公司对街道全体干部、相关社区约 300 人就项目工作计划和腾退、征收相关政策进行了培训。除此以外，街道对相关社区抽调的党员、干部自行组织了专项业务培训 3 次，为项目全面启动做好了充分准备。

（二）全方位宣传，为居民答疑解惑

1. 张贴公告、发放公开信

2015 年 3 月 31 日，项目指挥部张贴腾退公告，标志项目正式启动。启动一周内，向居民发放公开信 3000 余份，张贴宣传资料 100 余张、悬挂宣传横幅 20 余条、发放项目腾退手册 1000 余份、拨打电话告知 200 余户，确保宣西北区域内的所有居民第一时间知晓项目情况，了解相关政策。

2. 多渠道、多媒介宣传覆盖

项目指挥部在互联网发布专题宣传片 2 部，对项目情况进行了全景式介绍，并联系《北京日报》、《新京报》、《北京晚报》、新华网、千龙网等多

家传统媒介及门户网站对项目进行了宣传报道（见图2）。与此同时，广内街道通过《广内之声》报纸以及街道官方微信、微博等新媒体平台全程跟踪宣传项目相关信息，扩大宣传受众群体覆盖范围。尤其是项目启动后，《广内之声》连续5期专版报道项目相关政策、进展和对接房源情况，整个项目实施期间共进行9期专版报道，让辖区居民第一时间对项目有了全面、直观的了解。

图2　腾退补偿安置方案张贴公示

资料来源：《宣西北棚户区改造启动腾退安置》，《新京报》2015年4月4日，第A07版。

3. 多范围召开居民座谈会

项目启动初期，广内街道和燕广公司在项目涉及的各个社区召开较大规模居民座谈会3次，小规模座谈会5次，与居民面对面交流，现场宣讲腾退政策，广泛征集居民意见，为居民答疑解惑，使许多居民打消了疑虑，消除了误解。

（三）建立有效机制，多方配合推进

1. 指挥部领导定期调度，推动项目进程

北京市保障性住房建设投资中心总经理、西城人大常委会副主任和副区长在项目实施期间，多次到腾退现场办公，听取工作情况汇报，了解居民动向和腾退进展，指导和部署下一步工作，对腾退工作起到了关键的作用。

指挥部办公室项目于实施期间召开32次腾退协调会，特别是在项目最后阶段，指挥部办公室每日一例会，每日一总结，听取3个分指挥部和15个腾退工作小组的进展汇报，及时会商解决了腾退工作中遇到的各类问题，尽可能扩大了腾退成果。

2. 属地统筹协调，组建"战斗堡垒"

项目实施过程中，广内街道积极发挥属地统筹作用，在街道层面成立了腾退工作领导小组，协同项目指挥指挥部和实施主体，大力推进腾退进展。自2015年4月13日起，街道联合项目指挥部定期召开由项目实施主体、街道抽调干部和相关社区党委书记、居委会主任参加的工作推进会，研究如何发挥属地优势，配合项目全力做好居民宣传动员等服务保障工作。街道党工委书记、办事处主任和主管副主任3名处级领导分别联系项目涉及的3个社区，定期到分指挥部和社区了解工作情况，协调解决工作中遇到的问题，做到各层级、各部门、各环节间无缝衔接，高效推进项目进展。

2015年6月30日，按照"党组织跟着重大工程项目建"的要求，广内街道成立了由街道领导、区相关部门领导、项目实施主体相关负责人、区派挂职干部、街道抽调的机关党员干部、社区党委书记、社区选聘的党员骨干组成的宣西北项目联合党支部，搭建了运转高效、协调有力的工作平台。联合党支部自成立以来，充分发挥了基层党组织战斗堡垒作用和共产党员先锋模范作用，协助解决宣西北项目实施过程中的重点、难点问题。其间召开了党支部工作例会8次，通过党员下户走访，及时了解、掌握群众的意见建

议，有针对性地做好居民群众的宣传、动员工作，在项目中后期，尤其是最后冲刺发力阶段，对于攻坚腾退重点院落、重点街巷、重点区域，扩大疏解腾退战果，起到了重要作用。

3. 建立腾退工作组和社区的联动机制

协调项目指挥部明确由3名分指挥部负责人与项目涉及的3个相关社区对接，联合入户走访，收集民意，宣传政策。相关社区干部也充分发挥情况明、人员熟的优势，根据工作组提供的重点院落和重点户的情况，及时做好了相关居民的宣传动员工作，同时也为工作组反馈了各户具体情况和居民思想动态，为有针对性制定宣传动员方案和工作重点提供了第一手的依据，在腾退的微观操作环节上，起到了不可或缺的作用。

（四）坚持政策刚性，公开公正透明

为保证项目公开、公正、透明，做到项目政策前后一致，打消居民对政策存在变化的忧虑，指挥部通过各种方式促进了项目腾退签约工作。

1. 信息公示

指挥部在腾退办公区放置展板和沙盘，对已签约腾退的整院居民情况和房源销控情况进行现场展示，还安装了腾退信息查询系统和房源展示系统，在承诺信息不能泄密的前提下，居民可查询任何已签约居民的安置补偿情况和剩余房源的户型、套数等信息。

2. 组织看房

指挥部多批次组织居民实地看房，便于居民更直观地了解安置房源地理位置、周边交通、施工现场和工程进度。看房人数累计达2000余人次。

3. 答疑解惑

除居民座谈会外，腾退工作组各名工作人员随时耐心接待前来咨询的居民，向居民讲解政策，回答疑问。充分利用报刊媒介，在《广内之声》以问答的形式，对居民提出的典型问题进行逐一回答。不仅如此，《广内之声》还在第一时间对个别媒体关于项目的一些不实报道进行辟谣，权威发布真实准确的信息，避免了居民对政策的误解。

4. 以人为本

在严格坚持政策刚性的腾退过程中也考虑到了居民的实际情况，以人为本，设身处地着想，灵活运用政策，有效促进了腾退工作的进展。例如在"整院腾退"政策的基础上，实行"整街腾退""整楼层腾退"的政策；工作人员根据腾退补偿方案，为居民"算算账"，避免居民由于计算失误而放弃腾退意愿；还允许居民间自愿交换保障房面积指标，有效提高了居民签约选房热情。

三 广内街道棚户区改造的主要经验

通过宣西北棚改和文保院、简易楼解危排险项目，累计有26.8%的居民得到了妥善安置。广内街道棚政项目作为北京市、区两级共同实施第一个棚改项目，总体来讲效果不错，为做好首都老旧平房区棚改工作积累了一定的经验。

（一）项目定位要突出改善民生

宣西北项目首要目标定位是改善民生，把保障群众利益作为项目运作的出发点和落脚点。项目对接安置房源地理位置优越、交通便利，距地铁四号线新宫站仅550米，共有房源1786套，其中一居室363套、二居室1119套、三居室304套，面积从62~108平方米不等，既能照顾低收入群体，又满足了居民的改善型住房需求。对于选择留下的居民，项目也注重居住环境的改善，不放任环境恶化，充分考虑群众的切实困难，避免棚户区变成环境盲区。

（二）项目运作要坚持公开、公平、公正、透明

为确保棚改腾退工作顺利实施，项目运作坚持依法腾退、和谐腾退、阳光操作。政策补偿标准是刚性的，项目在运作过程中坚决守住底线，始终如一。项目实行群众全程参与监督，在补偿安置上，做到及时公布拆迁安置方案和补偿标准，实行先签协议的先选房，所有补偿款、房源情况及选房情况

及时公示等制度，使整个腾退工作从递交申请到结果公示，均有群众参与监督，保证全部工作公开、公平、公正、透明，得到了群众的一致认可。大家对这种前后标准一致的政策，从逐步疑虑到接受，社会效果也开始显现。

（三）项目实施要贯彻社会治理的理念，尊重居民自主选择权

坚持用治理理念创新思路、开展工作。街道从居民中挑选出有一定威信的意见领袖，请他们到项目指挥部陪同工作人员入户做群众工作，并在居民中营造早签约、早腾退、早选房、早改善的舆论氛围。项目指挥部工作人员耐心做好政策解释工作，指导居民算经济账，同时突出居民的主体地位，实行居民自愿腾退、平等协商，将走与留全部交给居民自己选择，并将腾退、选房信息公开上墙，公开见报（《广内之声》），充分保障了居民的知情权、监督权和自主权。居民不是被动地接受政府的安置，而是自主选择腾退，这为我们找到了一个项目推进和群众利益实现的结合点，把政府的政策目标和群众利益统一起来，实现了和谐有序。

（四）项目推进要突出党建引领，发挥属地统筹协调作用

宣西北项目启动后，街道就确定了党建引领的工作方向，街道党工委书记亲自抓，党的支部建在一线。支部党员来自群众，做群众工作更有亲和力，作用发挥更加充分。在上斜街、校场、三庙三个社区配合燕广公司，组织居民参加的座谈会上，党员总是率先发言，引导话题方向，消除居民对腾退政策的疑虑，促进签约。街道充分发挥属地作用，做好统筹协调配合工作，将推进非首都功能疏解和环境建设作为推动棚户区和风貌保护区改造进展的有力方式，清除阻碍、互相促进，收到了良好效果。街道组织力量对棚户区内出租经营的"七小"门店进行了集中整治，直接关闭改造区内"七小"门店6处，拆除违法建设15处，取缔无照经营40余处，拆除违规广告牌匾80个，疏解了在此租住的流动人口，打消了房主拖一拖、看一看的思虑，并为达智桥胡同道路整治项目的启动和上斜街道路征收创造了先行条件。

（五）项目操作要优先保障简易楼和文保院腾退

从2015年12月实行的宣西北地块简易楼和文保院腾退情况看，简易楼的腾退比例为79.86%，文保院的腾退比例为62.58%，都远远高于宣西北地块平均签约腾退率。简易楼和文保院的腾退政策立足于解危排险和古都风貌保护，得到了大多数居民的理解和支持，也契合了居民对自身安全的考虑，所以腾退成功率较高。类似简易楼和文保院的地区广内还存在较多，宣西北的做法成熟，可以固化下来，供其他地区参考。

四 关于进一步提升西城区棚户区改造工作的若干思考

（一）政策保障

要积极争取市政府和各市级行政主管部门的政策支持。作为重大民生改善工程，棚改项目具有公益性，特别是保护区域内的项目，还承担着推动名城保护工作的重任。因此，在《国有土地上房屋征收与补偿条例》与《北京市国有土地上房屋征收与补偿条例》的基础上，应进一步明确棚改项目公益性论证原则，明确文物、历史文化街区内针对不同产权性质房屋等公益性征收的实施细则。对于棚改项目的公益性认定，建议将保证居民居住安全、改善民生，优化环境认定为公益性，不以改建后的规划用途为认定原则。同时建议市级政策能形成法规文件下发，提升政策的法律效力和执行力度。对于历史文化街区和风貌协调区这类特殊区域，还要因地制宜地制订特殊政策和西城区具体的实施政策。此外，探讨区内项目"肥瘦搭配"的可能性，如将效益较低的平房保护区域公益性项目与收益较高的新增棚改开发类项目捆绑实施，在区级层面实现成本和收益统筹。

（二）资金保障

首先，落实市、区两级财政支持资金。充分利用市级统贷平台筹集资金，按照北京市棚户区改造项目专项贷款相关规定的要求，采用统贷统还的融资模式，由市保障性住房建设投资中心统一向国家开发银行申请贷款。建立健全改造贷款还款保障机制，增强信贷资金支持信心。其次，拓展筹措资金渠道。鼓励国有企业参与棚改项目，积极吸引民间资本，尝试以股权基金等形式进行夹层投资，缓解政府财政压力，解决实施主体资本金问题。最后，积极落实税费优惠政策，对棚改项目免征城市基础设施配套费等各种行政事业性收费和政府性基金。对于风貌保护类项目，应参照棚户区改造相关税费政策加大减免力度。

（三）工作机制保障

可以借鉴宣西北棚户区改造的经验，成立领导小组，建立分层次、多角度、运转畅通的棚改组织机构，完善棚改项目调度协调和督查督办机制。对应市级领导机构，成立由区政府主要领导任组长、常务副区长和分管区长任副组长的领导机构。领导小组下设办公室，依托区重大办统筹协调棚改工作，区住建委和区城管委分别从行业管理角度推进危改项目、平房保护区域项目、新增棚改项目和城中村边角地项目。以棚改项目所在各功能街区指挥部和街道办事处作为牵头单位全面协调项目进展。各部门按照职能为项目推进做好服务管理工作。加强政府服务，提供项目推进保障。开展棚改政策和实施模式的专项培训，在实施主体和街道范围内培养一批从事棚改工作的骨干队伍；实行领导包片、专人包点的工作机制，定期深入项目主体和一线指挥部盯项目、听意见、解难题；收集汇总实施过程中的难点问题，定期召开调度会，为项目争取政策支持和资金支持。

（四）协调机制保障

第一，由区政府积极向市政府和各市级行政主管部门呼吁和争取政策和资金支持，由区政府统筹、区重大办协调和沟通区内各部门，形成合力推进棚改实施。

第二，进一步做好中央、部队以及市属单位的协调工作，做好确权工作。产权单位有改造计划且有改造能力的可自行进行改造；若产权单位不具备改造能力，中央、北京市政府应明确相关政策，建立产权单位放弃产权，将产权流转交于区政府的机制，由西城区政府实施改造。

第三，加大实施主体的规范和约束力度，进一步落实棚改项目实施主体的责任。根据项目所处阶段，分别制订监督促进措施。

第四，转变群众理念，以社会治理的工作思维全面实施民意立项的工作机制。启动房屋征收程序前，房屋征收部门应当征求房屋所有权人的意见，先行协商。要让居民从"要我改"转变成"我要改"，将民意立项作为前置条件、生效条件。

参考文献

国务院：《国务院关于加快棚户区改造工作的意见》，国发〔2013〕25号。

国务院办公厅：《国务院办公厅关于进一步加强棚户区改造工作的通知》，国办发〔2014〕36号。

国务院：《国务院关于进一步做好城镇棚户区和城乡危房改造及配套基础设施建设有关工作的意见》，国发〔2015〕37号。

北京市人民政府：《北京市人民政府关于加快棚户区改造和环境整治工作的实施意见》，京政发〔2014〕18号。

北京市人民政府：《北京市人民政府关于进一步加快推进棚户区和城乡危房改造及配套基础设施建设工作的意见》，京政发〔2016〕6号。

Abstract

It is essential for the development of the capital to establish an effective megacity governance system. As the core functional zone of the capital, Xicheng District has taken the lead to do a good job with "four concepts" and persisted in the strategic vision of carrying forward scientific governance in depth and improving the development quality in all aspects. The district has continuously reinforced the function as "four centers", strived to improve the level of "four services", and made important breakthroughs in urban governance capacity and urban development quality. Sub-districts play an irreplaceable role as the pioneer and main force of microscopic governance. 15 sub-districts of Xicheng District have coordinated various resources of respective areas based on their own development situations. Their practices include exploring the ways to establish the regional mode for Party construction, strengthening lean urban management, improving public services, refining the integrated enforcement system, and exploring innovative practices for grassroots governance. They have continuously injected new connotations into grassroots governance and provided duplicable and easy-to-operate live experience for grassroots organizations, and their experience and practices are of great importance for Chinese metropolises to improve concepts and find new ways out tostrengthen grassroots governance.

Encompassing the improvement of social grassroots governance, the "Beijing Sub-district Development Report No. 2 – Guang'anmennei" presents comprehensive analysis on strengthening public participation and rule of law in social governance, and making such governance smarter and more specialized, during which process it summarizes typical experience including the community deliberative democracy, the diversified and multi-level service system for the aged, the community governance pattern with building micro self-governance as the basic unit, the neighborhood festival of Kangleli Community, the environment treatment of the

Abstract

residential community without the property management agency, environmental improvement of alleyways and shantytowns transformation of the northern area of Xuanxi community in Guang'anmennei Sub-district.

On this basis, this article proposes that Guang'anmennei Sub-district, as a cradle in Beijing's building as the capital, suffers from large populations of the aged and the disabled and massive old residential community and shabby bungalows, which calls for strengthening construction of the grassroots governance system and improving urban governance level and environmental quality in fulfilling the current priority tasks including dispersal-based improvement, environmental renovation of alleyways, block upgrading and management system reform of the sub-district. In the meantime, social forces shall be mobilized to participate in regional governance to develop a social governance model based on collaboration, participation and common interests.

Contents

I General Report

B. 1 Guang'anmennei Endeavors to Explore a New Pathway for
Social Grassroots Governance in the New Era / 001

Abstract: A social governance model based on collaboration, participation and common interests is the precondition for defusing the main social contradiction so that the people live and work in contentment, the society enjoys stability and order, and the country enjoys enduring peace. With the socialism with Chinese characteristics entering a new era, China's social governance stands at a new starting point. As a cradle in Beijing's building as the capital, Guang'anmennei Sub-district earnestly studies and implements Xi Jinping Thought on Socialism with Chinese characteristics for a new era, takes the initiative in innovative practices while conforming to the trend of the times and performs social grassroots governance diligently and solidly, thus achieving continuous improvement of public participation, rule of law, intelligence and specialization in social governance. On the basis of the innovative social governance path of Guang'anmennei Sub-district, this article, considering both the actual foundation of the sub-district and new requirements, expectations and situation for the development, proposes orientation and focus for social governance in the future so as to improve the social governance system and promote the modernization level of the governance capacity.

Keywords: Social Governance; Modernization; Community Work; Guang'anmennei Sub-district

II Data Reports

B.2 Regional Public Service Survey Report for Guang'anmennei Sub-district on the Basis of Permanent Residents　　/ 022

Abstract: Enjoying public services is not only a need for existence and development of the citizens, but also a basic guarantee for the quality of life as well. It is therefore of great significance to evaluate the life quality from the perspectives of the residents as to their sense of getting public services and satisfaction with public services. In this paper, we have adopted the questionnaire method and performed a questionnaire survey on public services and the life quality of the permanent residents in 18 communities of Guang'anmennei Sub-district in Xicheng District. On this basis, we have assessed the sub-district as to its organization and offering of public services as well as the residents' satisfaction, reached an overall conclusion and provided concrete suggestions relating to existing problems.

Keywords: Guang'anmennei Sub-district; the Residents of the Community; Public Services; Life Quality

B.3 Regional Public Service Survey Report for Guang'anmennei Sub-district on the Basis of Working Population　　/ 038

Abstract: The working population is an important participant and propeller of regional development. Providing it with convenient, continuous and high-quality public services is of great significance for optimizing the development environment and service level in the region and improving the regional development capacity of the sub-district. In this sense, the research team, following the first survey on public services of the working population within the jurisdiction in January 2015, initiated once again a questionnaire survey on the supply, participation and acquisition of public services among the corporate working population within the sub-district. By analyzing the awareness of service agency, the participation in the community service, life convenience, satisfaction with community-level basic public service and the demand for community-level public service and making longitudinal comparisons between survey results, this report has drawn a general conclusion and proposed some specific suggestions for exiting problems.

Keywords: Public Services; Working Population; Guang'anmennei Sub-district

Ⅲ Theory Reports

B.4 Soft Mobilization: Social Mobilization Transformation in the Context of Modernization of Social Governance　　/ 057

Abstract: Social mobilization is an important way for the Party to influence social relations and promote policies and also an important governance model in modern society. Though it has been playing a considerable driving role in the modernization of China, traditional social mobilization approaches fail to meet the need of national governance modernization as economic growth and social transformation proceed. In this light, it is a must to optimize and transform social mobilization approaches by fully leveraging market-oriented and modern communication ways and enhancing its affinity, flexibility and effectiveness. In the context of constantly deepened national governance modernization, soft mobilization represented by propaganda and guidance through policy supply, economic incentives and emerging media is on the way to become an effective and modern governance model with high potential. While summarizing the exploration of Xiaochang Community of Guang'anmennei Sub-district in soft mobilization, this article goes deep into the problems in this process and proposes solutions to them.

Keywords: Soft Mobilization; Modernization of Social Governance; Guang'anmennei Sub-district; Social Mobilization

B.5 Research on the Construction of Deliberative Democracy
       System at the Grass-roots Level   / 073

Abstract: Deliberative democracy is an important style of the Party's leadership and an advantage unique to the socialist democracy of China. As is pointed out by General Secretary Xi Jinping in his Speech at the Meeting Marking the 65th Anniversary of the Founding of the Chinese People's Political Consultative Conference, in line with the principle of deliberation among the people and for the people, we need to redouble our efforts in developing deliberative democracy at the grass-roots level, with a focus on conducting deliberations among the common people at the grass-roots level. In recent years, Guang'anmennei Sub-district has insisted on problem orientation, based itself on the actual local conditions, actively explored new methods and mechanisms for deliberative democracy governance of the sub-district, and made considerable achievements. Starting with theoretical study, this *Report* focuses on the efforts of Guang'anmennei Sub-district for promoting governance through community-level deliberative democracy and reflects on the capacity and level of the sub-district in this regard on the basis of successful experience in deliberative democracy at the grass-roots level in our country.

Keywords: Deliberative Democracy; Guang'anmennei Sub-district; Grassroots Governance

B.6 Research on the Realization of Integration of Traditional
       Scenes with Modern Function in Urban Regeneration
       of the Core Functional Area of the Capital-Taking
       Guang'anmennei Sub-district for Example   / 087

Abstract: Urban regeneration refers to necessary, scheduled and tactical reconstruction of the areas that fail to meet modern urban social life. As the reorientation of urban functions, it aims at fostering new urban functions. In the urban regeneration process, protection and reconstruction of traditional urban scenes highlight integration of modern urban functions. As a core area of the capital, Xicheng District is endowed with marvellous historic urban features and strong charms of traditional culture, which imply a unique taste of the history. However, it remains an urgent research topic as to how to achieve seamless connection between "historic traditions" and "modern life". Guang'anmennei Sub-district plans to initiate its block treatment in the core area, namely, systematically improving and revitalizing the blocks within 3 years to make them samples of urban regeneration in the core functional areas of the capital. With Guang'anmennei Sub-district as a study case, this article reveals its efforts for integrating traditional features with modern functions and presents some references in this regard based on proven domestic and foreign practices so as to expand the horizon for overall development of the core area of the capital.

Keywords: Urban Regeneration; Traditional Features and Modern Functions; Guang'anmennei Sub-district

Ⅳ Survey Reports

B. 7 Survey Report on the Construction of Diversified and Multi-level Service System for the Aged in Guang'anmennei Sub-district / 103

Abstract: Promoting the level of services for the aged and innovating its model are of great significance for further adapting to the aged society which China is gradually entering and improving the level of people's livelihood. Based on its own actual situations and driven by the actual demands of the masses within its jurisdiction, Guang'anmennei Sub-district of Xicheng District in Beijing has taken measures for the services for the aged, explored a multi-level service system with excellent achievements, which is of certain demonstration and reference significance to the services for the aged at the grass-roots level.

Keywords: Service System for the Aged; Ensure People's Livelihood; Guang'anmennei Sub-district

B. 8 Survey and Reflection on the Development of Consumer Services in Guang'anmennei Sub-district / 114

Abstract: Consumer services are closely related to people's daily life, of which the level plays a decisive role in the quality of people's life. With the further advancement of social governance modernization and urban governance refinement, improvement in the specialization and refinement of consumer services has become the key to the governance. Located in the core area of the capital, Guang'anmennei Sub-district fully leverages its advantages in location and policy, takes initiative in beautifying its community environment based on its actual conditions, promotes business pattern transformation and upgrading and improves the service level, which has laid a solid foundation for building Guang'anmennei into a life-friendly area. During its investigations at Guang'anmennei Sub-district, the research team went deep into the specific conditions and development of its consumer services on the basis of theoretical studies, found out problems in its practices and provided corresponding measures for improving its consumer services.

Keywords: Guang'anmennei Sub-district; Consumer Services; the Improvement of the Life Quality

B. 9 Survey Report on the Employment of the Disabled in Guang'anmennei Sub-district / 127

Abstract: In the context that China's social security system is far from perfect, employment is a still main source of life for the disabled; however,

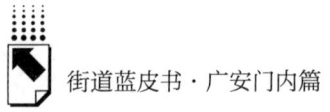

statistics shows that the average salary of the disabled is just approximately half of that of the able-bodied persons, which indicates that the employment situation of the disabled in China is far from satisfactory. Taking Guang'anmennei Sub-district as a sample, this article has made survey on the employment of the disabled by means of questionnaires and face-to-face interviews for an insight into the existing problems in this regard and proposed to improve the employment situation from such five aspects as proper work in physical and mental recovery of the disabled, intensified vocational skills training for the disabled, enhanced support for self-employment of the disabled, steady development of concentrative employment of the disabled and creation of the social environment conducive to the employment of the disabled, which are expected to provide references to other regions.

Keywords: The Disabled; Employment; "Internet +"

B. 10 Survey and Reflection on Strengthening Management and Utilization of the Funds Related to the Community Work

/ 141

Abstract: The community is the front line for policy implementation of our country. The community governance is closely related to impressions of the masses on the government, and utilization of the funds related to the community work is the fundamental guarantee for operation and management of the community and a basic condition for improving development quality of the community. In this sense, it is very important to properly manage the funds and improve their efficiency. This article focuses on the sources of the funds of Guang'anmennei Sub-district, introduces measures for the utilization and supervision of the community funds, analyses problems in management and standardized utilization and finally presents some reflections on how to strengthen utilization and supervision of the community funds, and improve their efficiency.

Keywords: The Funds Related to the Community work; Management and Supervision; Guang'anmennei Sub-district

V Case Reports

B. 11 Construction of the Community Governance Model with Building and Compounds as the Basic Unit-Taking Changxi Community of Guang'anmennei Sub-district for Example　　　　／152

Abstract: As a basic unit of social grassroots governance, the community itself is a unit at a comparatively large size in which contradictions interact. Administrative orders and policies are far from sufficient in social governance at the grass-roots level, which requires breakthroughs in community-based innovative social governance to create the governance model of "building micro self-governance" that features deliberative self-governance of the residents in smaller units like buildings or compounds so as to delegate the power of the governance to lower levels, stimulate the residents' participation and achieve the conversion from merely providing temporary solutions to realizing permanent cures. Considering the demands of the residents and taking a problem-oriented approach, Changxi Community of Guang'anmennei Sub-district focuses on buildings and compounds of the community and solves the residents' problems in the ways which they tend to apply, which, as a live example of grassroots self-governance, respects public feelings, reflects public opinions and brings public wisdom into full play. Deliberative self-governance of the residents constantly advances the development of the community self-governance. Based on the study on the practices and major achievements of the micro self-governance in buildings and compounds of Changxi Community, the article presents some experience and inspirations for other sub-districts.

Keywords: Building Micro Self-governance; Social Grassroots Governance; Guang'anmennei Sub-district; Changxi Community

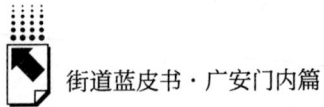
街道蓝皮书·广安门内篇

B.12 Promoting the Building of Harmonious Community with the Neighborliness Culture-Taking the "Neighborhood Festival" of Kangleli Community in Guang'anmennei Sub-district for Example / 164

Abstract: Being the most fundamental social relationship, a harmonious neighborhood is the foundation for a harmonious society where the concrete barrier featuring living within hail but never visiting each other is such a common scene in modern cities. It is thus a topic of urgency as to how to break such a barrier and achieve harmonious neighborhood self-governance in the context of the social governance model featuring the residential self-governance and multi-body participation. From 2006, Kangleli Community of Guang'anmennei Sub-district launches the neighborhood festival activities with a different annual theme, aiming at creating a sound air of friendly, loving and cooperative neighbours. This very platform of the "neighborhood festival" has enabled Kangleli Community to promote the building of a harmonious community with considerate, warm and comfortable neighbours and create an air of unity, mutual assistance, civilization and peace, allowing the residents to revive the past neighbour love. This article aims at presenting some experience for reference to other regions through deep study on practices and achievements of the neighborliness culture building of Kangleli Community.

Keywords: Neighborliness Culture; the Community Building; Guang'anmennei Sub-district; Kangleli Community

B. 13　Exploration on the New Environmental Governance Pattern of the Residential Community without the Property Management Agency-Taking Xuanxi Community of Guang'anmennei Sub-district for Example　/ 176

Abstract: In China, a considerable number of urban residents live in old residential community with shabby and poorly maintained buildings, incomplete supportive facilities and messy environments. Suffering from lagged daily management and treatment as a result of the absence of property management agency, such residential community are gradually becoming a weak link in urban governance and community governance, of which the environmental improvement and transformation has been an important part in the current urban governance. Basing itself on its actual conditions and leveraging its advantages, Guang'anmennei Sub-district has designated Xuanxi Community as a pilot for environmental management through effective measures, thus further improving the residential environment and apparently raising the quality of life and the sense of happiness of the residents. Such efforts have innovated the mechanism for environmental governance of old residential community, a new environmental governance pattern of resident participation and social facilitation integrating voluntary services and social organizations, which is of certain references to the environmental governance of residential community without property management agencies.

Keywords: Residential Community Without Property Management Agencies; Environmental Governance; Guang'anmennei Sub-district

B. 14　The Case Study on Environmental Improvement of Alleyways in Guang'anmennei Sub-district　/ 185

Abstract: "Urban high-rises are all alike; every alleyway is different in its own way", as Leo Tolstoy said. As the interior image of a city and the exterior image of people's life, the overall appearance of alleyways not only reflects urban civilization, harmony and habitability, but also serves as the indicator measuring whether grassroots governments fulfill obligations and lean management properly. In April 2017, Xicheng District comprehensively launched the campaign of environment improvement of the alleyways, which aimed to accomplish the improvement of 1015 alleyways within 3 years and achieve the goal of "sharing, co-building and full coverage as well as improvements facilitation with Ten-Haves and Ten-Have-Nots". Encompassing the goal, Guang'anmennei District takes a far-sighted view but immediate actions to tackle problems of alleyways by enhancing the awareness of the first responsible person, prioritizing alleyway treatment and making overall planning so that all participants take full responsibility for implementing the governance and improvement of the alleyways. Based on the study on the practices and major achievements of the environmental governance and improvement of alleyways, the article presents some experience and inspirations for other regions.

Keywords: Guang'anmennei Sub-district; Alleyways; Environmental Governance

B. 15　Experience and Inspiration on Shantytowns Transformation of the Northern Area of Xuanxi Community in Guang'anmennei Sub-district　　　　／197

Abstract: Shantytowns transformation is a project of public interest that is launched by the Chinese government for reconstructing dilapidated and old urban houses and improving the residential conditions of vulnerable households. The shantytowns transformation of Xicheng District, which serves as the core functional area of the capital, not only concerns the well-being and dignity of the people, but also relates to the image of the capital city and its social security and stability. In general, the Project for Shantytowns Transformation of the Northern Area of Xuanxi Community, the first one to be jointly implemented at both the municipality and the district levels, has achieved sound effects, which has accumulated certain experience for the work of the capital city in this regard. The article analyses main practices of Guang'anmennei Sub-district in this regard, draws some experience and proposes reflections on further improvement of the work by Xicheng District in this regard so as to make some available references for other regions.

Keywords: Shantytowns Transformation; the Shantytowns of the Northern area of Xuanxi Community; Guang'anmennei Sub-district

社会科学文献出版社　　　**皮书系列**

❖ 皮书起源 ❖

"皮书"起源于十七、十八世纪的英国，主要指官方或社会组织正式发表的重要文件或报告，多以"白皮书"命名。在中国，"皮书"这一概念被社会广泛接受，并被成功运作、发展成为一种全新的出版形态，则源于中国社会科学院社会科学文献出版社。

❖ 皮书定义 ❖

皮书是对中国与世界发展状况和热点问题进行年度监测，以专业的角度、专家的视野和实证研究方法，针对某一领域或区域现状与发展态势展开分析和预测，具备原创性、实证性、专业性、连续性、前沿性、时效性等特点的公开出版物，由一系列权威研究报告组成。

❖ 皮书作者 ❖

皮书系列的作者以中国社会科学院、著名高校、地方社会科学院的研究人员为主，多为国内一流研究机构的权威专家学者，他们的看法和观点代表了学界对中国与世界的现实和未来最高水平的解读与分析。

❖ 皮书荣誉 ❖

皮书系列已成为社会科学文献出版社的著名图书品牌和中国社会科学院的知名学术品牌。2016年，皮书系列正式列入"十三五"国家重点出版规划项目；2013~2018年，重点皮书列入中国社会科学院承担的国家哲学社会科学创新工程项目；2018年，59种院外皮书使用"中国社会科学院创新工程学术出版项目"标识。

中国皮书网

（网址：www.pishu.cn）

发布皮书研创资讯，传播皮书精彩内容
引领皮书出版潮流，打造皮书服务平台

栏目设置

关于皮书：何谓皮书、皮书分类、皮书大事记、皮书荣誉、皮书出版第一人、皮书编辑部

最新资讯：通知公告、新闻动态、媒体聚焦、网站专题、视频直播、下载专区

皮书研创：皮书规范、皮书选题、皮书出版、皮书研究、研创团队

皮书评奖评价：指标体系、皮书评价、皮书评奖

互动专区：皮书说、社科数托邦、皮书微博、留言板

所获荣誉

2008年、2011年，中国皮书网均在全国新闻出版业网站荣誉评选中获得"最具商业价值网站"称号；

2012年，获得"出版业网站百强"称号。

网库合一

2014年，中国皮书网与皮书数据库端口合一，实现资源共享。

权威报告·一手数据·特色资源

皮书数据库
ANNUAL REPORT(YEARBOOK) DATABASE

当代中国经济与社会发展高端智库平台

所获荣誉

- 2016年，入选"'十三五'国家重点电子出版物出版规划骨干工程"
- 2015年，荣获"搜索中国正能量 点赞2015""创新中国科技创新奖"
- 2013年，荣获"中国出版政府奖·网络出版物奖"提名奖
- 连续多年荣获中国数字出版博览会"数字出版·优秀品牌"奖

成为会员

通过网址www.pishu.com.cn访问皮书数据库网站或下载皮书数据库APP，进行手机号码验证或邮箱验证即可成为皮书数据库会员。

会员福利

- 使用手机号码首次注册的会员，账号自动充值100元体验金，可直接购买和查看数据库内容（仅限PC端）。
- 已注册用户购书后可免费获赠100元皮书数据库充值卡。刮开充值卡涂层获取充值密码，登录并进入"会员中心"—"在线充值"—"充值卡充值"，充值成功后即可购买和查看数据库内容（仅限PC端）。
- 会员福利最终解释权归社会科学文献出版社所有。

数据库服务热线：400-008-6695
数据库服务QQ：2475522410
数据库服务邮箱：database@ssap.cn
图书销售热线：010-59367070/7028
图书服务QQ：1265056568
图书服务邮箱：duzhe@ssap.cn

卡号：633633361385

S 基本子库
SUB DATABASE

中国社会发展数据库（下设 12 个子库）

全面整合国内外中国社会发展研究成果，汇聚独家统计数据、深度分析报告，涉及社会、人口、政治、教育、法律等 12 个领域，为了解中国社会发展动态、跟踪社会核心热点、分析社会发展趋势提供一站式资源搜索和数据分析与挖掘服务。

中国经济发展数据库（下设 12 个子库）

基于"皮书系列"中涉及中国经济发展的研究资料构建，内容涵盖宏观经济、农业经济、工业经济、产业经济等 12 个重点经济领域，为实时掌控经济运行态势、把握经济发展规律、洞察经济形势、进行经济决策提供参考和依据。

中国行业发展数据库（下设 17 个子库）

以中国国民经济行业分类为依据，覆盖金融业、旅游、医疗卫生、交通运输、能源矿产等 100 多个行业，跟踪分析国民经济相关行业市场运行状况和政策导向，汇集行业发展前沿资讯，为投资、从业及各种经济决策提供理论基础和实践指导。

中国区域发展数据库（下设 6 个子库）

对中国特定区域内的经济、社会、文化等领域现状与发展情况进行深度分析和预测，研究层级至县及县以下行政区，涉及地区、区域经济体、城市、农村等不同维度。为地方经济社会宏观态势研究、发展经验研究、案例分析提供数据服务。

中国文化传媒数据库（下设 18 个子库）

汇聚文化传媒领域专家观点、热点资讯，梳理国内外中国文化发展相关学术研究成果、一手统计数据，涵盖文化产业、新闻传播、电影娱乐、文学艺术、群众文化等 18 个重点研究领域。为文化传媒研究提供相关数据、研究报告和综合分析服务。

世界经济与国际关系数据库（下设 6 个子库）

立足"皮书系列"世界经济、国际关系相关学术资源，整合世界经济、国际政治、世界文化与科技、全球性问题、国际组织与国际法、区域研究 6 大领域研究成果，为世界经济与国际关系研究提供全方位数据分析，为决策和形势研判提供参考。

法律声明

"皮书系列"（含蓝皮书、绿皮书、黄皮书）之品牌由社会科学文献出版社最早使用并持续至今，现已被中国图书市场所熟知。"皮书系列"的相关商标已在中华人民共和国国家工商行政管理总局商标局注册，如LOGO（ ）、皮书、Pishu、经济蓝皮书、社会蓝皮书等。"皮书系列"图书的注册商标专用权及封面设计、版式设计的著作权均为社会科学文献出版社所有。未经社会科学文献出版社书面授权许可，任何使用与"皮书系列"图书注册商标、封面设计、版式设计相同或者近似的文字、图形或其组合的行为均系侵权行为。

经作者授权，本书的专有出版权及信息网络传播权等为社会科学文献出版社享有。未经社会科学文献出版社书面授权许可，任何就本书内容的复制、发行或以数字形式进行网络传播的行为均系侵权行为。

社会科学文献出版社将通过法律途径追究上述侵权行为的法律责任，维护自身合法权益。

欢迎社会各界人士对侵犯社会科学文献出版社上述权利的侵权行为进行举报。电话：010-59367121，电子邮箱：fawubu@ssap.cn。

社会科学文献出版社